Andres Veiel
Black Box BRD

Andres Veiel

Black Box BRD

Alfred Herrhausen, die Deutsche Bank,
die RAF und Wolfgang Grams

Deutsche Verlags-Anstalt
Stuttgart München

Bibliografische Information Der Deutschen Bibliothek
Die Deutsche Bibliothek verzeichnet diese Publikation
in der Deutschen Nationalbibliografie; detaillierte
bibliografische Daten sind im Internet über
<http://dnb.ddb.de> abrufbar.

© 2002 by Deutsche Verlags-Anstalt, Stuttgart München
Alle Rechte vorbehalten
Gestaltung und Satz: Brigitte Müller, Stuttgart
Reproduktionen: Die Repro GmbH, Tamm
Druck und Bindung: Friedrich Pustet, Regensburg
Printed in Germany

ISBN 3-421-05468-1

»Die Wahrheit ist dem Menschen zumutbar.«

Ingeborg Bachmann

zitiert von Alfred Herrhausen in einer Rede,
die er im Januar 1989, zehn Monate vor seiner
Ermordung, gehalten hat

Inhalt

Bad Homburg, 30. November 1989

8.30 Uhr. Ein kalter, klarer Morgen. Der Chauffeur Jakob Nix holt Alfred Herrhausen in seinem Bad Homburger Haus ab. Sie trinken noch eine Tasse Tee, dann treffen auch die beiden gepanzerten Begleitfahrzeuge mit jeweils zwei Personenschützern im Ellerhöhweg ein. Der Konvoi setzt sich in Bewegung: ein Begleitfahrzeug vorweg, der Mercedes 500 mit Jakob Nix und Alfred Herrhausen in der Mitte, ein weiteres Begleitfahrzeug dahinter. Der Fahrer des ersten Wagens zögert einen Moment, welche der drei Strecken zur Autobahn nach Frankfurt er nehmen soll. Schließlich entscheidet er sich gegen die Route über die Feldwege, auch gegen die, die direkt an den Kuranlagen vorbeiführt. Der Konvoi wählt die dritte, kürzeste Strecke über den Seedammweg. Der war während der letzten zehn Tage wegen Bauarbeiten gesperrt, ist nun aber wieder frei.

8.37 Uhr. Das vorausfahrende Begleitfahrzeug verlässt gerade den Seedammweg, als es einen dumpfen, krachenden Schlag gibt. Der gepanzerte Mercedes 500 mit Alfred Herrhausen auf der Rückbank wird drei Meter durch die Luft geschleudert und dreht sich dabei fast ganz um die eigene Achse.

Traudl Herrhausen hört diesen Knall, als sie das Kaffeegeschirr wegräumt: »Es war so unheimlich, dass ich sofort zu unserer Haushälterin Sylvia gegangen bin und sie gefragt habe: ›Was war das jetzt?‹« Sie wählt die Autotelefonnummer ihres Mannes, dort hört sie eine automatische Ansage: »Dieser Teilnehmer ist im Moment nicht erreichbar.« »Das hat mir noch mehr Angst gemacht, weil ich genau weiß, wann das Autotelefon anspringt, und das musste entweder besetzt sein oder durchläuten. Und dann habe ich mich sofort ins Auto gesetzt und bin einfach diesen Weg nachgefahren.«

Jakob Nix ist durch Metall- und Glassplitter am Kopf und am Arm verletzt, aber bei vollem Bewusstsein. Sofort bemerkt er, dass der Wagen noch rollt. »Es gab für mich in dieser Sekunde nur einen klaren Gedanken. Ich wusste, dass ich den Wagen anhalten muss. Also hab' ich gebremst, und das funktionierte auch. Dann fing es rechts vorne an zu brennen. Ich wusste nur eines: Sofort raus!«

Nix versucht mit dem verletzten Arm, die vordere Tür zu öffnen. Sie klemmt. Schließlich gelingt es ihm, sie mit den Füßen aufzustoßen. Er läuft um den brennenden Wagen herum zur rechten hinteren Tür, die durch die Explosion aufgerissen ist. Jakob Nix versucht, den bewusstlosen Alfred Herrhausen aus dem Wagen zu ziehen, aber er muss aufgeben, mit seinem verletzten Arm kann er nicht zugreifen. »Das war der schlimmste Moment, mein Boss ringt mit dem Leben, und ich kann nichts tun. Ich hab' mich umgeschaut, da war niemand. Die Bewacher aus den Begleitfahrzeugen bleiben in ihren Wagen sitzen, stehen unter Schock oder was weiß ich. Die haben gedacht, dass es erst richtig losgeht, dass das Ganze der Beginn einer Entführung ist, so wie damals bei Schleyer. Damals wurde ohne Vorwarnung von den Terroristen geschossen – auf alles, was sich bewegt hat.«

Ein Gärtner der Taunustherme, der in der Nähe gearbeitet hat, ist einer der Ersten, der sich an die Unglücksstelle wagt. Es bleibt ruhig. Kein Schuss fällt. Die Personenschützer steigen mit gezogener Waffe aus, sichern sich gegenseitig. Das gepanzerte Fahrzeug steht in einer Staub- und Qualmwolke. Es kann jeden Moment explodieren. Einer der Personenschützer: »Die erste Zeit ist man immer alleine, bis jemand kommt. Man denkt, das ist unendlich viel Zeit, es dauert und dauert.« Er führt Jakob Nix vom Wagen weg. Ein anderer Bewacher bekämpft mit einem kleinen Feuerlöscher die Flammen, die aus dem Motor schlagen. Nix wird zu einem Wartehäuschen der nahen Bushaltestelle gebracht.

Ihm fällt auf, dass der Alarmton des gesprengten Fahrzeugs unentwegt aufheult. Der Gärtner ist der Einzige, der daran denkt, die Batterie abzuklemmen.

Alfred Herrhausen sitzt noch immer bewusstlos im Fonds des zerstörten Mercedes. Ein Personenschützer will sich um ihn kümmern. »Er wär' mir bei der ersten Berührung beinahe unter den Händen zerfallen.« Die Ärzte stellen später fest, dass er durch eine aufgerissene Hüftarterie verblutet ist.

Traudl Herrhausen nähert sich zu Fuß der Unglücksstelle. Zwei Bewacher erkennen sie und gehen auf sie zu. »Beide haben sie mich festgehalten, und ich wollte unbedingt zu dem Auto und wollte unbedingt einfach hin. Ich hab' gesagt: ›Ist er tot?‹ Und einer hat gar nichts gesagt … und ich hab' gesagt: ›Lasst mich da hin, ich hab mehr in meinem Leben gesehen als ihr‹, und man hat mich einfach nicht hingelassen.«

Inzwischen ist die Nachricht in der Frankfurter Zentrale der Deutschen Bank angekommen. Ein Vorstandskollege von Alfred Herrhausen fährt sofort nach Bad Homburg. Er findet den Attentatsort notdürftig abgesichert vor. »Es war niemand da sonst. Nur das zerstörte Auto und der tote Herrhausen, wobei man den Kopf so nach hinten gedreht hatte, dass man nichts sehen konnte. Er war im Gesicht nicht sehr entstellt, ein paar Flecken, aber man überlegt dann: Kann das das Ende sein?«

Vorstandskollege Hilmar Kopper ist nicht in Frankfurt, als er über das Attentat informiert wird. Kopper reagiert sofort sehr pragmatisch. Er bittet, alle Kollegen anzurufen – wo immer sie gerade sind. Vorstandskollege Eckart van Hooven: »Die Öffentlichkeit war über die Ermordung informiert, das zwang uns zum Handeln. Dann wurde also gleich über die nächste Sitzung und den Termin gesprochen. Man durfte der Öffentlichkeit gegenüber keine Ratlosigkeit zeigen.« Ein weiterer Vorstandskollege ergänzt: »Ich habe gebeten, im Auftrag des Vorstands alles zu unternehmen, um das Verhalten gegenüber den Medien zu kanalisieren, was aber gar nicht in unserer Hand lag. Das war ein absolut öffentliches Ereignis, mit dem hatte die Presseabteilung der Deutschen Bank eigentlich nichts mehr zu tun in diesem Moment.«

Gegen Mittag versammelt sich in Frankfurt der Vorstand der Bank: »Wir haben beraten, was jetzt zu tun sei, damit die Bank nicht infolge des Attentats in irgendeiner Weise Gefährdung erleiden könnte.« Ein Vorstandsmitglied sagt später über die Ermordung Herrhausens: »Ein schlichter Tod hätte nicht zu seinem Leben gepasst. Das Attentat war in diesem Sinne wie eine Krönung seines Lebens.«

Helmut Kohl, langjähriger Freund Alfred Herrhausens, sagt für den Nachmittag alle Termine ab. Er fährt zu Traudl Herrhausen nach Bad Homburg und nimmt sie wortlos in den Arm. Minutenlang hält der massige Mann die Frau und sagt schließlich: »Mensch Traudl, jetzt wein' doch mal.«

In der Küche im Ellerhöhweg sitzen die Personenschützer. Die Haushälterin legt immer wieder Tempotaschentücher nach. Die Bewacher sind hilflos und alleine mit ihrem Schmerz. Sie fühlen sich schuldig, werfen sich vor, den Tod ihres Chefs nicht verhindert zu haben, auch wenn alle in den wenigen Gesprächen immer wieder bekräftigen, dass dieser Tod nicht zu verhindern gewesen sei. Fast scheint das eigene Überleben zur Last zu werden: »Warum hat es nicht uns getroffen?« Dann beginnt eine andere Frage zu bohren: Würde Alfred Herrhausen noch leben, wenn sie an diesem Morgen eine andere Route gefahren wären? Herrhausen war für seine Personenschützer mehr als nur irgendein Vorstandsmitglied, für dessen Sicherheit sie zuständig waren. Für sie war es eine Arbeit »mit Familienanschluss«.

Nach und nach treffen noch am gleichen Tag weitere Freunde von Alfred Herrhausen ein. Pater Augustinus Graf Henckel von Donnersmarck gehört dazu, beleibt und scharfsinnig, er soll die Trauerrede bei der Feier im Frankfurter Dom halten. Pater Augustinus war viele Jahre ein enger Wegbegleiter von Alfred Herrhausen, der die offenen und angeregten Auseinandersetzungen mit dem Prämonstratenser schätzte.

Der Assistent Herrhausens, Matthias Mosler, kommt ebenfalls in den Ellerhöhweg. Er wusste, dass Alfred Herrhausen sich bedroht fühlte – und quasi sehenden Auges seiner Ermordung entgegengelebt hat.

Und noch jemand erscheint an diesen Tagen im Ellerhöhweg: Spontan kommt Bettina Herrhausen, Tochter aus der ersten, 1977 geschiedenen Ehe, auf dem Weg zu ihrer Mutter erstmalig für einige Stunden nach Bad Homburg.

Einer fehlt im Haus, der fast mit zur Familie gehört: der Fahrer Jakob Nix. Er liegt im Krankenhaus, die Verletzungen im Gesicht sind nicht lebensbedrohlich. Seelisch wird er sich aber von diesem 30. November nicht mehr erholen.

Seit dem Wechsel zur Deutschen Bank im Jahr 1970 wird Alfred Herrhausen von Jakob Nix gefahren, zunächst 14 Jahre in Düsseldorf, dann folgt ihm Nix 1984 gegen den Widerstand der eigenen Frau nach Frankfurt. Wenn er seinen Boss einmal nicht fährt, kümmert er sich um den Garten oder spielt mit der kleinen Tochter Anna. Jakob Nix sagt über Alfred Herrhausen: »Er war ein Mensch, wie es ihn nur alle 100 Jahre einmal gibt. Er konnte mit allen. Mit Leuten aus der Eckkneipe genauso wie mit Helmut Kohl.«

Traudl Herrhausen besucht Nix in den Tagen nach dem Attentat im Krankenhaus. Fast scheint es so, als ob sie ihn trösten muss, weil er überlebt hat. Sie ist gefasst, am Krankenbett von Jakob Nix, aber auch zu Hause in Bad Homburg. Es gibt ein Gerüst von Erfordernissen des Weiterlebens. Pater Augustinus hat zu ihr gesagt: »So schnell als möglich, so normal als möglich.«

Zu viel muss getan und organisiert werden: die Trauerfeier, die Beerdigung, der Andrang der Journalisten vor dem Haus muss bewältigt und der elfjährigen Tochter Anna zu einem halbwegs normalen Alltag verholfen werden.

2 Bad Kleinen, 26. Juni 1993

Am Abend steigen Mitglieder eines Wiesbadener Sport-
vereins vor einem Landhotel im Bayerischen Wald aus
einem Reisebus. Darunter sind Ruth und Werner Grams,
deren ältester Sohn Wolfgang seit neun Jahren im Untergrund lebt. Ein Kurzurlaub liegt vor ihnen.

Gegen 19 Uhr beginnt Ruth Grams ihre Koffer auszu-
packen. Um sich abzulenken, schaltet sie den Fernseher an.
Der »Heute«-Sprecher berichtet von der versuchten Festnahme der mutmaßlichen RAF-Mitglieder Wolfgang Grams
und Birgit Hogefeld im Bahnhof der mecklenburgischen
Stadt Bad Kleinen. Wolfgang Grams soll eine schwere Schuss-
verletzung erlitten haben.

Die Eltern überfällt eine bange Ungewissheit, ob sie ihren
Sohn noch einmal lebend wiedersehen werden. Sie sitzen vor
dem Fernseher und warten – immer in der Angst und mit
dem Wunsch, mehr zu erfahren. Kurze Zeit später zerschlägt
sich die letzte Hoffnung. Am Ende der »Heute«-Sendung
wird der Tod von Wolfgang Grams bekanntgegeben.

Rainer Grams, Wolfgangs Bruder, hat die Meldung in seiner Münchener Wohnung ebenfalls gehört. Er ruft die Eltern
an und fährt noch in der Nacht zum Hotel, um sie abzuholen.
Sie versuchen, mit dem Bundeskriminalamt in Wiesbaden in
Verbindung zu treten, und wollen Wolfgangs Leiche sehen.
Man vertröstet sie auf den nächsten Tag. Ruth Grams: »Es
gab niemand, der sich von offizieller Seite an uns gewandt
hat. Sonst kommt doch immer ein Polizist oder ein Seel-
sorger oder ich weiß nicht was, um die Nachricht offiziell zu
überbringen. Das hat man bei uns nicht für nötig befunden.«

Für Rainer Grams ist nach diesem Telefonat klar, dass er
sich nicht abwimmeln lassen wird. Er will nach Bad Kleinen
fahren, wo er in seiner Vorstellung dem Bruder noch einmal

begegnen kann. Er will den Bahnhof sehen, den Bahnsteig. Auch Jahre später denkt er gelegentlich, er könne seinen Bruder noch einmal zurückholen, ihn am Arm greifen und auf die andere Seite ziehen, in Sicherheit.

Am nächsten Tag fährt Rainer Grams in die Lübecker Universitätsklinik. Dorthin war Wolfgang Grams geflogen worden. Der Arzt, der seinen Bruder behandelt, will nicht allein Stellung nehmen. Rainer Grams muss warten, bis mehrere Ärzte bereit sind, ihm Auskunft zu geben. Sie erklären, dass sein Bruder nicht mehr zu Bewusstsein gekommen sei. Gegen 18 Uhr sei er gestorben, etwa drei Stunden nach dem Schusswechsel.

Rainer Grams bittet darum, den Toten sehen zu dürfen. In der Gerichtspathologie wird ihm abgeraten, doch er besteht darauf.

Nach längerem Warten wird Grams in einen karg eingerichteten Andachtsraum geführt. In einem offenem Sarg wird der Leichnam seines Bruders hereingefahren. Rainer Grams ist unsicher, ob es sich tatsächlich um Wolfgang handelt. Der Kopf ist verbunden, an einer Stelle sieht er schwarze Haare. Er hat seinen Bruder blond in Erinnerung. Die Hände sind nicht zu sehen – daran hätte er ihn sicher erkennen können. Im Kieferbereich ist die Mundhöhle durch einen Gegenstand unnatürlich gewölbt. Er erkennt Wolfgang schließlich an der Form des Ohres und der Nase, die ihm von Kindheit an vertraut sind.

»Erst dann habe ich bemerkt, dass ihm das Gebiss und das Gehirn entfernt worden waren. Auch die Hände waren ihm für eine weitere Untersuchung abgeschnitten worden.«

Im Nachhinein deutet Rainer Grams die nachträglich durchgeführten Untersuchungen als einen Versuch, die ersten Versäumnisse und Pannen der Ermittlungsbehörden zu kaschicren. So waren Wolfgang Grams sofort nach der Festnahme von Mitarbeitern des Bundeskriminalamts die Hände gereinigt worden. Fahrlässig oder vorsätzlich wurde damit eine der möglichen Erkenntnisquellen über den Tathergang vernichtet. Anhand von Schmauchspuren an den Händen hätte man feststellen können, ob Wolfgang Grams den aufgesetzten Nahschuss wirklich, wie von den Sicherheitsbehörden behauptet, in Selbsttötungsabsicht eigenhändig abgab.

Zweifelsfrei geklärt ist heute nur, dass Wolfgang Grams in eine Schießerei mit Mitgliedern der GSG 9 verwickelt war, bei dem der Polizeibeamte Michael Newrzella umkam und Wolfgang Grams selbst von mehreren Schüssen in Brust und Bauch getroffen wurde, die jedoch nicht tödlich waren. Durch die Wucht der Einschüsse fiel er rückwärts auf das Gleisbett. Über das weitere Geschehen gibt es zwei unterschiedliche Darstellungen. Zwei Zeugen haben gesehen, dass zwei GSG-9-Beamte Wolfgang Grams nachgesprungen sind und dass danach von einem der beiden Beamten noch ein Schuss abgegeben wurde. Nach dieser Version wäre Wolfgang Grams vorsätzlich ermordet worden. Ein anderer Zeuge entlastet die GSG-9-Beamten: Er ist sicher, dass kein Schuss mehr gefallen ist, als Wolfgang Grams auf den Gleisen lag. Laut Abschlussbericht der Bundesregierung hat Wolfgang Grams den Nahschuss selbst abgegeben. Nach dieser Variante hat er sich selbst getötet, indem er sich während des Falls auf das Gleisbett erschossen hat.

Bei späteren Befragungen sagte allerdings kein Mitglied der GSG-9-Festnahmeeinheiten aus, diesen Schuss beobachtet zu haben. Auch nach Grams' Sturz auf die Gleise hat keiner mehr von ihm einen Schuss gehört oder gesehen. Die GSG 9 liefert damit keinen Beleg für die Selbstmordthese.

Die Eltern und Rainer Grams haben in einem jahrelangen Rechtsstreit vergeblich versucht, Licht in die Todesumstände zu bringen. Wegen widersprüchlicher Zeugenaussagen sowie der Pannen und Versäumnisse der Sicherheitsbehörden lässt sich die Todesursache nicht mehr eindeutig ermitteln.

3

Nur noch der Verlust eint

Am 10. Juli 1993, zwei Wochen nach den Ereignissen in Bad Kleinen, werden in der Wiesbadener Innenstadt Bretter vor die Schaufenster genagelt. Die Stadt rüstet sich ein, der Ausnahmezustand ist ausgerufen. Zahlreiche linke Gruppen haben zu einer Demonstration »gegen die Ermordung von Wolfgang Grams« aufgerufen. Frühere Freunde von ihm treffen nach langer Zeit erstmals wieder zusammen. Ruth, Werner und Rainer Grams führen den Zug an. Es hat den Anschein, dass jeder der 2500 Demonstranten von einem Polizisten begleitet wird.

Gerd Böh stammt aus Wiesbaden und war wie Wolfgang Grams Mitte der siebziger Jahre Mitglied der »Roten Hilfe« – einer Gruppe, die sich gegen die in ihren Augen unmenschlichen Haftbedingungen der RAF-Häftlinge engagierte. Für Gerd Böh ist es das erste Mal, dass er wieder auf seine früheren Freunde trifft. Vor denen, so sagt er heute, hatte er »mehr Angst als vor der Konfrontation mit den Einsatzkräften«. Den Kontakt zu seinen ehemaligen Gefährten brach er bis auf wenige Ausnahmen ab. 1986 verließ er Wiesbaden und fing in Hamburg neu an. Wolfgang Grams war einer seiner engsten Freunde. Gerd Böh bekennt sich durch die Teilnahme an dieser Demonstration erstmals öffentlich dazu.

Böh trifft dabei auf Kurt Rehberg, einen weiteren ehemaligen Freund. Er hatte sich bereits 1977 von der Szene getrennt, nach der Ermordung von Hanns Martin Schleyer. Kurt Rehberg empfindet es bis heute dennoch wie einen Verrat, seinem Freund Wolfgang Grams nicht in den Untergrund gefolgt zu sein.

Auch die früheren Freundinnen sind nach Wiesbaden gekommen, Roswitha Bleith und Ulli Heep. Birgit Hogefeld, die mehr als elf Jahre mit Wolfgang Grams zusammen war und 1984 mit ihm in den Untergrund ging, kann an der Demonstration nicht teilnehmen. In Bad Kleinen war sie an der Seite von Grams und ließ sich widerstandslos festnehmen. Seit dem 27. Juni 1993 ist sie in Bielefeld in strenger Einzelhaft.

Die Wiesbadener Demonstration ist ein Versuch der Beteiligten, aus einem doppelten Schock herauszukommen – zum einen verursacht durch den gewaltsamen Tod von Wolfgang Grams und den Verlust eines politischen Weggefährten, zum anderen durch die Umstände seines Todes. Denn der im Fiasko endende Festnahmeversuch war nur möglich mit der Hilfe eines Verfassungsschutzagenten: Klaus Steinmetz. Erst er bringt die Ermittler auf die Spur von Wolfgang Grams und Birgit Hogefeld. In Wiesbaden ist Klaus Steinmetz kein Unbekannter, er galt als guter Kumpel, einer, der sich mit Computern auskennt. Als in den Tagen vor der Demonstration der Verdacht immer lauter wurde, dass Klaus Steinmetz als Spitzel des Verfassungsschutzes am Tatort war, wollen das die meisten Freunde und Unterstützer nicht wahr haben. Sie schreiben in Flugblättern, dass sie »die Hand für ihn ins Feuer legen«. Doch die Verunsicherung ist groß, unerträglich die Vorstellung, dass der Verrat aus den eigenen Reihen gekommen sein könnte. Vielleicht ist das auch einer der Gründe, warum die von allen erwartete Straßenschlacht ausbleibt. Bis auf ein paar Handgreiflichkeiten mit den Ordnungskräften verläuft die Demonstration friedlich.

In kurzen Reden kommt die Wut und Empörung über die »Ermordung« von Wolfgang Grams zum Ausdruck. Es ist spürbar, dass sich hier Menschen treffen, die nur noch der Verlust eint. Es ist der endgültige Abschied von Wolfgang Grams, den die Freunde aber längst mit ihrer Entscheidung verloren hatten, nicht in den Untergrund zu gehen. Schon damals war ihnen klar, dass sie Wolfgang Grams, wenn

überhaupt, dann im Gefängnis oder eben gar nicht wieder-
treffen würden.

Viele, die an diesem Samstag durch die Wiesbadener Straßen ziehen, meinen, dass sich Wolfgang Grams stellvertretend für all die opferte, die nur redeten. Es geht ihnen nicht
darum, wie nachvollziehbar oder wie unsinnig die Motive
für diesen Schritt waren. Grams wählte die Tat. »Mit dem
möglichen Einsatz seines Lebens im bewaffneten Kampf
hatte er uns, die wir diesen Schritt nicht gemacht hatten, alle
am Haken«, so ein guter Freund.

4 »Herrhausen ist Opfer seiner eigenen Trugbilder geworden«

Die Reaktionen auf den Tod von Alfred Herrhausen innerhalb der Bank sind widersprüchlich. Am 6. Dezember 1989 sagt das Vorstandsmitglied Helmut Burgard während des Trauergottesdienstes im Frankfurter Dom:

»Unser toter Kollege hinterlässt uns und der Bank eine Vision. Wir werden mit Optimismus, den er uns so oft anempfohlen hat, hart daran arbeiten, diese Vision, im Gedenken an ihn, zu verwirklichen. Wie sagte er immer: Wenn man nicht mit Optimismus an eine Aufgabe herangeht, wird man diese Aufgabe nicht lösen. Der Abschied von diesem vortrefflichen Kollegen fällt uns sehr, sehr schwer und erfüllt uns mit tiefer Trauer. Die Erinnerung an ihn wird in uns und in unserer Bank lebendig bleiben. … Wir haben unseren besten Mann verloren.«

Es gibt tiefe und aufrichtige Trauer um Alfred Herrhausen in der Deutschen Bank. Spontan formiert sich am Tag nach dem Attentat, dem 1. Dezember, ein Schweigemarsch von mehr als tausend Mitarbeitern und zieht durchs Frankfurter Bankenviertel. In vielen Gesichtern spiegeln sich Entsetzen und Hilflosigkeit, in manchen offene Verzweiflung. Vor allem für die jüngeren Kollegen, die sich von Herrhausen anregen und begeistern ließen, bricht eine Welt zusammen. Einer seiner Mitarbeiter erinnert sich, wie er am 30. November vor Wut weinte. »Ich bin ans Fenster und hätte am liebsten die Scheibe eingeschlagen. Das Gefühl war, da knallen irgendwo aus Freude Sektkorken, weil sie ihn zur Strecke gebracht haben.« Die Stimme spielt auf den anderen Teil der Bank an, den, der nicht nur Trauer über Herrhausens Tod empfindet. Die in der zitierten Rede gepriesenen »Visionen« von Alfred Herrhausen sind in den Augen vieler Mitarbeiter in der Bank schon lange eine unerträgliche Bürde. Einer seiner Kollegen lächelt milde, wenn er darauf angesprochen wird: »In der Etymologie steht Vision für Trugbild. In diesem Sinne ist Herrhausen längst Opfer seiner eigenen Trugbilder geworden. Herrhausen ist nicht an dem Widerstand in der Bank gegen diese Visionen gescheitert, sondern an seinem eigenen Ehrgeiz. Er wollte partout eine Spur im Leben für die Nachwelt hinterlassen. Er wollte etwas Unauslöschliches gestalten. Jetzt hat er mit seinem außergewöhnlichen Tod genau das erreicht.«

Das Attentat auf Alfred Herrhausen wird mit großer Präzision und Professionalität ausgeführt. Die Wucht der Bombe ist durch einen Trichter punktgenau auf die hintere Tür des Mercedes 500 gerichtet, dorthin, wo Alfred Herrhausen sitzt. Im Gegensatz zu früheren Bombenattentaten der RAF hat der Fahrer des Fahrzeugs eine gute Chance zu überleben. Auch die Gefährdung von Passanten und anderen Unbeteiligten ist durch die technische Konstruktion verringert.

Die hohe Professionalität der Attentäter und die Tatsache, dass ein bestens ausgestatteter Fahndungsapparat in den Jahren nach 1989 ohne Ergebnis arbeitet, nährt bei vielen die Zweifel, ob die RAF allein für diesen Anschlag verantwortlich sei. Trotz zahlreicher Zeugenaussagen und Spuren ist es dem Bundeskriminalamt auch mehr als elf Jahre nach dem Attentat nicht gelungen, die Tat aufzuklären. Ein Vorstandsmitglied der Bank steht für viele, wenn er sagt: »Ich kann es nicht fassen, dass es den Tätern gelingen sollte, unerkannt zu entkommen und in elf Jahren sich gar keine Spur findet, die nur in irgendeiner Weise dahin führt, dass man ein bisschen Licht in das Dunkel bringt.«

Anfang der neunziger Jahre wird in den Medien die These diskutiert, ob die RAF nicht von Geheimdiensten unterwandert, sie als solche vielleicht gar nicht mehr existent sei. Die Ermittlungsbehörden haben bis dato allenfalls Mutmaßungen, wer der RAF faktisch angehört. Einige der auf den Fahndungsplakaten gesuchten RAF-Mitglieder werden in dieser Zeit in der ehemaligen DDR festgenommen, wo sie mit Hilfe der Stasi ein neues Leben angefangen und sich längst von der RAF losgesagt hatten.

Könnte es nicht sein, so eine Überlegung in diesen Jahren, dass Geheimdienste mit dem Tarnmantel einer Terrororganisation Alfred Herrhausen liquidiert haben? Motive für einen Mord durch diese Stellen gebe es durchaus, habe Herrhausen sich doch durch seine eigenwilligen Visionen jenseits der banküblichen Konventionen erbitterte Feinde gerade bei den US-Kreditinstituten gemacht.

1993, mit dem Auftauchen von Birgit Hogefeld und Wolfgang Grams in Bad Kleinen, kommen die Verschwörungstheoretiker in Erklärungsnot. Plötzlich gibt es wieder leibhaftige Vertreter einer angeblich längst von Geheimdienstlern übernommenen Vereinigung, die sich zu ihrer Geschichte bekennen. Birgit Hogefeld wehrt sich von Anfang an gegen die Verschwörungstheorien. Sie selbst spricht 1993 in diesem Zusammenhang »von dem Versuch, unsere Geschichte auszulöschen«. In der Differenziertheit ihrer Auseinandersetzung mit der RAF und ihrer eigenen Geschichte kann man sie schwerlich zu einem Klon der Geheimdienste erklären. Auch Wolfgang Grams ist nach Aussagen derjenigen, die ihn noch im Untergrund getroffen haben, keine durch Geheimdienste fremdgesteuerte Marionette. Er wird beschrieben als jemand, der die RAF und ihre Politik reflektiert und sich dazu bekannt hat.

Bis heute ist nicht klar, wer in der RAF für den Tod von Alfred Herrhausen verantwortlich ist. Für seine Angehörigen und Freunde bleibt der brennende Wunsch, sich nicht länger mit einem Phantom auseinander setzen zu müssen. Sie fragen sich, warum keiner der Täter sich bis heute zur Tat bekannt hat. »Was sind das für Menschen, die sich herausnehmen, über den Tod eines Menschen zu entscheiden, ohne dafür persönlich Verantwortung zu übernehmen?«

5 Es wird Krieg geben

An einem Sommertag des Jahres 2000 fährt Rainer Grams zum BKA nach Meckenheim bei Bonn, um die Gegenstände abzuholen, die sein Bruder Wolfgang am 26. Juni 1993 bei sich trug. Erst sieben Jahre nach der versuchten Festnahme gibt die Ermittlungsbehörde die Asservate frei. Vor der Pforte kommen ihm mit Motorradkappen vermummte Beamte der GSG 9 oder anderer Sondereinsatzkommandos entgegen. Von jedem dieser Polizisten denkt Grams, dass er in Bad Kleinen dabei gewesen sein könnte.

Zwei Beamte des Bundeskriminalamtes übergeben Rainer Grams das, was von seinem Bruder übrig geblieben ist: ein Foto aus einem gefälschten französischen Pass, einen Brustbeutel, eine Armbanduhr, einen Taschenkalender mit ein paar kryptischen Aufzeichnungen und eine Fahrkarte von Lübeck nach Bad Kleinen, außerdem zwei Briefe von den Eltern an ihren Sohn, die ihn nicht mehr erreichten. Birgit Hogefeld hatte sie in einem Schließfach in Wismar deponiert. Werner Grams schrieb im Juni 1993 an seinen Sohn Wolfgang:

Hallo, mein lieber Junge,
nach nun 9-jährigem, bestimmt nicht leichtem Abtauchen von dir nehme ich deine Lebensentscheidung, nämlich deinen Teil dazu beizutragen, dass das System aufhört zu existieren, nicht erst seit deinen letzten Zeilen ernst. Ich klammere mich also nicht an einen Strohhalm, auf der anderen Seite möchte ich dich auch nicht unbedingt lebenslänglich hinter Gittern sehen. Auch dann nicht, wenn wir es vielleicht gar nicht mehr erleben sollten. Und dann noch etwas, Revoluzzer in eurem Sinne sind wir Eltern trotz Höhen und Tiefen im ganzen Leben nicht gewesen, viel-

leicht hätten wir ein größeres Engagement … an den Tag legen sollen oder können, deine Meinung darüber würde uns schon interessieren. Also mein lieber Sohn, alles Gute weiterhin, dein Vater.

Ruth Grams schreibt am 5. Mai 1993 an ihren Sohn:

Mein lieber Sohn,
endlich kam ein Lebenszeichen von dir. Aus deinen Zeilen lese ich deine Unzufriedenheit mit uns, und ich begreife jetzt erst, dass du deshalb nicht schreiben wolltest. Schade, dass so wenig von mir rüberkam. Bin doch auch für mehr Gerechtigkeit und Ehrlichkeit und freue mich, dass junge Leute aufstehen und hier und überall protestieren, ich denke es werden immer mehr. Du tust mir Unrecht, wenn du sagst, die Zerstörung des Knastes* tue mir Leid. Im Gegenteil, was haben wir wieder gelacht über die Hilflosigkeit des Staates, meinetwegen sollten alle Knäste und alles, was Not und Elend auslöst, vernichtet werden, nur Menschenleben nicht. Du hast Recht, wir haben damals erfahren, wie gemein Gefangene behandelt werden, richtig unmenschlich. Habe ich dich nicht schon oft bewundert, auch deine Freunde, hast du das vergessen? Große Anerkennung und Achtung vor so viel Mut und Selbstlosigkeit. Bitte akzeptiere aber auch, dass wir nicht so kämpfen können. Voriges Jahr haben wir ja erlebt, mit welcher Ruhe und Gelassenheit ihr an die Sache geht, dazu sind wir nicht in der Lage, wohl auch schon zu alt.
Aber das muss ich dir vorhalten: Müssen dir erst andere sagen, dass ich in Panik bin, ist doch ganz natürlich, wenn so lange keine Post kommt. Ich mache mir Sorgen, immer Sorgen. Ich weiß nicht, ob dir mein Schreiben so genügt, du hast mir so viele Vorwürfe gemacht, bring doch wenigstens

---

* Anschlag der RAF auf den Gefängnisneubau in Weiterstadt vom März 1993

nächstes Mal etwas Schönes zu Papier, das würde mich freuen. Ich wünsche dir das Allerbeste, du sollst alles haben, was du zum Leben brauchst, auch meine täglichen Gebete, ich grüße dich ganz herzlich und drücke dich ganz fest, viele Grüße auch an unsere Schwiegertochter*,
deine Mutter.

Die Eltern von Wolfgang Grams leben in einem Vorort von Wiesbaden. In einem Block aus den späten sechziger Jahren liegt ihre Vierzimmerwohnung. 1970 sind sie hierher gezogen, noch mit beiden Söhnen. Wolfgang verließ die Familie erst zwei Jahre später und nahm sich ein Zimmer in einer WG. In Wolfgang Grams' ehemaligem Zimmer hat der Vater jetzt die Akten zum »Fall Bad Kleinen« aufgereiht, die im Verlauf der langen juristischen Auseinandersetzung zu vielen Regalmetern angewachsen sind.

An einem Nachmittag im Sommer 2000 sitzen die Eltern mit Rainer Grams und seiner Frau zusammen. An der Wand steht das Klavier, auf dem Wolfgang Grams als Kind geübt hat. Heute spielt nur noch die Mutter darauf, meist aus dem Notenbuch für Wolfgang Amadeus Mozart. Neben einer Heuernte in Öl hängt hinter Glas eine kleine Sammlung von Fotos, die einen unterschiedlich alten Wolfgang Grams zeigen. Fast alle Regalbretter der Schrankwand sind leer. Nur auf einem steht eine kleine Standuhr, auf einem anderen eine Hand voll Bücher. Sie tragen Titel wie »Bad Kleinen – die Erschießung von Wolfgang Grams« und »Das RAF-Phantom«.

Auf dem Wohnzimmertisch sind die Asservate ausgebreitet. Die meisten davon sind in Plastik eingepackt, darauf klebt ein Totenkopf. Zur Spurensicherung wurden krebserregende Stoffe verwandt. Werner Grams reicht die Gegenstände

---

* Damit ist Birgit Hogefeld gemeint, die mit Wolfgang Grams nicht verheiratet war.

stumm an Ruth Grams, die sie dem Sohn Rainer gibt. In dieser Situation wird Wolfgang Grams noch einmal sehr präsent. Die Familie lässt das Foto aus dem gefälschten Pass herumgehen. Werner Grams sagt, dass Wolfgang auf dem Foto sehr fremd aussieht, er hätte ihn nicht erkannt. Die Mutter widerspricht: Den eigenen Sohn würde sie immer erkennen.

Immer wieder ist Werner Grams das Gefühl der Ohnmacht und die daraus resultierende Wut anzumerken: Nach den Ereignissen in Bad Kleinen hat er den Glauben, so scheint es, an den demokratischen Rechtsstaat verloren. Dem Bruder geht es ähnlich: »Die ganze Geschichte mit Wolfgang hat mein Leben zerstört. Und sie hat mich verändert, nicht nur im Negativen. Ich habe angefangen nachzudenken. Ich habe keine Illusionen mehr. Wolfgang konnte sich nach dem Tod von Ulrike Meinhof alles vorstellen. Auch dass der Rechtsstaat sie umgebracht hat. Heute kann ich mir alles vorstellen. Es vergeht kein Tag, an dem ich nicht an meinen Bruder denke.«

Auf der breiten Couch sitzen Rainer Grams und seine Frau, mit ihrem Baby auf dem Arm. Manchmal schreit es. Werner Grams lächelt dann, er wirkt in diesen Momenten mild. »Sieben Jahre haben wir gekämpft, damit die Dinge nicht so stehen bleiben, wie sie von offizieller Seite benannt wurden. Einen Herzinfarkt habe ich schon hinter mir. Es darf keinen zweiten geben.«

Der Tod seines Sohnes veränderte Werner Grams und er begann, Fragen zu stellen: zur Lebensgeschichte Wolfgangs, zu ihren Brüchen, Widersprüchen und Leerstellen und zu seiner eigenen Biographie.

Werner Grams, Jahrgang 1925, wächst in einem kleinen pommerschen Städtchen auf, sein Vater ist Malermeister. Werner Grams hätte gerne das Gymnasium besucht, doch zum nächstgelegenen sind es 60 Kilometer. Er schließt die Schule mit der mittleren Reife ab und beginnt dann bei der Reichsbahn eine Ausbildung zum Inspektor. 1942, mit 17, meldet sich Grams freiwillig zur Waffen-SS. Er kämpft 1943 an der russischen Front, wo er am Fuß verwundet wird.

Nach Kriegsende findet Werner Grams bei Verwandten im niedersächsischen Königslutter Unterschlupf; seit 1948 lebt er in Wiesbaden. Bei der Berlinischen Versicherung findet er Arbeit, baut dort die Datenverarbeitung mit auf. Jahrelang arbeitet er in einem Raum, in dem der Lärmpegel der Rechenmaschinen bei 85 Dezibel liegt. Heute ist Werner Grams' Hörfähigkeit um 40 Prozent vermindert. Er beginnt einen jahrelangen Rechtsstreit mit der Berufsgenossenschaft, den er jedoch in allen Instanzen verliert. Lange vor Bad Kleinen kommen ihm hier zum ersten Mal Zweifel am deutschen Rechtssystem. Werner Grams bemerkt, dass es einen Unterschied gibt zwischen Recht haben und Recht bekommen. In diesem Punkt stimmen Wolfgang und sein Vater überein. Ansonsten liegen Welten zwischen ihnen. Auf Wolfgangs Fragen nach seinen Kriegserlebnissen antwortet Werner Grams nur einsilbig und verschanzt sich in einer Wagenburg aus Scham, Schuld und Trotz.

»Er wollte nicht so werden wie der Vater«, sagt Ruth Grams. »Wolfgang hat ein Leben, in dem die Arbeit im Mittelpunkt steht, immer abgelehnt.« Der beruflich stark eingespannte Werner Grams ist wenig zu Hause, er sieht seine Söhne kaum. In der Woche arbeitet er 50 Stunden und mehr, oft muss er auch am Wochenende in die Firma.

Ruth Grams ist Hausfrau und kümmert sich um ihre beiden Jungen. Sie stammt aus Ostpreußen. Bei Kriegsende flieht sie mit ihrer Familie vor den russischen Truppen. Der Verlust der Heimat macht ihr noch Jahrzehnte später zu schaffen, und sie glaubt lange Zeit, dass dieses Unrecht wieder gutgemacht würde. Selbst wenn sie es nicht mehr erleben würde, die nächste Generation würde zu ihren Wurzeln zurückkehren können.

Immer wieder hat Wolfgang Grams seinen Freunden eine Geschichte erzählt, wie ihn die Mutter zum Brötchenholen schickt, acht Jahre mag er alt gewesen sein. Als er vom Bäcker zurückkommt, gibt die Mutter die Brötchen in eine Schale. Dann bläst sie die Tüte auf, ruft Wolfgang herbei und zerschlägt sie mit einem lauten Knall direkt neben seinem Ohr. Dann habe die Mutter über sein Erschrecken gelacht. Sie soll gesagt haben: »Du musst dich an den Gefechtslärm gewöhnen. Es wird Krieg geben. Irgendwann wird die Heimat wieder deutsch werden.«

Eigentlich wirkt Ruth Grams weich und bewahrt in ihrer vermittelnden Art eine große Unschuld. »Uns ging's ja wirklich nicht so gut. Wir waren froh, dass der Mann Geld verdiente, und wir konnten uns was anschaffen. Es ging uns immer ein bisschen besser und besser, und das fanden wir eigentlich gar nicht mal so schlecht. In den ersten Ehejahren hätte man sich das gar nicht erträumt: ein eigenes Auto.«

Die Bewahrung der Harmonie in der Familie scheint für sie das Wichtigste zu sein. Erst auf den zweiten Blick wird hinter der sorgenden und mütterlichen Haltung ein klares moralisches Normenkorsett sichtbar. Das ist der Hauptangriffspunkt von Wolfgang. Das Bild, wie die Mutter ihm als Kind die Welt erklärt hat, weicht inzwischen schmerzhaft von seinen eigenen Erfahrungen ab. Der unbedingte Gerechtigkeitswillen von Wolfgang könnte hier seinen Ursprung haben – der Wunsch, diesen »Urzustand« einer möglichen gerechten Welt im Entwurf der Mutter wiederherzustellen.

In den Jahren verändert sich dieses Weltbild auch bei der Mutter durch die Auseinandersetzung mit Wolfgang. Wenn Vater und Sohn über Wolfgangs mangelnde Bartrasur und die, in den Augen des Vaters, laxe Haltung bei der Berufswahl streiten, versucht Ruth Grams zu vermitteln. Sie versteht ihren Sohn zwar nicht, aber sie liebt ihn bedingungslos.

Als Wolfgang Grams zum ersten Mal inhaftiert wird, schmuggelt sie ihm trotz strenger Auflagen und Verbote seine Lieblingsschokolade ins Gefängnis. Damit riskiert sie ein Besuchsverbot und gefährdet die Besuchsregelung. Doch darüber setzt sie sich hinweg. In der Liebe zu ihrem Sohn tut Ruth Grams alles. Sie ist die treibende Kraft, die schließlich durchsetzt, dass er im Untergrund besucht wird – trotz großer Ängste um sich, ihren Mann und Wolfgang.

Wolfgang Grams kommt im März 1953 in Wiesbaden zur Welt, sieben Jahre später folgt sein Bruder Rainer. Die Geschwister teilen sich ein Zimmer. Jürgen Herber, einer der frühen Freunde von Wolfgang, beschreibt das Bubenzimmer als sehr eng und karg eingerichtet. »Ich erinnere mich vor allem an die Doppelstockbetten. Viel mehr war da nicht.«

»Wenn wir im Kinderzimmer gespielt haben«, berichtet Rainer Grams, »dann war meine Mutter sofort da: Seid leise, der Vater ist nach Hause gekommen, er braucht seine Ruhe. Das musste respektiert werden, da gab's nichts. Erst die Arbeit, dann kommt das Essen. Und dann vielleicht noch wir. Da konnte keine Nähe aufkommen.«

Es kommt oft zu Streitigkeiten zwischen Wolfgang und Rainer. Die schlichtet die Mutter, indem sie mit dem Vater droht. Sie selbst geht auf in ihrer Rolle als perfekte Hausfrau. Sie sorgt dafür, dass der Kühlschrank gefüllt ist – und die Kinder vor allem den geliebten Schmelzkäse mit Champignons vorfinden. Die Kinder sollen es einmal

**Wolfgang Grams
mit seinem Bruder Rainer**

besser haben. Sie werden gefördert – vor allem die musikalische Erziehung liegt den Eltern am Herzen. Und bei Wolfgang Grams fällt dies auf fruchtbaren Boden. Ein Grundschullehrer entdeckt bei ihm das absolute Gehör. Er

Wolfgang Grams als Schüler

sieht Wolfgang gar als späteren Dirigenten. Das hören die Eltern gern. Sie entschließen sich, eine für die damaligen Verhältnisse teure Geige zu kaufen. Auch ein privater Musiklehrer wird engagiert. Der Erfolg lässt nicht lange auf sich warten. Als Wolfgang Grams 1963 auf das Gymnasium wechselt, wird er ins Schulorchester aufgenommen und sitzt vorne am Pult.

Auch Grams' Klassenkameraden Albert Eisenach und Jürgen Herber sollen ein Instrument lernen. Ihre Eltern legen ebenfalls Wert darauf, doch bei Wolfgang, so erinnert sich Albert Eisenach, sei der Druck extrem groß gewesen. »Da wurde vom Vater abends abgefragt, ob richtig geübt worden ist, notfalls wurde Wolfgang mit einer Ohrfeige dazu angehalten.«

Gerade der enorme Druck ihrer Eltern schweißt die drei Freunde zusammen, die die Nachmittage meist gemeinsam verbringen. Ruth Grams möchte, dass auch Rainer mitspielen darf. Wenn Wolfgang sich nicht daran hält, indem er etwa den jüngeren Bruder rausschickt, setzt es in Anwesenheit der Freunde auch mal eine Ohrfeige. Albert Eisenach erinnert sich noch heute gut an die stumme Wut, die das in Wolfgang Grams hervorruft.

Jürgen Herber wird Wolfgangs engster und wichtigster Freund in diesen Jahren. Er beschreibt die Freundschaft anhand einer Geschichte, wie er sich in der achten Klasse bei der Wahl zum Klassensprecher bewirbt: Das Amt hat Jürgen Herber seit der fünften Klasse inne. Ein Sitzenbleiber, in den Augen beider ein aufgeblasener Schwätzer, ist Herbers Herausforderer. Doch der Konkurrent gewinnt die Wahl mit einer Stimme Mehrheit. Jürgen Herber nimmt seinen Freund beiseite, will Frust abbauen und sich trösten lassen. Doch damit läuft er auf, Wolfgang Grams teilt ihm trocken mit, dass er den anderen gewählt habe. Es sei nie gut, wenn einer auf Dauer zu viel Macht habe.

Muss man sich also Wolfgang Grams als schroffen Jungen, als Querdenker vorstellen, der den Widerspruch sucht und braucht? »Bei jedem anderen war mehr Widerspruchsgeist vorhanden als bei dem Wolfgang. Wenn er durch etwas aufgefallen ist, dann durch seine schlechten Noten.« So urteilt ein Klassenlehrer über Grams. Friedrich Grammes unterrichtet ihn vier Jahre lang bis zur zehnten Klasse in Geschichte und Deutsch. Noch heute besitzt Grammes seinen genau geführten Lehrerkalender. 1968/69 schreibt Wolfgang Grams einen Aufsatz über das Thema »Überzeugen Sie den Schülerrat von der Notwendigkeit einer Schülerzeitung«. »Eine glatte Fünf gab's für diesen Besinnungsaufsatz. Wolfgang Grams war auch im Rechtschreiben mangelhaft. In Geschichte sah's genauso aus. Am Schuljahrsende: Nicht versetzt.«

Karl-Dieter Zöller, ein junger Referendar am Gutenberg-Gymnasium, übernimmt den Sitzenbleiber. Er erinnert sich, an einem heißen Sommertag in die Klasse gekommen zu sein, die Jungen sitzen mit nacktem Oberkörper da und fordern Hitzefrei. Darauf geht Zöller nicht ein. Alle Schü-

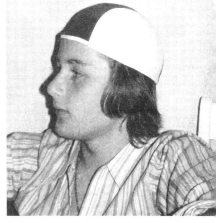

**Wolfgang Grams
als Schüler, um 1969**

ler geben nach und ziehen sich wieder an – bis auf Wolfgang
Grams. Der Lehrer beginnt zu provozieren. Wenn ihm wirklich heiß sei, dann solle er sich ganz ausziehen. Das tut
Wolfgang Grams auch, ohne mit der Wimper zu zucken. Für
den Rest der Stunde sitzt er stumm und nackt im hinteren
Teil der Klasse. Das sei, so Zöller, »eines der ganz wenigen Male gewesen, wo Wolfgang Grams auffiel. Ansonsten
war er ein Mitläufer.« Für eine führende Rolle habe ihm
Charisma gefehlt, er sei auch intellektuell zu weich gewesen, um ein differenziertes Urteil zu fällen und etwas zu
Ende zu denken. »Rousseau, Marx, Tolstoi hat er sicher
nicht von sich aus gelesen und hätte es wahrscheinlich
auch nicht verstanden.«

Wolfgang Grams ist Ende der sechziger Jahre mit an-
deren Dingen beschäftigt. Zusammen mit Jürgen Herber,
Albert Eisenach und einem dritten Freund gründet er 1968
eine Beat-Band. »Wir haben das ohne Noten gemacht. Das
allermeiste haben wir uns rausgehört aus irgendwelchen
Singles«, so Albert Eisenach. Wolfgang Grams gilt als der
Begabteste in der Gruppe und ist der Kopf der Band. »Der
Wolfgang hat sich eine Bassgitarre gekauft, so einen Paul-
McCartney-Bass. Er hat das Ding mit einem alten Röhren-
radio verlötet, hat das Instrument in die Hand genommen,
das hat nur Minuten gedauert, dann konnte der Bass
spielen.« Albert Eisenach räumt ein, »dass das mehr Krach
als Musik war, aber es hat uns unglaublich gut gefallen.
Wir hatten dann auch die ersten Groupies, so 13-jährige
Mädchen, und das hat uns so richtig zusammengeschweißt
als Gruppe.«

Wolfgang Grams ist der Erste, der Haschisch ausprobiert.
»Im Gegensatz zu Wolfgang haben wir immer noch ver-
sucht, den bürgerlichen Schein zu wahren«, sagt Eisenach.
»Da konnten die Haare so lang sein, wie sie wollten, aber es
war dann doch klar, dass wir aus einem Haus kamen, wo der
Vater Lehrer oder Amtsinspektor war. Das war beim Wolf-

gang ganz anders. Er hat das gemacht, was er sich in den Kopf gesetzt hat. Da haben ihn auch die Schläge von zu Hause nicht abgehalten, ganz im Gegenteil.«

Von einem Tag auf den anderen gibt Wolfgang Grams sein Geigenspiel auf. »Im Alter von 16 Jahren hat es instrumental einen Knacks gegeben«, erinnert sich Werner Grams. Für den Vater ist das ein schwerer Schlag. Viele Jahre investiert er in eine gute musische Ausbildung – und jetzt scheint alles vergeblich gewesen zu sein. Die Eltern hatten gehofft, dass der Sohn vielleicht auch mal mit seinem Talent Geld verdienen könne.

Ab und zu haut Wolfgang Grams in den Pubertätsjahren nach einem heftigen Streit von zu Hause ab. Manchmal ruft er spät abends noch bei Albert Eisenach an und fragt, ob er bei ihm übernachten könne. Es ist unausgesprochen klar, dass es zu Hause bei Grams' Streit gab. Das Gästezimmer der Eisenachs steht Wolfgang für solche Fälle immer zur Verfügung, und wenn nicht, wird eben eine Luftmatratze

Wolfgang Grams um 1969

aufgeblasen. Keinesfalls sollen Wolfgangs Eltern wissen, wo er steckt.

Gelegentlich rufen die Eltern, die bei den Schulfreunden nach Wolfgang suchen, auch bei Albert Eisenach an, ohne dass ihr Sohn bei ihm aufgetaucht ist. »Erst später haben wir dann mitgekriegt«, berichtet Eisenach, »dass er sich in eine Kleingartenkolonie zurückgezogen hat. Das war nie lang, vielleicht ein Tag oder zwei, aber ich weiß, die Mutter hatte Panik.«

Im Winter 1969, Wolfgang Grams ist 16, bringt er ein Mädchen mit. Bislang hat keiner der Kumpel eine feste Freundin. Grams schaut entsprechend triumphierend in die Runde. Später erzählt er seinen Freunden, dass es sich bei dem Mädchen leider um seine Cousine handele. Er überlege aber trotzdem, mit ihr zu schlafen. Wolfgang Grams gefällt es, sich diesen Tabubruch auszumalen.

Über Jürgen Herber stößt ein weiterer Freund zu der Gruppe: Klaus Volz. Sie hängen zusammen herum, hören Musik, Pink Floyd und Iron Butterfly. Wolfgang Grams probiert außer Haschisch auch härtere Drogen wie LSD. Spätestens jetzt zeigt sich, dass der Gruppe der Ehrgeiz fehlt, sich mit der Band zu professionalisieren. Sie spielen nur noch selten zusammen.

Für Wolfgang Grams entwickelt sich mit dem Wiesbadener Theater, wo er mit 16 ab 1969 als Statist arbeitet, ein weiterer Fluchtpunkt jenseits von Elternhaus und Schule. Fast alle seiner Freunde versammeln sich abends dort. Einer seiner damaligen Statistenkollegen, Matthias Dittmer, glaubt, dass Wolfgang Grams schauspielerisches Talent hat; auf einer Schauspielschule will Grams sich aber nicht bewerben. Matthias Dittmer erinnert sich, dass sein Freund »ein häufiger und genauer Beobachter der Aufführungen war«.

Das Geld, das sie durch die Statisterie beim Theater verdienen, wird in Haschisch investiert. Oft stimmen sie sich damit am frühen Abend auf die Arbeit ein. Sie treffen sich im Kurpark und »ziehen erst mal einen durch«. Sie wollen sich gegen die absetzen, die in der Abendgarderobe durch den Park flanieren. Wiesbaden ist eine biedere Verwaltungsstadt, in der viele zu Geld gekommen sind und die ihren Status zumindest beim Gang durch den Kurpark zeigen wollen.

Wolfgang Grams lässt sich die Haare lang wachsen. Nach monatelangen Auseinandersetzungen akzeptieren die Eltern die neue Frisur. Daraufhin schneidet er seine Haare radikal kurz und lässt dafür den Bart sprießen. Grams wirkt jetzt wie ein Bettelmönch. Er fällt damit auch unter seinen Freunden aus dem Rahmen.

Einmal ziehen sie mit ihren Instrumenten vor ein bürgerliches Tanzcafé in der Wilhelmstraße. Vor den offenen Fenstern singen sie, und Wolfgang Grams spielt Gitarre. Die Fenster werden geschlossen, daraufhin schleppen die Freunde Mülltonnen heran, stellen sich darauf und singen weiter. Erst als die Polizei kommt, steigen sie herunter. Albert Eisenach glaubt, dass Wolfgang Grams seine Verrücktheiten auf eine ganz besondere Art zelebrieren konnte. »Es war oft eine schmale Gratwanderung zwischen Ernst und Spaß.«

Doch manchmal hat Albert Eisenach den Eindruck gehabt, als sei Wolfgang Grams irgendwo anders. »Es war so, als ob er was mit den Leuten vom Theater nicht teilen wollte oder konnte.«

Im Sommer 1970 bildet sich in Wolfgang Grams die Vorstellung aus, dass er in einem Land lebt, von dessen Boden aus ein Krieg geführt wird. Wiesbaden-Erbenheim ist einer der großen Stützpunkte der US-Luftwaffe in Europa. Grams nimmt an den Vorbereitungstreffen für eine Anti-Vietnam-Demonstration teil. Darüber lernt er neue Freunde kennen. Mit ihnen beobachtet er, wie die US-Flugzeuge starten, Versorgungsflugzeuge, aber auch Bomber nach einem Zwischenstopp aus den USA. Der Krieg findet, so empfinden es die jungen Wiesbadener, vor der Haustür statt. Einer der neuen Freunde von Wolfgang Grams, Jürgen Schneider, erinnert sich: »Abends saßen GIs am Nachbartisch in irgendwelchen Kneipen. Die erzählten dann Heldengeschichten von ihren Einsätzen in Vietnam. Es kam mehrmals fast zu Handgreiflichkeiten.«

Bei der Anti-Vietnam-Demonstration erleben die Freunde ihre erste Konfrontation mit der Staatsgewalt. »Wir hatten uns eine blutige Birne und ein paar Knochenprellungen geholt«, erinnert sich Jürgen Schneider. »Das war eine seltsame Erfahrung, weil Wolfgang und ich uns im Recht sahen. Wir sind so erzogen worden, dass man sich gegen Unrecht zur Wehr setzen muss, und wir fanden es gerecht, gegen die Bombenabwürfe zu demonstrieren.«

Als Wolfgang Grams von seinen Erfahrungen bei der Demonstration erzählt, reagiert der Vater aufbrausend. Für ihn sind die Amerikaner eine Schutzmacht, die »den Russen« von einem weltweiten Vormarsch abhalten. Für Wolfgang Grams ist der Vater ein »Wegseher«: So wie er sich mit seiner eigenen Rolle im Dritten Reich nicht beschäftigen will, so nimmt er den Krieg in Vietnam auch nicht wahr.

Bekennerbrief
RAF Attentat auf das US Army Headquarter in Heidelberg, Mai 1972

Im Hauptquartier der amerikanischen Streitkräfte in Europa in Heidelberg sind gestern Abend, am Mittwoch, den 24. Mai 1972 zwei Bomben mit der Sprengkraft von 200 kg TNT explodiert. [...]
Die amerikanische Luftwaffe hat in den letzten sieben Wochen mehr Bomben über Vietnam abge-

worfen als im Zweiten Weltkrieg über Japan und Deutschland zusammen. Von weiteren Millionen Tonnen Sprengstoffen ist die Rede, die das Pentagon einsetzen will, um die nordvietnamesische Offensive zu stoppen. Das ist Genozid, Völkermord, das wäre die »Endlösung«, das ist Auschwitz.

Die Menschen in der Bundesrepublik unterstützen die Sicherungskräfte bei der Fahndung nach den Bombenattentätern nicht, weil sie mit den Verbrechen des amerikanischen Imperialismus und ihrer Billigung durch die herrschende Klasse hier nichts zu tun haben wollen; weil sie Auschwitz, Dresden und Hamburg nicht vergessen haben; weil sie wissen, dass gegen die Massenmörder von Vietnam Bombenanschläge gerechtfertigt sind; weil sie die Erfahrung gemacht haben, dass Demonstrationen und Worte gegen die Verbrechen des Imperialismus nichts nützen.

SIEG IM VOLKSKRIEG
Rote Armee Fraktion

Bei dem Anschlag kommen drei US-Soldaten ums Leben, fünf werden schwer verletzt. Für Jürgen Schneider und Wolfgang Grams ist so ein Attentat »wie eine Erleuchtung, dass ein Vorgehen darüber hinaus möglich ist, dass es also eine konkrete Möglichkeit der Solidarisierung mit den Menschen in Vietnam gab. War es nicht legitim zu fragen: Was sind vier oder fünf GIs gegen eine Million vietnamesischer Kinder? Wolfgang und ich fanden die Empörung in den Medien über diesen Anschlag schief und verlogen.« Mit dem Bekennerbrief setzten sie sich inhaltlich nicht weiter auseinander. Die darin vorgenommene Gleichsetzung von

Auschwitz mit der Bombardierung von Hamburg und Dresden wird nicht hinterfragt.

Nach zahlreichen weiteren Anschlägen werden im Juni 1972 alle RAF-Mitglieder der ersten Generation verhaftet. Am spektakulärsten, weil von Fernsehkameras verfolgt, gestaltet sich die Festnahme von Andreas Baader, Jan-Carl Raspe und Holger Meins in Frankfurt. Nach einem Schusswechsel, bei dem Andreas Baader verletzt wird, werden die drei Terroristen in Unterhosen abgeführt. Gudrun Ensslin, RAF-Mitglied der ersten Stunde, wird nach ihrer Festnahme zusammen mit Andreas Baader in Stuttgart-Stammheim inhaftiert. Dafür wird eine Etage der Haftanstalt umgebaut und besonders gesichert. Ulrike Meinhof wird in einem toten Trakt einer Haftanstalt in Köln-Ossendorf untergebracht.

Zur gleichen Zeit erhält Wolfgang Grams einen Musterungsbescheid. Er entscheidet sich zu verweigern. Damit stellt er sich offen gegen die Familientradition, denn sein Vater und ein Onkel, ein Berufssoldat, raten ihm entschieden zum Wehrdienst. Werner Grams versucht nach langen Gesprächen einen Kompromiss zu finden. Auch wenn Wolfgang den Dienst mit der Waffe verweigern wolle, könne er sich bei einem Musikzug der Bundeswehr bewerben. Doch auch damit erreicht er seinen Sohn nicht. Der will nur eines – weg. Nach dem Abitur 1972 fahren Wolfgang Grams, Jürgen Herber, Klaus Volz, Jürgen Schneider und eine Freundin nach Spanien. Grams hat einen alten VW-Käfer mit Blumen und Sprüchen bemalt. Sie kiffen viel und machen gemeinsam Musik; man übernachtet in heruntergekommenen Hotelzimmern. Die fünf denken nicht viel nach in diesen Tagen.

Trotz der Empörung gegen den Vietnamkrieg bleibt die Tagespolitik für Wolfgang Grams seltsam fern. »Wenn ich Wolfgang in der Zeit nach dem amtierenden Innenminister befragt hätte – Fehlanzeige«, sagt Jürgen Herber. »Auch

Zeitung hat Wolfgang kaum gelesen. Moralisch ist er gewesen, mit einem gut ausgeprägten Gerechtigkeitsempfinden.«

Nach der Rückkehr aus Spanien befragt der Vater seinen Sohn zu dessen beruflichen Vorstellungen. Vor dem Abitur wollte Wolfgang Pfarrer werden. Doch inzwischen zweifelt er an der gesellschaftlichen Relevanz dieses Berufes. Ein Pfarrer kann predigen, was er will, es hat doch keine Folgen. Ein weiterer Berufswunsch war Förster. Wolfgang Grams träumte vom Rückzug in ein kleines Waldhaus, weg von der »Konsumscheiße«. Doch er verwirft auch diese Idee. »Das war ihm dann doch zu weit abgeschieden vom Rest der Welt«, erinnert sich der Vater. Sein Sohn will etwas werden, womit er unmittelbar etwas bewirken kann. Mehr kann der Vater aus ihm erst einmal nicht herausho-

len. Wolfgang Grams beginnt dann zur Überraschung seiner Eltern ein Lehramtsstudium für Mathematik in Frankfurt. Doch nach einem Semester muss er es wegen der Einberufung zum Ersatzdienst unterbrechen, was ihm nicht unlieb ist, kann er doch mit dem Studium nicht so viel anfangen.

Im April 1973 tritt Wolfgang Grams seinen Zivildienst im Wiesbadener Krankenhaus »Paulinenstift« an. Während seines Einsatzes auf verschiedenen Stationen bekommt er mit, dass auf der Altenpflegestation Personalmangel herrscht. Klaus Volz: »Er warf sich in die nieders-

**Wolfgang Grams
als Zivildienstleistender 1973**

ten Tätigkeiten. Das hatte etwas Selbstzerstörerisches. Er ließ sich bewusst auf eine Altenpflegestation versetzen, dorthin, wo kein anderer Zivildienstleistender hinwollte. Sein bevorzugtes Aufgabengebiet: den Alten den Hintern zu waschen. Darauf war Wolfgang stolz.«

In einer Gesellschaft, in der es nur um die Ausbeutung und Funktionalisierung von Menschen geht, so ist Wolfgang Grams überzeugt, würde so eine Tätigkeit bald von einer Maschine erledigt, oder von »Untermenschen«. Dieser Vision müsse er sich entgegenstellen. Auf der geriatrischen Station wird Wolfgang Grams zum ersten Mal unmittelbar mit Sterben und Tod konfrontiert. Er meldet sich freiwillig, die Toten zu waschen und anzukleiden.

Anfang 1973 zieht Wolfgang Grams in eine WG. Zunächst sieht er noch jeden zweiten Tag die Familie, dann werden seine Besuche seltener. Rainer beginnt ihn zu vermissen. Umso mehr freut er sich, dass der Bruder zumindest einmal in der Woche auftaucht, meist sonntags zum Mittagessen. Der Mittagstisch ist der Ort der Auseinandersetzungen. Was haben die Eltern von den Verbrechen des Dritten Reiches gewusst? Was haben sie mit eigenen Augen gesehen, wo haben sie weggesehen? Welche Bedeutung hatte die Zugehörigkeit des Vaters zur Waffen-SS? Gab es den von ihm behaupteten Bruch nach dem Krieg wirklich? Warum nahm der Vater auch noch in den fünfziger Jahren an Kameradschaftstreffen teil?

Das Thema der Schuld und der Wiederkehr des Faschismus wird bestimmend für die Auseinandersetzungen mit dem Vater. Ausgehend von der eigenen Familie, glaubt Wolfgang Grams, auch in staatlichen Strukturen den »Widerschein« des Dritten Reiches zu erkennen. Er entwickelt einen Blick für die nationalsozialistischen Überbleibsel im deutschen Bewusstsein und personellen Kontinuitäten von der NS-Zeit bis in die Bundesrepublik der siebziger Jahre. Werner Grams versteht seinen Sohn nicht. Er sieht sich selbst an einem völlig anderen Punkt und die Bundes-republik ebenso. Wolfgang empört sich über die in seinen Augen »unpolitische Haltung« des Vaters. Er wirft ihm vor, sich angesichts einer offensichtlichen neuen Bedrohung in ein unpolitisches Vakuum zurückzuziehen. Das Argument, mit der politischen Enttäuschung der Jugendjahre ein Anrecht auf Abstinenz erworben zu haben, lässt Wolfgang nicht gelten. Wolfgang Grams ist kein offensiver Streiter. Wenn es einmal lauter wird, steht er auf und verlässt, ohne ein weiteres Wort zu verlieren, den Tisch. Die Mutter läuft ihm nach, aufhalten kann sie ihn nicht.

Fast 20 Jahre später, 1992, bei einem Treffen zwischen den Eltern und dem im Untergrund lebenden Wolfgang Grams, nimmt der Vater seinen Sohn bei einem Waldspaziergang zur Seite. Es ist seit mehr als acht Jahren die erste Begeg-nung zwischen beiden – und es wird die letzte sein. Nach langem Schweigen beginnt der Vater von seinen Kriegs-erfahrungen zu erzählen. Zum ersten Mal spricht er dieses Thema von sich aus an. Er berichtet von den plötzlichen Zweifeln, als er im Lazarett lag. Für wen, hatte er sich gefragt, habe ich da meinen Kopf hingehalten – und vor allem: für was? Werner Grams hofft, mit diesen Schilde-rungen auch bei Wolfgang etwas auszulösen. »Manchmal dauert es sehr lange, sich so einen Irrtum einzugestehen.«
Doch sein Sohn schweigt zu alledem. »Er hat ja immer erst mal nichts gesagt. Ob das noch was ausgelöst hat, das werden wir nie erfahren.« Auch umgekehrt glaubt der Vater, seinem Sohn zu spät vermittelt zu haben, dass er nun über vieles anders denkt als in den Zeiten der Sonntags-gespräche. »Dass ich bei der Waffen-SS war, das war wie ein innerer Zwang. Ich hab eben dem Staat gedient wie jeder andere Hitlerjunge auch.«

6
Schrittmuster einer Karriere

Am 30. Januar 1930 kommen in einem Essener Krankenhaus Zwillinge zur Welt, Alfred und Anne Herrhausen. Die Mutter Hella kostet die Geburt beinahe das Leben. Die beiden Kinder sind untergewichtig, auch später spricht Hella Herrhausen immer wieder davon, dass diese Jahre zu den härtesten ihres Lebens gehören. Die Familie hat während der Weltwirtschaftskrise einen überdurchschnittlichen Lebensstandard. Beide Eltern entstammen bodenständigen Familien. Die Großeltern mütterlicherseits haben eine Gastwirtschaft, väterlicherseits eine Metzgerei.

Anne und Alfred wachsen über der Metzgerei der Großeltern auf. Alfred ist der Lieblingsenkel, doch so gern er auch seine Großeltern mag, er will sich in der Metzgerei nicht aufhalten. Der Junge ekelt sich dort.

Karl Herrhausen, Annes und Alfreds Vater, hatte sich geweigert, die Schlachterei zu übernehmen. Zu seinem Bedauern konnte er auch nicht studieren. Über eine höhere Berufsschule erwarb er einen Ingenieurstitel und arbeitete bei der Ruhrgas als Vermessungsingenieur. Die Zwillinge bekommen den Vater nur am Wochenende zu Gesicht, er ist viel unterwegs. Anne Koch, geborene Herrhausen, beschreibt ihn als einen toleranten und angenehmen Menschen: »Wenn er einmal da war, war die Freude entsprechend groß.« Er ist ihr als differenzierter, gebildeter und feinsinniger Mann in Erinnerung.

Hella Herrhausen kümmert sich sehr um die sportliche Ausbildung ihrer Kinder. Sie selbst spielt Tennis und Hockey und führt auch die Zwillinge früh an diese Sportarten heran. Im Winter läuft man Schlittschuh. Hella Herrhausen wird als lebenslustige Person geschildert, die gern und ausgiebig feiert. Ihr Sohn Alfred spricht später gegenüber

Freunden von einer daraus resultierenden »Unhäuslichkeit«. Mütterliche Fürsorge habe er wenig empfangen. Als Kind ist er es nicht gewöhnt, nach Hause zu kommen und erwartet zu werden. Niemand stellt ihm ein warmes Essen hin. Meist macht er sich selbst etwas. Im Widerspruch dazu stehen allerdings zahlreiche Beschreibungen, die berichten, wie die Mutter in der Nachkriegsnot aus »Nichts« ein Essen für mehrere Personen improvisiert. Alfred Herrhausen schwärmt gegenüber Freunden von diesen »Künsten«.

Hella Herrhausen hat ein eher distanziertes Verhältnis zu ihren Kindern, Umarmungen und Zärtlichkeiten bei einer Begrüßung oder Verabschiedung sind unüblich. Alfred Herrhausen wird sehr früh zur Eigenständigkeit angehalten. Anne Koch schildert ihn als stillen, introvertierten Jungen, der nachmittagelang lesen oder allein spielen konnte und sich dabei in seine eigene Welt zurückzog. Wenn er nicht liest, ist seine Ritterburg das Refugium. Dort stellt er ganze Schlachten nach und verbietet seiner Zwillingsschwester, auch nur einen Ritter umzustellen. Einmal hält sie sich nicht daran. Alfred bemerkt es sofort, stellt die Schwester zur Rede und bietet ihr als Wiedergutmachung an, das Volk zu spielen, dem er eine Rede halten wird. Das tut sie dann auch bereitwillig, und Alfred Herrhausen hält eine leidenschaftliche Ansprache an sein »Volk«. Die Schwester ist bereits damals von seinem rednerischen Talent überzeugt.

Karl Herrhausen fordert von seinen beiden Kindern Leistung, er stachelt sie zum Lernen an. Und tatsächlich: Alfred Herrhausen wird ein ausgezeichneter Schüler. »Mein Vater hat immer gesagt, wenn man etwas erreichen will, muss man immer mindestens eine Stunde mehr arbeiten als die Masse«, erinnert sich Anne Koch. »Das war so seine Vorgabe für uns. Eine Stunde reicht natürlich nicht. Das hat sich ja auch erwiesen.«

Aber nicht nur Leistungsorientierung und Ehrgeiz vermittelt Karl Herrhausen, auch Ehrlichkeit, Verlässlichkeit und vor allem: Die Freude am eigenständigen Denken lernt Alfred von ihm. Die Erwartungen der Eltern erfüllt der Sohn durchweg, auch wenn sie es ihm nicht zeigen. Er hat das Gefühl, es seinen Eltern nicht recht machen zu können.

In allen Sportarten ist er sehr gut, nur im Schwimmen ist die Zwillingsschwester besser. Die Geschwister erhalten Klavierunterricht, spielen an Familienfesten vierhändig. Und selbstverständlich übernimmt Alfred die führende Stimme. »Er war überall eine ganze Ecke besser als ich. Umgekehrt wäre es für ihn ja nicht so schön gewesen.«

»Ich habe immer Spaß an der Leistung gehabt. Es hat mich niemand zu motivieren brauchen. Mein Vater und Großvater haben darauf keinen Einfluss genommen, ich bin ja schon sehr früh aus dem Elternhaus weggekommen, damals in den Kriegswirren. Es hat mir immer Spaß gemacht, Dinge gründlich zu untersuchen und daraus die richtigen Schlussfolgerungen zu ziehen. Es ist nicht Leistung im Sinne von Hochleistungssport, den man intellektuell unternimmt, sondern einfach die Freude, Sachverhalte richtig zu erkennen, Probleme richtig zu strukturieren und daraus die richtigen Schlussfolgerungen zu ziehen. Das ist wohl Teil meines Charakters, nicht das Ergebnis eines Erziehungsprozesses, dem ich mit besonderer Intensität unterworfen worden wäre.«[*]

1942, Alfred Herrhausen ist zwölf Jahre alt, soll er an der Reichsschule der NSDAP in Feldafing angenommen werden. Hier wird der »Führernachwuchs« im Sinne der nationalsozialistischen Ideologie herangebildet. Der Aufnahme

---

[*] Alfred Herrhausen 1989 in einem Interview mit Gero von Boehm für den Südwestfunk.

geht ein langes und komplexes Auswahlverfahren voran.
Zunächst schlägt die Humboldt-Oberrealschule in Essen
Alfred Herrhausen als Jahrgangsbesten der Kreisleitung
der NSDAP vor. Diese wählt nach eigenen Kriterien diejeni-
gen Schüler aus, die sie an die Gauleitung weitermeldet.
Jedes Reichsgau kann im Jahr bis zu drei Kandidaten in ein
Auswahllager entsenden. Dabei ist die politische Zuver-
lässigkeit des Elternhauses nicht unerheblich, und Karl
Herrhausen tritt deshalb in die Partei ein, obwohl er kein
überzeugter Nationalsozialist ist.

Etwa 240 Schüler kommen in die engere Wahl und werden zum einwöchigen Ausleseverfahren nach Feldafing
eingeladen. Alfred Herrhausen besteht mit 36 anderen Mit-
bewerbern.

Für Anne Koch besitzt Alfred alle wichtigen Eigenschaf-
ten, die eine solche Eliteschule fordert: Talent, Sportlichkeit, Disziplin. »Er hat sehr darauf geachtet, immer die
Form zu wahren und nicht aus der Rolle fallen. Das
Wichtigste für ihn war eine perfekte Selbstbeherrschung.
Das war für ihn eine Art Lebensphilosophie.« Auch sein
Äußeres erfüllt die Kriterien, Herrhausen ist gut gewachsen, blond und blauäugig. Er relativiert Jahrzehnte später
die Bedeutung dieser Jahre, so er denn überhaupt darüber
spricht. Die Zeit an der NS-Eliteschule habe »keinen besonderen Platz« in seinem Leben eingenommen. Dort sei ihm
lediglich ein »durchgängig geordneter Schulbetrieb« fernab
des stets von Bomben bedrohten Ruhrgebiets zuteil geworden.

»Es war in Feldafing eine Atmosphäre von Disziplin, von
Leistung, Sportlichkeit und Kameradschaftlichkeit. Es war
merkwürdigerweise viel weniger, als man heute glaubt,
eine Atmosphäre ideologischer Indoktrinierung. Nun bin
ich ja mit 15 Jahren, als der Krieg zu Ende war, zwangsläufig aus dieser Schule wieder ausgeschieden. Ich kann
nicht sagen, was passiert wäre in den folgenden Jahren, in

denen Menschen ja sehr stark geprägt werden durch ihre Umgebung. Ich habe aus diesen drei Jahren keinen Schaden, sondern eigentlich eine ganze Menge an preußischen Tugenden mitgenommen, die mir in meinem Leben weitergeholfen haben.

Frage: Was hat Sie besonders geprägt?

Ich meine noch einmal: das Sich-auch-für-die-anderen-einsetzen-Müssen, das Nicht-nur-an-sich-selbst-Denken, sondern in einer kameradschaftlichen Atmosphäre das vorweg praktizieren, was man heute Teamgeist nennt und dies gründlich und beflissen zu tun, das heißt, ohne immer daran zu denken, ob es einem leicht oder schwer fällt. Es war eine Vermittlung von Freude an der Arbeit, die ich heute noch empfinde, und ich meine, dass das etwas Positives ist.

Frage: Ihr Sportlehrer damals forderte, dass an dieser Schule athletische Kämpfertypen geformt würden, hart gegen sich selbst und andere. Ist das eine Summe, die Sie auch ziehen würden, oder nur ein Teil?

Nein, das klingt mir zu martialisch. Wir haben sehr viel Sport getrieben damals und haben das mit Freude getan. Aber es war doch eine Leistung, die leicht fiel, weil sie eingebettet war in Spaß, in Bewegung, in Motorik und nicht unterlegt war mit ideologischer Indoktrinierung.«*

Im September 1942 kommt Alfred Herrhausen nach Feldafing. In den wöchentlichen Briefen, die er den Eltern und der Schwester schreibt, wird das Thema Heimweh nicht ein einziges Mal angeschnitten. Die Briefe haben, mit wenigen Ausnahmen, die Form eines Wochenberichts. Zweifel und Ängste kommen kaum vor.

Die Schule ist zunächst überwiegend in »arisierten« Villen untergebracht. Die Räume richtet man spartanisch mit

* Interview mit Gero von Boehm

jeweils vier Betten und Militärspinden ein. Das Gefühl, durch die Auswahl einer Elite anzugehören, wird gleichzeitig konterkariert durch die Forderung, sich der Gruppe bedingungslos einzufügen.

… An unserer Schule ist es ja überhaupt nicht so, dass wir nur einzelne Spitzenkönner und besonders talentierte Jungmannen sportlich ausbilden, sondern es geht ja schließlich darum, eine gute Durchschnittsleistung zu erzielen. Darum wird hier jeder Jungmann die gleiche sportliche und auch wissenschaftliche Ausbildung genießen. Am Mittwoch haben wir im HJ-Dienst unseren 15-Kilometer-Marsch gemacht, und nach dem Abendessen sind wir die 100 Meter für das Deutsche Jugend-Leistungsabzeichen geschwommen. Obwohl ich das schon besitze, habe ich beides noch mal mitgemacht. Das kann ja nichts schaden …
Nun ist meine Weisheit zu Ende, es grüßt euch mit Heil Hitler euer Alfred.
(Brief an die Eltern vom 26. März 1942)

Das Gruppenideal manifestiert sich etwa in der Uniformierung und Marsch- und Gleichschrittsritualen. Der Einzelne soll im Volkskörper auf- und untergehen. Hätte sich das Kriegsende um nur ein paar Wochen verschoben, wäre auch Alfred Herrhausen mit der Panzerfaust gegen die näher rückenden Alliierten geschickt worden.

Der Ehrbegriff erfährt in Feldafing eine besondere Ausformung in geschriebenen und ungeschriebenen Regeln. Eine der Forderungen der Schule ist, »Leib und Seele reinzuhalten«. Bei Regelverstößen gibt es Ohrfeigen, von manchen Lehrern auch Schläge. In ihrer Rigorosität und ihrem Bewusstsein der Auserwähltheit ist die Schule in Feldafing durchaus mit einem religiösen Orden vergleichbar.

Bei der um ein Jahr älteren Klasse fliegt 1943 ein »Onanierzirkel« auf. Dem angeblichen Kopf der Gruppe droht

Vater und Sohn, um 1943

der Schulverweis. Doch bevor dieser ausgesprochen wird, bringt sich der Schüler um. Die Gerüchteküche brodelt, die Schulleitung sieht sich gezwungen, darauf zu reagieren. Richard Hacker, einer von Herrhausens Mitschülern, erinnert sich an den knappen Kommentar des Schulleiters beim Schulappell: »Schweinereien – das passt nicht zu uns.« Damit ist die Sache erledigt. Solche Vorkommnisse erwähnt Alfred Herrhausen in seinen wöchentlichen Berichten an die Familie jedoch nicht.

Dem Unterricht in Feldafing liegen die Lehrpläne zugrunde, die auch an anderen staatlichen Schulen des Deutschen Reiches gelten. Doch sind sie hier um einige besondere Aspekte erweitert, wie zum Beispiel um das erhöhte Sportpensum. Es werden Sportarten gelehrt, die in dieser Zeit unüblich sind: Volleyball, Hallenhandball, Boxen und Hockey.

Hugo Lang ist einer der Klassenkameraden, die viel mit Alfred Herrhausen zusammen sind. Er erinnert sich, dass sein Mitschüler überall der Beste sein wollte – und es fast immer war, auch in den musischen Fächern: »Er war einer unserer besten Klavierspieler, was ihm viel Anerkennung eingebracht hat.« Nur in einer Disziplin ist ihm Hugo Lang kräftemäßig überlegen, beim Boxen. »Herrhausen wollte dies wettmachen. Er versuchte, verbissen und gnadenlos zuzuschlagen. Ich gab nicht volle Kraft, sonst hätte ich ihn schnell niedergeschlagen. Er stand unter einem extremen Druck. Er musste um jeden Preis Ernst machen. Das war kein Spiel mehr, da ging es um alles. Rücksichtnahme kannte er keine.«

Auch eine vormilitärische Ausbildung in Form von Geländespielen und Geländekunde ist Teil des Unterrichts. Den Höhepunkt dieser Ausbildung stellt das »Pfingstlager« dar, wo die Schüler zunächst einen Gepäckmarsch machen und anschließend ihr Lager aufbauen. Trainiert werden Orientierungsspiele mit Karten, das richtige Bewegen im

Gelände, Tarnung, nächtliche Überfälle und Ähnliches. Die Bedeutung dieser vormilitärischen Ausbildung wird von allen ehemaligen Klassenkameraden als sehr gering eingeschätzt. »Wir wurden sehr frei gehalten«, sagt Hugo Lang. »Von einem paramilitärischen Schwerpunkt der Ausbildung kann keine Rede sein. Die wehrpolitischen Übungen wurden nur ein paar Stunden in der Woche durchgeführt.« Im Nationalpolitischen Unterricht sollen sich die Schüler ausführlich mit dem 25 Punkte umfassenden Parteiprogramm der NSDAP und mit Hitlers »Mein Kampf« beschäftigen.

Dieser Unterricht nimmt in den Erinnerungen der ehemaligen Schüler keine herausgehobene Stellung ein. »Insgesamt«, so der Mitschüler Helmut Bub, »herrschte an der Schule ein weltoffener Geist.« Hugo Lang ergänzt: »Es wurde von uns nicht erwartet, dass wir uns in irgendeiner Weise politisch betätigen. Selbst der Hitlerjugenddienst am Mittwochnachmittag war nicht sehr gefordert, sondern ein Zugeständnis an normale Einrichtungen draußen.«

Im Deutschunterricht haben wir den Begriff »indogermanisch« besprochen, in Erdkunde stehen wir bei Afrika … Mit dem Englischen kommen wir verhältnismäßig langsam vorwärts … In Napo* stehen wir bei Punkt 13 des Parteiprogrammes. Nun zum Werkunterricht: Da bauen wir jetzt unser zweites Flugmodell, die Rhön. Mir macht es gewaltigen Spaß. Ja, und Zeichnen hätt ich glatt vergessen. Augenblicklich malen wir einen Luftkampf. Pfundig. Sport ist ja klar. Aber nun denkt ja nicht, dass das alles Tag für Tag gleich ist. In dieser Woche hatten wir ziemlich viel Abwechslung. In dieser Woche sprach und las zu uns der Dichter Georg Stamler. Ein alter Vorkämpfer Deutschlands. Von seinen Werken waren wir natürlich sehr begeistert.

---

* Nationalpolitischer Unterricht

Am Donnerstag führte dann die Klasse 5b ein sehr schönes Theaterstück auf. Dieses sollte die Welt unserer Gegner klar vor Augen führen und stand unter dem Titel: Welt ohne Herz. (Brief an die Eltern vom 20. November 1943)

Die ehemaligen Feldafinger berichten heute übereinstimmend, dass eine umfassende und profunde Wissensvermittlung in allen Fächern den Kern der Unterrichts ausmachte. Dabei seien die Schüler zu selbständigem Denken, gutem Vortrag und zur Kameradschaft angehalten worden. Alfred Herrhausen und seine Klassenkameraden seien erzogen worden, ihre Meinung »überzeugend und mitreißend in freier Rede den Zuhörern zu übermitteln«.

Der Leistungsaspekt steht in allen Fächern im Vordergrund. Ein Sitzenbleiben gibt es nicht. Wer die erforderlichen Leistungen nicht erbringt, wird von der Schule verwiesen. Dafür erhalten die Schüler die Rationen von Schwerarbeitern, was, gemessen an der durch den Krieg eingeschränkten Lebensmittelversorgung, außergewöhnlich viel ist.

Meine Lieben,
habe immer noch keine Post von euch erhalten, erwarte täglich Nachricht. Heute Morgen haben wir eine Nachschrift geschrieben, ich bin mit drei Fehlern voraussichtlich der Beste. Eine Mathearbeit haben wir auch geschrieben, da will ich euch ganz offen schreiben, dass ich die Arbeit vollständig danebengehauen habe, aber auch vollständig. Jetzt werde ich wohl statt einer Zwei eine Drei auf der Beurteilung stehen haben, wollte es euch nur mitteilen, damit ihr Weihnachten nicht umfallt. Mathe ist eben meine schwache Seite. So wie ihr mich kennt, wisst ihr ja, dass ich nun todunglücklich bin. Aber es ist nichts daran zu ändern. Alfred.
(Brief an die Eltern vom 8. November 1943)

Anne Koch erinnert sich: »Mein Bruder hat sich über diese Drei so gegrämt, das war ganz schlimm, also, dass er sich die Zwei verdorben hat, das war für ihn fast 'n Weltuntergang. Da war Hoftrauer angesagt.« Solche Momente der Gram über nicht erbrachte Leistungen sind für Alfred Herrhausen jedoch die Ausnahme. Häufiger spricht der Stolz aus seinen Briefen. So schickt er seinen Eltern zwei selbst verfasste Gedichte, die er am Heldengedenktag 1943 auf einer Bühne in der Turnhalle vortrug:

> Ein Wall von Leibern schützt unser Land
> sie kämpfen und ringen,
> das Schwert in der Hand
> Und mancher kehrt niemals wieder
>
> Die Lücken zu schließen, wir wachsen heran
> Ihr schirmt unser Wachsen und Reifen
> Einst werden wir dann
> Mann für Mann
>
> Eure Waffen und Pflichten ergreifen
> Ihr feiert Weihnacht in Schnee und Eis
> Auf dem Weltmeer, in Wüstengluten
> Die Heimat ist bei Euch, die Heimat weiß
> Um Euer Siegen und Bluten
>
> Drum gilt mein Licht den Soldaten
> Die schützen uns vor aller Gefahr
> Sie sind Vorbild durch ihre Taten
> Zu Osten, Westen, fern und nah

Bereits kurz nach seiner Aufnahme in Feldafing wird Herrhausen mit Führungsaufgaben betraut. Er wird Klassenführer und hat außerdem als Truppführer das morgendliche Aufstehen zu organisieren. Dafür muss er selbst eine halbe Stunde vor dem Weckruf aufwachen. Beim täglichen Appell nach dem Frühstück ist Herrhausen für seine Klasse und deren Auftreten verantwortlich. Anschließend hat der Truppführer die Mitschüler im Gleichschritt in Dreierreihen zum Unterricht zu führen, was auf dem weitläufigen Gelände bis zu einer halben Stunde dauern kann. Nach dem Unterricht wiederum marschiert die Klasse zum Essen, nachmittags zum Sport oder wieder zum Unterricht. Als Klassenführer ist Alfred Herrhausen verantwortlich für Disziplin, Ordnung und das Erscheinungsbild der Klasse. Dazu zählt die Aufsicht über den Zustand von Schuhen, Bettwäsche und Kleidung. Alfred Herrhausen, so erinnert sich Hugo Lang, »hat damals sehr penibel darauf geachtet, dass alles nach Plan und Vorschrift läuft, es sollte nichts auf ihn zurückfallen. Alfred galt als konsequent und kompromisslos.«

Meine Lieben,
... Gestern war Kreistag in Starnberg, wir sind um neun Uhr mit dem Bus dorthin gefahren, um zehn Uhr fünfzehn sprach Gebietsführer Stöckl zu uns, und dann folgte ein Vorbeimarsch am Gauleiter Karl Giesler. Unser Musikzug sowie Fanfaren und Spielmannszug haben prima gespielt, der Gauleiter hat gesagt, das ist ja ungeheuer, wie die marschieren. Und der Gebietsführer: Man sieht doch, was Auslese ist. ...
(Brief an die Eltern vom 23. Mai 1943)

Wenn zu Schuljahresbeginn die jeweils neue Uniform ausgegeben wird, geht er wieder und wieder in die Kleiderkammer, so lange, bis alle Uniformteile wie maßgeschneidert ohne Falten und Knittern sitzen. Obwohl es verboten ist, die Uniform nach Hause mitzunehmen, setzt sich Herrhausen verschiedentlich bei Familienbesuchen darüber hinweg. Damit tut er etwas, was er sonst nie macht: Er übertritt eine Regel bewusst – und nimmt die Strafe der Erzieher ohne Murren auf sich.

Die Mitschüler schätzen und respektieren Alfred Herrhausen, nicht zuletzt wegen seiner schulischen und sport-
lichen Leistungen. Er gilt als kameradschaftlich und
zuverlässig. Heute noch fällt auf, dass seine Mitschüler nicht
von Freundschaft sprechen, wenn sie sich an ihn erinnern.
»Kamerad Herrhausen«, sagt Helmut Bub, zu dem Herrhausen sogar ein besonders enges Verhältnis hatte, sei
»sehr energisch und durchsetzungsfähig« gewesen. Kameradschaft gilt viel im Internat des Führungsnachwuchses,
doch eine Cliquenbildung ist unerwünscht. So legt die Schulleitung Wert darauf, dass die Belegung der Schlafräume
immer wieder verändert wird. Aber auch die starke Konkurrenz unter den Feldafingern erschwert es, Freundschaft
zu schließen. Erst nach Ende des Krieges wird sich zeigen,
wie groß die Verbundenheit zwischen Alfred Herrhausen
und einzelnen Klassenkameraden ist.

Im Verlauf der Jahre 1943 und 1944 fließt die militärische
und politische Großwetterlage mehr und mehr in den
Unterricht ein. Fast täglich erläutert einer der Schüler den
Wehrmachtsbericht. Und nach einem Heimaturlaub schrei-
ben die Schüler einen Aufsatz über die Stimmung zu Hause.
Einige müssen dabei sehr offen über einen mangelnden
Siegeswillen bei den Lieben zu Hause berichtet haben, was
auf harsche Kritik der Erzieher stößt. Das bringt Hugo
Lang, Helmut Bub und Alfred Herrhausen auf die Idee, ein
Stück aufzuführen, das den Defätismus anprangert. Das
Drama heißt »1813« und schildert den preußischen Wider-
stand gegen die drohende französische Besetzung. Alfred
Herrhausen spielt den König Friedrich Wilhelm III., Hel-
mut Bub den Feldmarschall Yorck. Das Stück wird auch
einmal der örtlichen Bevölkerung in Feldafing vorgeführt.
Dort kommt es allerdings nicht so gut an.

Seid ihr im Ruhrgebiet ruhig auch so und fahrt den Mecke-
rern mal ordentlich übers Maul. Denn eines steht ja wohl

fest. Der Sieg hängt nur von unserem Glauben und Willen ab. Wir lernen es hier in Feldafing, und ihr sollt es daheim auch so tun. Denn die Meckerer zu Hause, die zwar in manchen Fällen Recht haben, sind trotzdem minderwertige Elemente, die nur das eine Ziel haben: uns zu schaden und unseren Feinden zu nutzen. Und solche Menschen können wir nicht brauchen. Deshalb vertreten wir, und das sollt ihr auch vertreten, den gesunden Standpunkt, und im Glauben an unseren Sieg [sollt ihr] unerschütterlich sein.

Karl Herrhausen ist vom Endsieg nicht überzeugt. Er verliert bei Alfred spürbar an Autorität, da er ihm nicht das Vorbild ist, das der Sohn sich wünscht. So rügt Alfred Herrhausen das mangelnde Engagement seines Vaters in der NSDAP. Durch die Feldafinger Erfahrungen, auch auf kulturellem Gebiet, wächst die Kluft zwischen Alfred Herrhausen und seinen Eltern.

… Wie Vater schreibt, war in Essen eine Großkundgebung vor allen Parteifreunden. Ja, ja, der Parteigenosse, der sich an dem Marsch vorbeigedrückt hat, ist ja gar nicht schwer zu erraten. Lieber Vater, mach deine Augen nur mal weit auf, ich glaube, du kennst den Betreffenden sehr, sehr gut. Ja, ja, und so etwas nennt sich dann Parteigenosse (Vorbild).
Da lobe ich mir den alten Ulan aus Steele*, der hoch zu Ross am Vorbeimarsch mitgemacht hat. Ich hätte das ja gerne mal gesehen …
Ich wäre zu gerne dabei gewesen, in Feldafing habe ich ja noch keinen strammen Reitersmann gesehen, außer wenn ich in den Spiegel gucke. (ha ha ha)
(Brief an die Eltern vom 16. Oktober 1943)

---

* Gemeint ist der Großvater, der im Ersten Weltkrieg bei den Ulanen diente.

Im folgenden brieflichen Bericht fällt nicht nur die sprachliche Begabung des 13-Jährigen auf, es zeigt sich auch seine große Begeisterung für die Musik, die viel später in der Bewunderung für Wagners Opern ihre Fortsetzung findet.

Am Freitag waren wir in München, und zwar in Carl Orffs Konzert-Spiel Carmina Burana. Da könnt ihr euch natürlich nichts darunter vorstellen, das war ein Spiel vom Kreislauf des Lebens, untermalt durch zum Teil Melodien aus der Alten Benediktbeurer Handschrift, 9., 10. und 11. Jahrhundert. Für Soli, Chöre und Orchester. Eine Aufführung von ungeheurer Eindruckskraft, allerdings meist in lateinischer Sprache und in althochdeutscher Mundart gehalten. Aber der Erzieher hatte uns vorher die nötige Einführung gegeben. Das Ganze wurde eingerahmt von zwei wunderbaren Strophenliedern. O Fortuna, o du Schicksalsgöttin. Da sah man das Schicksalsrad der Fortuna, und es wurde versinnbildlicht, wie jeder Mensch doch irgendwie seinem Schicksal unterworfen ist. Dazu dann die Lichtreflexe, Kostüme, Mienen und Bewegungen der Schauspieler, die ungeheure Zahl der Mitwirkenden sowie die choreographische Leistung und Leitung des Balletts der Münchner Staatsoper und das riesige Orchester, das alles hielt einen zwei Stunden in Bann. Keiner wagte aber auch nur zu atmen, ungeheuer. Der zweite Teil war betitelt, vom Frühling. Er zeigte uns das auffrischende Leben, Liebe zwischen den Menschen und der Natur. Ich kann euch gar nicht sagen, was für einen Eindruck dieses Singspiel auf uns alle gemacht hat. Es war keine Oper, sondern ein von Bildern untermaltes Konzert. Sowie schauspielerisch als auch musikalisch ungeheuer wertvoll. Die Vielfarbigkeit der Kostüme und der Scheinwerfer blendete fast die Augen. Der dritte Teil zeigte uns das Böse und Schlechte des Menschen. Hier saßen Säufer, Fresser, Spieler usw. in einer Schenke und sangen zu ihrem Gott Bacchus. Ihr dürft euch

aber da keine moderne Handlung oder Melodie vorstellen, sondern alles war gehalten im Stil und Rahmen etwa des 12. Jahrhunderts, also in der romanischen Zeit. Gleich betont im Takt und Harmonie, die Musik auch lebendig und doch feinnervig die Handlungen und Tänze. Im Gegensatz zu dem Sauf- und Fressgelage des dritten Teils stand dann der vierte. ... Die Liebe, die ja ein wichtiger Faktor des menschlichen Lebens ist, kam hier zu Wort. Tiefgreifend und erlebnisvoll führten uns die Künstler hier im zweiten Teil im Chor dieses Kapitel vor Augen, das dann in der Erscheinung der Venus, der Göttin der Liebe, gipfelte. ... Nie im Leben werde ich das vergessen...
Seid herzlich gegrüßt mit Heil Hitler
euer Alfred.
(Brief an die Eltern vom 26. Februar 1943)

In direkter Nachbarschaft der Schule befindet sich ein Außenlager des Konzentrationslagers Dachau. Alfred Herrhausen erwähnt es in seinen Briefen nicht, obwohl die Häftlinge fast täglich auf dem Schulgelände sind. Sie führen dort alle Aus- und Umbauarbeiten aus. »Das waren für uns damals eben Verräter, Staatsfeinde, irgend so etwas«, sagt Richard Hacker, ehemaliger Feldafinger. »Ich kann das heute nicht mehr nachempfinden. Wenn ich heute über die zweieinhalb Jahre Feldafing reden soll, dann ist das so, als wäre ich zweieinhalb Jahre auf dem Mond gewesen und jetzt nach 55 Jahren sollte ich über den Mond reden.« Helmut Bub erinnert sich ebenfalls: »Wir durften mit denen nicht reden. Einmal hat ein Mitschüler einen abgegessenen Apfel auf diese Häftlinge geworfen. Der wurde verwarnt. So war es dann auch wieder. Unter den Häftlingen gab es große Probleme. Das lag daran, dass man das alles gemischt hat, Zigeuner, Kriminelle, Juden. Die Aufseher, die aus den Reihen der Häftlinge rekrutiert wurden, die so genannten Kapos, das waren die Schlimmsten. Einmal hat einer von

denen einen Mithäftling halb tot geprügelt. Die SS-Wach-
leute waren mehr mit unseren Küchenfrauen beschäftigt.
Die hat das nicht gekümmert.«

Der Briefwechsel zwischen Alfred Herrhausen und seinen Eltern bricht im Februar 1944 ab. Mehr als ein Jahr hält
er sich noch in Feldafing auf. Im Spätherbst 1944 erhalten er
und seine Klassenkameraden eine infanteristische Grund-
ausbildung an Maschinengewehr und Maschinenpistole.
Dazu kommen Übungen an der Panzerfaust und mit Minen.
Die 15-Jährigen Jungen werden zumeist von Kriegsver-
sehrten unterrichtet. Ziel ist es, sie im Volkssturm gegen die
heranrückenden Amerikaner einzusetzen. Diese Ausbildung zieht sich bis zu den Weihnachtsferien hin. Danach
werden die verschiedenen Klassen zum Ausheben von
Panzergräben und Schützenlöchern in der Umgebung ver-
teilt. Im April 1945 wird die Schule dann nach Steinach am
Brenner ausgelagert. Nach der Kapitulation Anfang Mai
schickt sie der Schulleiter nach Hause.

Hugo Lang erinnert sich daran, dass sich nach dem
8. Mai bei ihm und seinen Klassenkameraden sofort
zweckmäßig-pragmatisches Denken breit gemacht habe.
»Jeder überlegte sich, wie er nach Hause kommen und die
nächsten Tage überleben kann. Leben die Eltern noch?«
Fast alle hatten wochenlang nichts mehr von ihnen gehört.
Wie kann der Rückweg angetreten werden? Diese Ungewissheit, so Hugo Lang, sei das eigentlich Schlimme gewesen. Ein Schock über die Niederlage Deutschlands habe
da keinen Platz gehabt.

Alfred Herrhausen und sein Mitschüler Herbert von
Avanzini machen sich von Steinach am Brenner auf nach
Wörgl in Tirol. Dort wohnen die Eltern und Verwandten
von Herbert. Alfred wird wie ein Sohn aufgenommen. In
diesen Wochen haben sie, wie er später einem Klassenkameraden erzählt, »ihren ersten Neger gesehen, einen
Amerikaner, der Lebensmittel in einen See wirft«. Die

holen sie, nachdem die Luft rein ist, wieder raus. Dass sie sich von den Abfällen der Amerikaner ernähren, bleibt aber die Ausnahme. Sie versuchen bei den Amerikanern die Verpflegung zu »organisieren« und gehen dabei ein nicht geringes Risiko ein. Einmal werden sie beim »Abholen« eines mit Lebensmitteln gefüllten Schlauchbootes aus einer stark bewachten Wörgler Kaserne beschossen. Nur mit großem Glück kommen sie mit heiler Haut davon. Zu Hilfe kommen ihnen bei ihrem Überlebenstraining in diesen Tagen die in Feldafing erworbenen guten englischen Sprachkenntnisse.

Den Sommeranfang verbringen Herrhausen und von Avanzini bei einem Bergbauern am Hintersteiner See. Die Angst, als ehemaliger Schüler einer Eliteschule der NSDAP »den Besatzern« in die Hände zu fallen, ist groß. Mehr und mehr beginnt Alfred Herrhausen, sich auch um seine Familie zu sorgen, er hat Heimweh. Dazu setzt, wie er nach seiner Rückkehr ins Ruhrgebiet an einen Klassenkameraden schreibt,

...langsam eine immer größer werdende Hetze gegen die Reichsdeutschen ein, die auch ich einige Male zu spüren bekommen habe. Zum Beispiel verweigerte man mir die Lebensmittelkarten, wollte mich in ein Lager stecken (das ich aber schleunigst auf einem illegalen Wege verließ). Und vieles mehr.

(Brief an einen Feldafinger Mitschüler vom 5. Februar 1946)

Am 17. Juli 1945 macht sich Alfred Herrhausen auf dem Weg zu seinen Eltern. Nach fünftägiger Odyssee kommt er in seiner fast völlig zerstörten Heimatstadt Essen an. Das Haus seiner Eltern ist eines der wenigen, die der Bombenhagel verschont hat. »Eines Sonntags morgens klingelt es, und da stand er vor der Tür, ganz überraschend. Er hatte nur eine kurze Lederhose und ein Lodencape, mehr besaß er nicht mehr«, erinnert sich Anne Koch.

Im Herbst 1945 geht der 15-jährige Alfred Herrhausen wieder auf ein Essener Gymnasium. Ob er als ehemaliger NSDAP-Eliteschüler tatsächlich sein Abitur noch wird machen können, daran äußert er in einem Brief an einen Feldafinger Mitschüler heftige Zweifel.

… Unseren kleinen Banzl hat man auch von der Schule verwiesen. Dieselben, die ihn vor fast vier Jahren nach Feldafing schickten, wollen ihm jetzt den Strick drehen. Gemeine Bande. Anstatt froh zu sein, dass es Schüler von Banzls Güte überhaupt noch gibt, jagt man ihn davon …
Hoffentlich kommt es hier nicht bald ebenso. Ich schwebe täglich in Angst und Sorge, dass man auch mich eines Tages vor die vollendete Tatsache stellt. Es wäre für mich, ehrlich gesagt, ein Schlag ins Kontor. Denn nach einer etwaigen Schulverweisung würde ich bestimmt in die [Kohlen] Grube gesteckt werden. Man fängt sowieso schon alles, was eben zu gebrauchen ist. Und für unsere »Befreier« zu ernten, dazu bin ich mir dann doch zu schade. Sehe sie lieber von hinten als von vorne und begrüße jeden, der mit mir einer Meinung ist.
(Brief an einen Feldafinger Mitschüler vom 9. März 1946)

Alfred Herrhausen hat Glück, er wird trotz seiner Feldafinger Vergangenheit nicht von der Schule gewiesen. Er kommt mit den neuen Gegebenheiten nur schwer zurecht. Der Unterricht an der »normalen« Schule langweilt ihn, er fühlt sich unterfordert. Umso wichtiger ist für ihn der intensive Kontakt zu ehemaligen Klassenkameraden aus Feldafing.

Zu wissen, da weit weg lebt noch einer, genauso wie du selbst, gerade, ehrlich und anständig … das ist ein herrlich Ding, und wie schon im letzten Brief erwähnt, finde ich nirgends anders Feldafing und seinen Geist, seine Kamerad-

schaft und seine Lehre so stark erhalten wie gerade in deinen Zeilen.
(Brief an einen Feldafinger Mitschüler vom 26. März 1946)

Wenn Alfred Herrhausen in diesen Briefen von Feldafing spricht, so erwähnt er die Schule nur in Kürzeln. Die Eliteschule wird damit zu einer Chiffre, die nach außen verborgen werden muss, in der Erinnerung aber trotzig bewahrt und verteidigt wird. Dabei offenbart sich ein Korpsgeist, der sich gegen die neuen Zeitläufte behauptet. Mehr noch: Aus der Opposition gegen sie bezieht er Kraft und Aura. Teil des Korpsgedankens ist die Geschlossenheit und ein besonderes Zusammengehörigkeitsgefühl. Der Korpsgeist verbindet Elitebewusstsein, Traditionsgefühl und einen ungeschriebenen Ehrenkodex. Zweifel an der eigenen Gemeinschaft, der dem Verrat an ihr gleichkommt, verzeiht er nicht. Abweichler werden sofort ausgegrenzt und (zumindest gedanklich) vernichtet.

M. schrieb mir, dass Kläuschen Kummer* sich für die Amerikanische Armee melden will. Weiß dieser ehrvergessene Lump denn gar nicht, was er seiner F. Erziehung schuldig ist? Ich kann so etwas einfach nicht begreifen. Was so ein Kerl sich wohl denkt. Aber es ist nicht schade um solche Burschen. Schad war es nur, dass dieser Schuft fünf Jahre lang einem anderen, Besseren in Feldafing den Platz weggenommen hat. Aber Schwamm drüber. Der Fall ist für mich erledigt. Gott sei Dank sind ja die meisten unserer Kameraden Pfundskerle. Und Ausnahmen bestätigen die Regel. Will nur hoffen, dass es bei dem einen bleibt. Den Befreiern auch noch zu Diensten stehen, wo sie uns ausziehen bis aufs Hemd. …
(Brief an einen Feldafinger Mitschüler vom 9. März 1946)

* ein ehemaliger Feldafinger Mitschüler

Die Bemerkungen zur Politik in diesen Briefen zeigen einen durch die Niederlage zwar gedemütigten, aber stolzen Alfred Herrhausen, der mit der Gegenwart hadert. Seine Schwester versucht, ihn von seiner Schwermut abzulenken.

[Ein Tanzkurs] ist wohl in dieser Zeit nicht das Richtige, aber meine Schwester meint, man müsse Tanzen unbedingt können. Also versuchen wir es mal. Was soll man anders tun. Nur immer grübeln ist auch nicht das Rechte.
(Brief an einen Feldafinger Mitschüler vom 5. Februar 1946)

Damit beginnt ein neuer Lebensabschnitt. Von jetzt an ziehen sich die Themen »Tanzkurs« und »Mädchen« durch fast alle Briefe. Bei der Auswahl der Mädchen im Tanzkurs scheint der Feldafinger Korpsgeist noch eine gewisse Rolle zu spielen:

**Alfred Herrhausen
um 1946**

Du hast dich in mir gründlich getäuscht. [Ich] betrage mich zwar den Damen gegenüber, wie es sich für einen mit allen Wassern gewaschenen F. ...inger gehört, aber für eine nähere Beziehung ist mir keine recht. Weißt du, ... die Mädels sind äußerlich größtenteils ganz nett und hübsch, aber ein richtiges, echtes Mädel, so wie sie ein F. ...inger sich denkt, ist leider nicht darunter. Fast allen darf man nicht zu nahe kommen, um nicht in einer Wolke von Parfum- und Schminkgerüchen umzukommen, und das würde ich auf Dauer nicht ertragen.
(Brief an einen Feldafinger Mitschüler vom 13. April 1946)

Die sich abzeichnende Teilung Deutschlands sieht Alfred nicht als Folge des verlorenen Angriffskrieges. Für ihn ist es eine Demütigung, dass mit der Kleinstaaterei die allmählich in Deutschland wieder aufkommende Abhängigkeit vom Ausland enorm wächst. Alfred Herrhausen glaubt nicht, dass eine starke wirtschaftliche und politische Bindung der »Deutschen Staaten« an die Großmächte von Nutzen wäre. Er mahnt ein geschlossenes, einheitliches Deutschland an.

Aber so weit wird man uns so schnell nicht kommen lassen. Aus Gründen, die einem jeden Deutschen bekannt sein dürften. Leider aber lassen sich die meisten durch hohle Versprechungen und Reden ihren klaren Gesichtskreis verschleiern. »Massensuggestion« nennt man das ja wohl im modernen Leben.
(Brief an einen Feldafinger Mitschüler vom 26. März 1946)

»Hohle Versprechungen und Reden«: Später wird Alfred Herrhausen der Kampf der Meinungen im Sinne einer konstruktiven Streitkultur viel bedeuten. Er wird sie als lebensnotwendiges Elixier für eine funktionierende parlamentarische Demokratie bezeichnen. In den Nachkriegsjahren verfolgt er die ersten Schritte einer Demokratisierung jedoch mit großer Skepsis. Er glaubt, dass nach einer Übergangzeit sich die Frage der Demokratie erledigt haben wird.

Ist es nicht absurd, wie sich unser Volk partikularistischen Ideen und Zielen hingibt, wie Partei gegen Partei kämpft mit »Sozialismus, Demokratie, Freiheit« und anderen Phrasen als Aushängeschild? Meiner Meinung nach ist die große Frage unserer Zeit: Parlament oder zentral regierter Staat. Sicher, das Letztere ist gescheitert, aber kommt denn immer der Erfolg als notwendige Konsequenz des Guten überhaupt? Braucht nicht alles und jedes eine Zeit? Warum also sofort nach dem ersten Rückschlag etwas ver-

werfen, was auch nur der Natur und ihren Gesetzen unterworfen ist? Der Mensch, und im größeren Sinne eben die
Natur, wird zum Reifen bringen, was zum Reifen bestimmt
ist. Ob in zehn oder zwanzig Jahren spielt letztendlich keine
Rolle.

(Brief an einen Feldafinger Mitschüler vom 15. Juli 1946)

Dass die alten Kriterien, die Zeitläufte zu interpretieren,
nicht mehr ausreichen, wird Alfred Herrhausen nach und
nach bewusst. Er bietet einem Freund den Briefwechsel als
Plattform an, um sich gegenseitig zu helfen, in den Wirrwarr
der Zeit etwas Klarheit hineinzubringen. Damit bekommen
die Schreiben eine andere Note. Sie sind jetzt weniger rückwärts gewandt, fordern den Schritt ins Jetzt.

Ging man als 13-, 14-Jähriger mit einer gewissen Resignation an die Arbeit, so strebt man heute doch schon nach
einem basierenden Wissen, das einem die Augen mehr
und mehr öffnet. ... Es interessiert heute nicht mehr die
Geschichtszahl im Einzelnen, sondern die inneren Zusammenhänge, die großen, umfassenden Gesichtspunkte. Man
ist bestrebt, sich ein Allgemeinwissen zu erwerben, mit
Hilfe dessen man nicht nur eben »Bescheid weiß«, sondern
sich auch seine eigenen Meinungen und Ansichten begrün-
den kann. Denn, glaubte man bis zum 14. Lebensjahr etwa
dem Wort des Erwachsenen ganz unbedingt, so steht man
jetzt doch diesem, auch dem Wort der Eltern, schon etwas
kritisch gegenüber. Und nichts [ist] schlimmer, als Kritik zu
üben, die man nicht mit eigenem besseren Wissen unter-
bauen kann.

Ja ... ich weiß selbst nicht, wie ich manchmal zu solch
philosophischen Gedanken komme, aber solche Fragen
drängen sich mir geradezu auf. Nun Schluss damit. Ich
möchte dich nicht langweilen.

(Brief an einen Feldafinger Mitschüler vom 4. September 1946)

Im Jahr 1947 überspringt Alfred Herrhausen aufgrund seiner Leistungen die zwölfte Klasse, das Abitur rückt damit näher. Er arbeitet dafür konzentriert und vor allem diszipliniert. Neben diesem eher zwanghaften Habitus zeigt er eine wirkliche Begeisterung bei der Arbeit. Immer wieder beschreibt er seine Freude am Lernen und am damit verbundenen eigenständigen Denken. Trotz der Prüfungsvorbereitung organisiert er zusammen mit seiner Schwester immer wieder Feste und Partys. Anne Koch glaubt ihn voll bei der Sache. Sie schwärmt noch heute von diesen Jahren, die sie als besonders innig mit dem Bruder in Erinnerung hat. »Wir durften die Wohnung auf den Kopf stellen und haben dann Partys gefeiert, nächtelang durch.« Alfred Herrhausen hat dazu offenbar ein ambivalentes Verhältnis.

Erst gestern Abend hatten wir das Haus wieder voll. Mit Tanz und Musik machen wir uns außerhalb der Schule und der täglichen Arbeit das Leben so schön wie möglich. Bloß fehlt leider die nötige »innere Wärme« (du weißt, wie ich das meine!), aber trotzdem sind wir immer guter Laune.
(Brief an einen Feldafinger Mitschüler vom 2. März 1947)

Fast sehnsüchtig erwartet Alfred Herrhausen im März 1947 den ersten Besuch seines Feldafinger Klassenkameraden, mit dem er diesen intensiven Briefkontakt pflegt. Trotz eingeschränkter Lebensmittelzuteilung soll der Gast, solange er will, in Essen bleiben können. Nach dem mehr als zweiwöchigen Besuch wird der Duktus der Briefe noch schwärmerischer. Nachdem der Kontakt zu den meisten anderen Feldafingern sich ausgedünnt hat oder ganz abreißt, schreibt Alfred Herrhausen, dass
nur eine und zwar die schönste Hoffnung bestehen bleibt – deine Briefe, dein Bericht, deine Aussichten, deine Freund-

schaft. In diesem Sinne bleibe ich, bis zum nächsten Brief,
dein Alfred
(Brief an einen Feldafinger Mitschüler vom 28. April 1947)

Einen eigenen Freundschaftsbeweis liefert der Brieffreund
als gelernter Goldschmied. Er fertigt zwei identische Ringe,
einen für Alfred Herrhausen, den anderen trägt er selbst.

Die tiefe Dankbarkeit, die mich jetzt nach dem Empfang
deines so werten Geschenkes erfüllt, kann ich nicht in
Worten ausdrücken, und doch sollst du versichert sein,
dass ich mich freue – richtig freue und tief innerlich stolz
auf dich und unsere Freundschaft bin.
Schon rein äußerlich ist der Ring ein großartiges Stück,
und durch die Tatsache, dass du, mein Freund, den gleichen trägst, gewinnt er den inneren Gehalt. Er soll für
immer Bindeglied zwischen uns sein – ein Symbol und eine
Verpflichtung. Möge er in schönen und hässlichen Stunden
jeden erinnern und mahnen, was er einer echten Freundschaft und damit Feldafing schuldig ist.
(Brief an einen Feldafinger Mitschüler vom 4. Juli 1947)

Am 9. September 1947 schreibt Alfred Herrhausen den
letzten Brief an seinen Feldafinger Klassenkameraden.

[Unsere] Jugend ist schön, wenn wir verstehen oder nur
verstehen wollen, was uns nützt und fördert, und wenn wir
danach handeln. Wir sind ja keine Kinder mehr, die unbe-
kümmert mit Grenzen und Gesetzen spielen, um des Spie-
lens willen, sondern wir sind erwachsen und haben das
wahrhafte Spielen verlernt, da wir die Erkenntnis gewon-
nen haben. Wir kennen die Grenzen unserer Welt, kennen
sie viel zu gut, ja fühlen sie am eigenen Leibe. Und trotzdem – das ist Jugend!
Sie sieht heute anders aus als früher, aber was soll es uns

bekümmern. In der Natur ist alles in Wandlung und Veränderung begriffen, da dürfen wir nicht das Ganze fordern, sondern müssen mitgehen, Stück für Stück. Wenn es auch schwer fällt.

Will man den Werdegang von Alfred Herrhausen mit einem Begriff auf den Punkt bringen, dann mit dem der Schnelligkeit. Ein Jahr vor seinen Altersgenossen macht Alfred Herrhausen im Frühjahr 1948 das Abitur. Er überlegt sich, Medizin zu studieren und Arzt zu werden. »[Es gibt] für mich keinen idealeren Beruf. Einem Menschen helfen zu können, selbst als nur schwacher Mensch, ist das nicht großartig? Ich glaube, dass dieses Bewusstsein allein schon einen Menschen zufrieden stellen kann.« Diesen Studienwunsch verwirft er mit Blick auf die schwierige Situation an den medizinischen Fakultäten jedoch bald und liebäugelt mit einem Lehramtsstudium in Geschichte und Philosophie.

Das reden ihm die Eltern aus, für die insbesondere die Philosophie ein brotloses Vergnügen ist, und vor allem die Mutter hält den Lehrerberuf darüber hinaus für etwas »Popeliges«. Sie hat sich anderes für ihren begabten Sohn vorgestellt.

Alfred Herrhausen beginnt 1949 in Köln Betriebswirtschaft zu studieren. Er fällt seinen Studienkollegen durch seine besondere Auffassungsgabe auf. Einen Text, den er einmal überfliegt, hat er in seinen Wesenszügen erfasst und kann ihn referieren – so, als hätte er sich seit Monaten mit nichts anderem beschäftigt.

In den Semesterferien arbeitet er einige Wochen im Bergbau – ob als Praktikant oder zur Finanzierung des Studiums ist unklar. Anne Koch erinnert sich, dass ihr Bruder begeistert von der Arbeit unter Tage berichtete. Das liegt weniger an der harten körperlichen Tätigkeit, die ihn trotz seiner Sportlichkeit, seiner Zähigkeit und Disziplin an die Grenzen der Belastbarkeit bringt. Es sind vielmehr die Begegnungen mit den Kumpeln, die er schätzt. Für die Schwester ist diese Arbeit ein Zurück zu den Wurzeln und in die Kameradschaft. Mitarbeiter und Weggefährten schildern immer wieder, wie selbstverständlich Alfred Herrhausen sich mit den »einfachen Menschen« unterhalten konnte, ein Charakterzug, der ihm später den Respekt und die große Sympathie vieler Untergebener einbringt.

Als Student mit seiner Zwillingsschwester Anne, Anfang der fünfziger Jahre

Während des Studiums ist für Alfred Herrhausen seine Zwillingsschwester noch immer eine wichtige Bezugsperson. An den Wochenenden ist sie oft dabei, sie lernt seine Kommilitonen kennen und verliebt sich in einen. Als sie ihrem Bruder mitteilt, dass sie sich verloben will, ist er alles andere als erfreut; Anne Koch glaubt bei ihm eine Spur von Eifersucht zu entdecken.

Doch auch Alfred Herrhausen lernt während des Studiums eine Frau kennen. Bald folgt er seiner Schwester Anne und kündigt seinerseits seine Verlobung mit Ulla Sattler an, die wie er Betriebswirtschaft studiert.

Als Student pflegt Alfred Herrhausen Studentinnen seinen Platz anzubieten, wenn der Hörsaal überfüllt ist. Auch Ulla Sattler wird so auf ihn aufmerksam. Herrhausen selbst hatte die attraktive junge Frau bereits zuvor bemerkt. Sie stammt aus reichem Elternhaus und wird von einem Chauffeur zur Universität gefahren. Ein Mitstudent erinnert sich, wie er sie mit »Darf ich, gnädige Frau«, begrüßt, »was keinesfalls ironisch gemeint war. Auch das ›Sie‹ war als Um-

gangston selbstverständlich. Er war eben einer dieser be-
mühten Kavaliere. Wir haben ihn ›Hörsaalsklave‹ genannt.
Diese Rolle hat er perfekt ausgefüllt.« Oft kommt Alfred
Herrhausen noch im bayerischen Stil mit Lederhosen in die
Universität. Das ist eine Reminiszenz an seine Feldafinger
Zeit.

Noch aber denkt er nicht ans Heiraten. Zuerst muss
der Student Herrhausen etwas vorweisen, nicht nur den
Schwiegereltern, sondern, vielleicht sogar in erster Linie,
den eigenen Eltern. Wie wichtig ihm die Anerkennung im
Elternhaus ist, zeigen die Umstände seines Studienab-
schlusses. 1952 ist ein Prüfungsentgelt von 100 Mark zu ent-
richten, was einem halben durchschnittlichen Monatslohn
entspricht. Andere Studenten lassen sich diese Prüfungs-
gebühr von den Eltern finanzieren – nicht so Alfred Herrhausen. Er fragt zu Hause erst gar nicht. Er leiht sich das
nötige Geld bei Freunden zusammen, denn er will die
Eltern mit der bestandenen Diplomprüfung überraschen,
nach nur sechs Semestern.

So kommt er eines Abends nach Essen – das Prädikats-
diplom in der Hand. Die bestandene Prüfung wird von den
Eltern als Selbstverständlichkeit abgehakt. Wäre ihr Sohn
nicht so schnell gewesen, wäre das aufgefallen und moniert
worden. Jahre später erzählt er einem guten Freund, wie sehr
ihn diese Leistungserwartung kränkte. Es bleibt bei ihm die
Frage: »Was muss ich denn sonst noch machen, damit meine
Eltern mich auch mal bewundern?«

In der kurzen Zeit von zwei Semestern promoviert Alfred
Herrhausen. Er schreibt mehr als ein Semester lang an
einer Arbeit, die er abbrechen muss, da das Thema bereits
vergeben war. Er hat dann nur knapp ein Semester Zeit, um
die neu zu beginnende Arbeit noch fristgemäß abzugeben.

Alfred Herrhausen erhält nach abgeschlossener Promo-
tion 1952 eine Stelle als Direktionsassistent bei der Ruhrgas AG. 1953 heiratet er seine Verlobte Ulla Sattler, mit der

Alfred Herrhausen mit seiner ersten Frau Ulla (rechts)

ihn inzwischen eine langjährige Beziehung verbindet. In den »entsprechenden Kreisen« stellt seine Frau Ulla, Tochter des VEW-Generaldirektors, etwas dar. »Das wird auf meinen Bruder bestimmt einen Eindruck gemacht haben«, so Anne Koch. »Er war damals ja noch sehr jung, aber das wird einer der Gründe gewesen sein, warum er sie geheiratet hat.«

1955 wechselt Alfred Herrhausen zur VEW, bereits vier Jahre später erhält er Prokura – als 29-Jähriger. Das hat für manche den Beigeschmack der Protektion. Alfred Herrhausen belastet das, möglicherweise auch wegen der Kritik seines Vaters. Der hätte sich gewünscht, dass sein Sohn aus eigener Kraft so einen Karriereschritt schafft. »Wobei für alle um ihn herum klar war, dass er durch sein Format und seine Leistung eigentlich dieser Protektion nicht bedurfte«, urteilt seine Schwester heute. 1956 erhält Alfred Herrhausen ein überraschendes Angebot: eine auf ein Jahr befristete Stelle bei einer amerikanischen Bank in New York. Er wird von der VEW dafür im Rahmen einer Fortbildungsmaßnahme freigestellt. Ulla Herrhausen hatte ihr Studium abgebrochen. Sie reist mit; anfänglich lässt sie sich von der Begeisterung ihres Mannes anstecken. Alfred Herrhausen fühlt sich in New York auf Anhieb zu Hause. Er findet sich schnell in die Sprache ein, spricht fast akzentfrei und arbeitet mit großem Einsatz bis in die Abendstunden. Seine Frau zieht tagsüber durch die Stadt, fotografiert, nicht aus wirklicher Begeisterung, sondern um eine eigene Beschäftigung zu haben, wie sich ein guter Freund erinnert.

Die wenigen gemeinsamen Stunden am Wochenende reichen Ulla Herrhausen nicht. Sie fühlt sich einsam und deplaziert und hofft auf eine baldige Rückkehr. Doch Alfred Herrhausen schweigt sich dazu aus. Noch vor zehn Jahren hatte er von US-Soldaten als den Besatzern gesprochen, die er am liebsten nur von hinten sieht. Diejenigen, die sich den Amerikanern andienten, galten als Verräter und vaterlandslose Gesellen. Jetzt ist er im Land der Besatzer und in ihrem Wirtschaftssystem angekommen. Alfred Herrhausen wird ein herausgehobener Posten in der Weltbank angeboten. Natürlich will er annehmen, doch seine Frau droht mit der Trennung. Sie ist nicht bereit, in den USA zu bleiben.

Alfred Herrhausen gibt nach und kehrt nach Deutschland zurück.

Drei Jahre später, im Juni 1959, kommt die Tochter Bettina zur Welt. Alfred Herrhausen sieht damals die »Aufrechterhaltung« der Familie als Pflicht an. Nur wenn er mit seinem Freund Paul Brand zusammen ist, wirft er das Korsett aus Arbeit und Familie ab. Die beiden Männer treffen sich im Rahmen einer Dienstreise oder ziehen auch gelegentlich in Dortmund um die Häuser. Der ehemalige Jagdflieger Brand steht für Genuss und Humor, schöne Autos, gutes Essen und pointenreiche Gespräche. Er nimmt Alfred Herrhausen auch in Nachtclubs mit. In ihrem Frauengeschmack liegen sie auf einer Wellenlänge. »Die Damen nahmen dann meistens doch bei uns auf dem Sofa Platz. Dann konnte man sich näher unterhalten und brauchte nicht immer nur schweigend ihnen da zu applaudieren. Das war sehr schön. Der Alfred war ein ganz ausgesprochen charmanter und sehr fesselnder Plauderer. So wie er das fachlich alles brillant brachte, so brachte er das am Abend fast noch brillanter in kleinem, engem Kreise. Und er hat das auch sehr genossen.«

Dass seine Frau Ulla von diesen Herrenabenden nicht sehr begeistert ist, versteht sich. Das eine oder andere Mal kann sie sich durchsetzen, und ihr Mann bleibt zu Hause, zum Verdruss von Paul Brand. Frauen, die für diese Art von Männerfreundschaft keinen Sinn haben, sind für ihn »Genussbremsen«.

Die Ehepaare Herrhausen und Brand wohnen in unmittelbarer Nachbarschaft, so können sie sich von Balkon zu Balkon verabreden. Im Sommer 1969 will sich Alfred Herrhausen unbedingt mit den Brands treffen. Es geht um eine für ihn wichtige Entscheidung. Die Deutsche Bank hat ihm das verlockende Angebot gemacht, als Stellvertreter in den Vorstand übernommen zu werden. Herrhausen stellt bei diesem Treffen die Frage, ob er das Angebot annehmen oder, wie Paul Brand sich erinnert, »sauber bei der VEW bleiben« solle.

Erster Karriereschritt bei der VEW

Alfred Herrhausen möchte weg von der VEW, wo er seit zwei Jahren dem Vorstand angehört. Ein weiterer Karriereschritt ist hier vorerst nicht vorstellbar. Deshalb will Herrhausen langfristig zu einem Konzern der Spitzenklasse wechseln, am liebsten zu der Nummer eins unter den größten bundesdeutschen Unternehmen. In Frage kommen Daimler Benz und die Deutsche Bank. Von der Bank wird er nun heftig umworben. Sind es wirklich moralische Skrupel, wie Paul Brand es andeutet, die ihn ins Grübeln brachten? Es gibt einen heftigen Widerstand gegen die Entscheidung, zur Bank zu gehen – der sitzt in Person seiner Frau an diesem Abend mit am Tisch. Sie hat sich in Dortmund eingerichtet, gehört zur Gesellschaft. In Düsseldorf, wo der (Teil-)Vorstand der Bank residiert, wäre sie eine von vielen Vorstandsfrauen. »Das passt ihr nicht, und umziehen will sie«, wie Paul Brand sich erinnert, »deshalb schon gar nicht.« Es wird lang debattiert an diesem

Abend im Freundeskreis. Eine Entscheidung fällt noch nicht.

Alfred Herrhausen trifft sich zu weiteren Gesprächen mit F. Wilhelm Christians, einem Vorstandsmitglied der Deutschen Bank. Dieser kennt und schätzt Herrhausen durch seine Aufsichtsratstätigkeit bei der VEW. Zusammen trieben sie die Teilprivatisierung der VEW voran, gegen den Widerstand mancher Genossen im Aufsichtsrat der VEW. Sie verstehen sich gut, auch ohne viele Worte.

Zunächst muss Christians den Sprecher der Bank, Hermann Josef Abs, und die anderen Vorstandsmitglieder davon überzeugen, Alfred Herrhausen ein Angebot zu machen. Die Bedenken gegen den »Elektriker«, wie der bankfremde Quereinsteiger von der VEW genannt wird, sind groß. Was kann so einer überhaupt? Versteht er was vom klassischen Geschäft, vom Risiko- und vom Kreditbanking? Auch das vergleichsweise junge Alter (Herrhausen war noch nicht einmal 40) ruft Bedenken hervor. Schließlich setzt sich Christians durch, und Abs gibt seinen Segen: »Es kann nicht schaden, einen guten Elektriker im Haus zu haben.«

Als Herrhausen von der Entscheidung erfährt, ist er sichtlich überrascht, tauglich für so einen Posten befunden zu werden. Christians: »Ich habe ihn damals in einem quasi unschuldigen Rohzustand erlebt: Er hatte noch eine gewisse Bescheidenheit. Das hat mich beeindruckt.«

Wie Christians in der Bank, so setzt sich Alfred Herrhausen zu Hause durch. Seine Tochter Bettina ist zu dieser Zeit gerade zehn Jahre alt: »Was dieser Karrieresprung beruflich für ihn bedeutete, konnte ich damals sicher noch nicht voll ermessen. Umso deutlicher zu spüren waren aber die Auswirkungen auf unser Familienleben. Da wir in Dortmund wohnten, der Hauptsitz der Deutschen Bank zu der Zeit jedoch in Düsseldorf lag, musste mein Vater morgens viel früher das Haus verlassen, kam abends später zurück, und selbstverständlich fielen auch die bisherigen gemeinsamen Mittagessen weg. Und zum Wochenende brachte er mindestens drei dicke Aktentaschen mit, die durchgearbeitet werden wollten.«

Ab Januar 1970 holt Jakob Nix nun seinen neuen Chef täglich in Dortmund ab, um ihn in die Düsseldorfer Zentrale zu chauffieren. Bis 1984 wird Alfred Herrhausen dort arbeiten, um dann in die Frankfurter Zentrale zu wechseln. Sein Fahrer wird mit ihm umziehen.

Eine andere Weggefährtin ist seit Januar 1970 seine Sekretärin Almut Pinckert. Sie erinnert sich an den »frischen Wind«, den ihr Chef bereits am ersten Tag in die Bank bringt. Er bittet sie, einen Blumenstrauß zu besorgen. Mit dem Strauß und seiner Sekretärin geht er in die Telefonzentrale, um sich mit seinem jungenhaften Lächeln vorzustellen: »Den Damen fiel fast der Stift aus der Hand, so was hatten sie noch nicht erlebt.«

Auch ein anderer Kollege betritt mit Alfred Herrhausen in diesen Jahren die große Bühne der Bank. »Bekannte Gesichter – gemischte Gefühle«, wird Herrhausen Jahre später, einen Strauß-Titel zitierend, über ihn sagen. Die Rede ist von Hilmar Kopper. Er hat sich von ganz unten durch die Bankhierarchie nach oben gekämpft. 1970, so erinnert Hilmar Kopper sich, kommt »Herrhausen unverdorben durch eine anhaltende Bankkarriere wie ein junger Siegfried in die Bank: Der pfiff fröhlich und fragte: ›Was soll mich denn hier schrecken? Wo ist das Ungeheuer?‹«

7 Konsumfetischismus und die Haftbedingungen der RAF

> Ich kannte mich selbst nicht mehr. Ich brachte mich selbst nicht mehr mit mir zusammen. Der Symptomatik nach kommt dies dem nahe, was als Elektroschockbehandlung beschrieben wird ...
> Der politische Begriff für den Toten Trakt – sage ich ganz klar – ist: das Gas. Meine Auschwitzphantasien darin waren realistisch ...
>
> *Ulrike Meinhof über ihre Haftzeit in Köln-Ossendorf*

Unmittelbar nach dem Abitur im Sommer 1972 sind es noch nicht die Haftbedingungen der RAF-Mitglieder, die Wolfgang Grams beschäftigen. Doch für den 20-Jährigen Zivildienstleistenden, der noch keinen konkreten Berufswunsch hat und auch noch nicht weiß, ob er studieren soll, fängt das langsame »über den Tellerrand hinausblicken« an, wie der Vater das politische Erwachen des Sohnes beschreibt: »Er wollte sehen und begreifen, was in der Welt geschieht.« Wolfgang Grams beginnt, Zeitung zu lesen, Freunde von ihm legen ein Archiv zu politischen Themen an. Seine Kleidung besorgt er sich beim Pfennig-Basar des Roten Kreuzes. Ruth Grams schämt sich dafür und steckt ihm gelegentlich etwas zu. Von Wolfgang wird sie aber wegen ihres »Konsumfetischismus« kritisiert; für ihn ist sie trotz mancher richtiger Absicht ein Teil des Systems und damit ein Teil des Problems, wie es in der Sprache der RAF heißt. Wolfgang Grams will aber Teil der Lösung sein.

Noch immer besucht er sonntags Eltern und Bruder zum Mittagessen. Häufig wird in dieser Zeit über seine berufliche Zukunft gestritten. Werner Grams will eine Entscheidung herbeiführen, doch Wolfgang lässt sich nicht festlegen. »Was mein Bruder gesucht hat, war kein Beruf, sondern eine Berufung. Und das war ein Kampf für seine Überzeugungen. Da konnte er die Kompromisslosigkeit finden, die er sonst bei seinem Vater vermisst hat«, sagt Rainer Grams.

Beim sonntäglichen Mittagstisch wird aber auch häufig politisiert. Wolfgang Grams wühlt der Militärputsch gegen den chilenischen Präsidenten Allende auf. »Wolfgang hat mir vorgeworfen, dass ich immer noch an die Rechtmäßigkeit von Staat und Gesetz geglaubt habe«, sagt Werner Grams. »Missgriffe gab es für mich damals nur durch einzelne Überschreitungen, die aber nicht von oben geplant oder gar angeordnet sein konnten.«

Als linkes Sammelbecken jenseits der aus dem Boden sprießenden kommunistischen Gruppen und als Gegengewicht zu den etablierten Parteien gründet sich 1973 die »Sozialistische Initiative Wiesbaden«. Wolfgang Grams ist eines der Gründungsmitglieder dieses Kreises, zu dessen Sonntagsplenen bisweilen mehr als 100 Personen kommen. Man diskutiert über Chile, beschließt Aktionen gegen Fahrpreiserhöhungen, bereitet Solidaritätsdemonstrationen zum Frankfurter Häuserkampf vor. Nachts sprühen Zweiergruppen der Sozialistischen Initiative politische Parolen in der Wiesbadener Innenstadt. Fährt eine Polizeistreife vorbei, spielt man »Liebespaar«. Als es am Rande der Demonstration gegen die Fahrpreiserhöhungen der Verkehrsbetriebe zu Festnahmen kommt, verzichten die Angeklagten auf An-wälte und verteidigen sich selbst. Gegen geringe Geldbuße wird das Verfahren eingestellt. Einer der Freunde von Wolfgang Grams sagt: »Wir hatten so viel Energie, dass wir gar nicht mehr richtig normal laufen konnten.«

Mehr und mehr sind die Haftbedingungen der RAF-Mitglieder aus der ersten Generation das dominierende Thema in den Zusammenkünften der Sozialistischen Initiative. Um sich speziell damit zu beschäftigen, spaltet sich die »Rote

Hilfe« ab. Sie ist auch bald der Lebensmittelpunkt ihrer Mitglieder, zu denen Wolfgang Grams mit seinen Freunden zählt. Hier bilden sich neue Freundschaften, beginnen und enden Liebesbeziehungen und die politische Arbeit verschmilzt ganz mit den Lebensumständen. Mittelpunkt der Aktivitäten sind zwei Wiesbadener Wohngemeinschaften in der Adelheidstraße und im Dambachtal. Einige WG-Bewohner jobben, wenige arbeiten in einem festen Beruf. Das Sonntagsfrühstück mit Lachs und Sekt wird in einem Supermarkt zusammen »organisiert«.

Liebesgeschichten sind zu dieser Zeit und in diesen Kreisen nicht nur Liebesgeschichten. Sie sind Objekte der Analyse und stehen unter Generalverdacht, dass sie Teil einer »Verdinglichung« sind, in denen die alten repressiven, bürgerlich geprägten Strukturen zutage treten – in Form von Besitzansprüchen und falscher Romantisierung der Zweisamkeit. Eifersucht gilt als zu verdammendes Relikt der überwundenen Bürgerlichkeit. Das alles macht die Liebe an sich suspekt. Das Ideal der beiden Wohngemeinschaften ist die Kommune 2. Wie in Berlin will man auch in Wiesbaden die Fesseln einer angeblich genormten Sexualität abstreifen. Dabei geht es nicht darum, aus Prinzip homosexuell zu werden und sich damit die Unabhängigkeit von der bürgerlichen Ehe zu beweisen. Wunsch ist vielmehr, dass auch Männer gegenseitig ihre Zuneigung bekennen können. »Zu den Bullen hart, im Bett aber zart«, lautet ein Schlagwort. Das Heldenbild der Vätergeneration soll unterlaufen, gleichsam aufgeweicht werden. Mehrere Freunde von Wolfgang Grams schwärmen noch heute von dieser sanften Offenbarung, etwa Jürgen Schneider, wenn er über das nahe und innige Verhältnis zu Grams spricht – wie er es sonst zu Männern nicht hat: »Wir konnten uns auch mal in den Arm nehmen, nicht nur zur Begrüßung.«

Wolfgang Grams ist seit Ende 1973 mit Roswitha Bleith befreundet. Die langjährige Freundin erinnert sich an die

Bedingungen ihrer Beziehung: »Über Liebe haben wir nie gesprochen: Es gab keine gegenseitigen Bekenntnisse, gar nichts.« Wolfgang Grams und Roswitha Bleith fürchten die falschen Schwüre. Etwas, was nicht benannt wird, kann morgen anders heißen, ohne dass es ein Problem darstellt. »Da war ganz viel. Wir sind uns immer um den Hals gefallen, wenn wir uns gesehen haben. Wolfgang war ein Mann, der mir gut gepasst hat. Wir haben oft die Nächte durchgemacht. Er war ein sehr zärtlicher, sanfter Liebhaber, mit einer tiefen inneren Entschlossenheit.« Manchmal besucht Wolfgang Grams, wenn er für einen Fischgroßhandel Ware ausfährt, Roswitha Bleith in der Mittagspause. Die Zeit ist zu knapp zum Duschen, sie ziehen sich gleich in ihr Zimmer zurück. Es ist ihr egal, dass er nach Fisch stinkt.

Für Gerd Böh ist Wolfgang Grams vielleicht der wichtigste Freund seines Lebens, auch noch aus heutiger Sicht. Mehr als neun Jahre nach dem Tod in Bad Kleinen führt er mit Grams eine Art inneren Dialog, fragt ihn, was er von diesem und jenem in seinem Leben hält. In diesen Zwiegesprächen überlegt Böh, was Wolfgang Grams verpasst, weil er so früh gestorben ist, was ihm dadurch vielleicht auch erspart bleibt, etwa lebenslänglich inhaftiert zu sein oder die Rückkehr in eine bürgerliche Existenz, in der Gerd Böh inzwischen angekommen ist.

Kurt Rehberg stößt 1976 zur Roten Hilfe, als er in die WG zu Wolfgang Grams zieht und sich mit ihm anfreundet. Als gelernter Werkzeugmacher vertritt er das »Proletariat« in der Gruppe. Wenn Rehberg über die Jahre in den Wiesbadener Wohngemeinschaften und der Roten Hilfe spricht, erinnert er sich besonders an eine »lustvolle Einheit von Privatem und Politik«. Damit gelingt in diesen Jahren für ihn etwas ganz Seltenes: »Wir konnten auch über die Ängste im politischen Kampf sprechen. Ich war jemand, der sich schnell in die Hosen gemacht hat. Wenn ich von meinen Ängsten gesprochen habe, gab's keine

Häme. Da bin ich nicht gleich ausgeschlossen worden. Ich hab' vorher immer von so einer Zeit geträumt, Leben, politischen Kampf und Arbeit zu verbinden. Das war in dieser Gruppe möglich.«

Die Rote Hilfe trifft sich mehrmals in der Woche. Ihr Ziel ist es, über Besuche den Kontakt zu den Gefangenen auszubauen, gleichzeitig die strenge Einzelhaft öffentlich anzuprangern, auf den Hungerstreik hinzuweisen und gegen die Zwangsernährung zu protestieren. Wolfgang Grams ist ein wichtiges Mitglied, aber keiner der Wortführer der Gruppe. Er gilt als zurückhaltend. Manchmal spricht er bei den Versammlungen zwei Stunden lang nicht und gibt erst dann seine Kommentare. Diese Besonnenheit ändert sich, als er anfängt, inhaftierte RAF-Mitglieder zu besuchen, unter anderem Wolfgang Grundmann in der Justizvollzugsanstalt Zweibrücken. »Es war immer jemand vom Landeskriminalamt mit dabei, der sich Notizen gemacht hat«, erinnert sich Grundmann. »Für Wolfgang und mich war klar, dass damit eine Unterhaltung nur sehr begrenzt möglich war, weil eben alles ausgewertet wurde. Wolfgang muss gemerkt haben, dass mit mir was nicht gestimmt hat.«

**Wolfgang Grams
um 1974**

Die Symptome der monatelangen Isolation schildern viele Häftlinge ähnlich. Fast alle leiden unter Schlaflosigkeit und Konzentrationsschwierigkeiten. Einige beschreiben die typischen Symptome einer Depression mit einer Lethargie und Teilnahmslosigkeit.

Im Mai 1973 treten erstmals über 40 inhaftierte RAF-Mitglieder und Unterstützer in einen Hungerstreik. Sie sehen die Nahrungsverweigerung als letztes Instrument, sich zur Wehr zu setzen. Wolfgang Grundmann beschreibt die Abgründe, in die ihn der Hungerstreik treibt: »Ich lag auf dem Bett und hatte das Gefühl, ein Eiszapfen zu sein. Es bewegt sich nichts. Die könnten dich totprügeln, aber du wirst es nicht mal merken. Es geht dann auf einen Punkt zu: Man glaubt, es nicht mehr auszuhalten. Der Gedanke an den Tod hat dann etwas Erlösendes.« Im Juni 1973 wird der Hungerstreik ohne Ergebnis abgebrochen. An den Haftbedingungen ändert sich nichts. Wolfgang Grams sieht sich als ohnmächtiger Mittler, der seine Beobachtungen während der Besuche in den Haftanstalten nach draußen bringen will. Am Sonntagstisch versucht er, sich seinen Eltern verständlich zu machen. Doch die interessiert mehr, wie es mit ihrem Sohn beruflich weitergeht.

Zum Wintersemester 1974 schreibt sich Wolfgang Grams wieder an der Universität Frankfurt für Mathematik ein. Zusammen mit seinem Jugendfreund Jürgen Herber, der Germanistik und Politik studiert, pendelt er in den ersten Monaten oft mit dem Zug zwischen Wiesbaden und Frankfurt. Aber sie gehen nicht immer gemeinsam zur Uni, denn im Westend, nicht weit von der Universität, spielt sich der erste »Häuserkampf« der Bundesrepublik ab. In dem alten Stadtviertel stehen zahlreiche, auch denkmalgeschützte Häuser leer, die auf Veranlassung der Besitzer systematisch unbewohnbar gemacht werden, um für sie eine Abrissgenehmigung zu erhalten. Man will Platz schaffen für Bürohochhäuser, die eine größere Rendite versprechen. Dagegen wehrt sich zunächst nur eine kleine Gruppe von Studenten, die die Häuser besetzen. Als die Polizei mit Räumungen beginnt, entzündet sich daran ein Protest, der auch von der bürgerlichen Nachbarschaft unterstützt wird.

Für Wolfgang Grams, der sich selbst um eine Wohnung in

Frankfurt bemüht, aber keine findet, ist es selbstverständlich, an diesen Demonstrationen teilzunehmen. »Wir haben dann eine Abordnung gebildet, zwei oder drei Leute, die dann auch bei den vorbereitenden Treffen mit dabei waren. Da hatten wir direkt mit den Leuten vom ›Revolutionären Kampf‹ zu tun, wie etwa Joschka Fischer und Hans Joachim Klein. Wir haben uns in ein Rundrufnetz eingeklinkt, um bei Räumungen sofort nach Frankfurt zu fahren. Kaum waren wir nach der Demonstration im Anschluss an die Räumung der Häuser losmarschiert, wurden wir von der Polizei gejagt und mit Gummiknüppeln traktiert. Wir wollten es uns dann nicht mehr gefallen lassen, dass wir ständig zusammengeschlagen werden. Also man hält nur einmal die Backe hin, aber nicht ein zweites Mal«, erinnert sich Jürgen Schneider. Wenn es dann ernst wird, sind sie gut vorbereitet, achten auf Selbstschutz. »Joschka Fischer hat gut hingelangt, aber das konnten einige von uns Wiesbadenern auch. Wolfgang Grams war auch nicht zimperlich.«

Die Auseinandersetzung um die besetzten Häuser wird historisch legitimiert, die Bundesrepublik steht nicht nur für Grams in der Tradition des Dritten Reiches. Deshalb heißt es: Geschichte soll und darf sich nicht wiederholen »Es ging darum, dieses verheerende Kontinuum aufzubrechen, »dass man also nicht sagt: Wir haben von nichts gewusst, wir wissen von nichts, wir können nichts tun«, erinnert sich Jürgen Schneider.

Das Studium wird für Wolfgang Grams immer mehr zur Nebensache. Manchmal bittet er seinen Jugendfreund Jürgen Herber, die Klausuren für ihn abzuholen. »Er war felsenfest davon überzeugt, dass er gute Bewertungen erzielt hatte. De facto war er durchgefallen.« Jürgen Herber bleibt mit seiner Freude am Studium allein. Er ist enttäuscht, dass er Wolfgang Grams nicht mitziehen kann. »Mich hat diese intellektuelle Gleichgültigkeit erschreckt. So ein Studium kann doch etwas ungeheuer Spannendes sein. Man ist damals sehr wohl auch politischen Fragen im Studium nachgegangen.« Anfangs kämpft Jürgen Herber noch um die Freundschaft zu Wolfgang Grams. Auch Herber ist engagiert, arbeitet in einem Obdachlosenprojekt mit. Darin sieht er eine konkrete Hilfe für die sozial Benachteiligten. Aber Wolfgang Grams lehnt diese Form der »Sozialarbeit« inzwischen ab. Für ihn ist es lediglich eine Symptomkuriererei – und damit »ein Überlebensbeitrag für ein in sich durch und durch marodes System«. Er wirft Jürgen Herber vor, das System durch sein soziales Engagement zu stabilisieren. »Diese Ignoranz konnte ich nicht nachvollziehen, sie hat mich auch persönlich verletzt. Ich hab ihn nicht mehr verstanden.«

Im Herbst 1974 treten die inhaftierten RAF-Mitglieder erneut in einen Hungerstreik, auch Grundmann, der immer noch regelmäßig von Wolfgang Grams Besuch erhält, beteiligt sich wieder: »Für [ihn] muss das ganz bedrückend gewesen sein, mich so abgetreten und geschwächt zu erleben. Wolfgang wird sich nach so einem Besuch überlegt haben: Entweder ich geh da nie mehr hin – oder es hat ihn auf den Weg gebracht: Jetzt unternehm ich was dagegen.«

Anfang Oktober beginnen die Gefängnisärzte bei Wolfgang Grundmann und Holger Meins mit der Zwangsernährung. Holger Meins beschreibt diese Tortur 1974 so: »Festschnallen, zwei Handschellen um die Fußgelenke, ein 30 Zentimeter breiter Riemen um die Hüfte, linker Arm mit vier Riemen vom Handgelenk bis zum Ellenbogen, von rechts der Arzt auf einem Hocker mit einem kleinen Brecheisen. Dann geht er zwischen die Lippen, die gleichzeitig mit den Fingern auseinander gezogen werden, und dann zwischen die Zähne und hebelt die auseinander…« Wolfgang Grundmann: »Dann kommen die mit so einem Schlauch und schieben den rein, ob du schluckst oder nicht. Wo der rauskommt, wissen die selbst nicht, manchmal ist er in der

Lunge gelandet, ich hab dann erst mal einen Hustenanfall bekommen, dann hat man den Schlauch wieder rausgezogen, ein bisschen gedreht, dass er in die Speiseröhre kam. Dann kam eine Injektion mit Luft, der Bauch bläht sich auf wie ein Ballon. Danach wurden geringe Mengen von Nahrung, manchmal wechselnd aber auch größere Mengen, in den Magen gepumpt.«

Für Wolfgang Grams gibt es kaum ein anderes Thema als den RAF-Hungerstreik und die Zwangsernährung, er ist der tiefen Überzeugung, dass den Gefängnisinsassen Unrecht geschieht. Einer der Freunde von Wolfgang Grams sagt heute: »Unser Blick und unser Handeln reduzierte sich auf die Haftbedingungen und die Freilassung der Gefangenen. Alles schrumpfte. Zeitungen wurden nur noch unter diesem Blickwinkel gelesen. Alles andere wurde ausgeblendet.«

Unter den Häftlingen gibt es Widersprüche, es sind nicht mehr alle vom Sinn des Hungerstreiks überzeugt. Auch Manfred Grashof nicht, den Wolfgang Grams in dieser Zeit ebenfalls besucht. Grashof bricht den Hungerstreik Ende Oktober 1974 ab, die anderen Häftlinge setzen ihn deshalb unter Druck.

Aus einem Brief von Holger Meins an Manfred Grashof:

Du machst nicht mehr mit, bringst dich in Sicherheit, gibst den Schweinen einen Sieg, heisst: lieferst uns aus, bist du das Schwein, das spaltet und einkreist, um selbst zu überleben. Dann – wenn du nicht weiter mithungerst – sagste besser, ehrlicher (wenn du noch weißt, was das ist: Ehre): »Wie gesagt: ich lebe. Nieder mit der RAF. Sieg dem Schweinesystem.«

Entweder Schwein oder Mensch
Entweder Überleben um jeden Preis
oder Kampf bis zum Tod
Entweder Problem oder Lösung
Dazwischen gibt es nichts ...
Frage ist nur. Wie du gelebt hast, und die Sache ist ja ganz klar; kämpfend gegen die Schweine als Mensch für die Befreiung des Menschen: revolutionär, im Kampf – bei aller Liebe zum Leben: den Tod verachtend. Das ist für mich dem Volke dienen – RAF.

Daraufhin beginnt Manfred Grashof noch einmal mit dem Hungerstreik – doch wirklich überzeugt ist er nicht mehr davon. Er ist es leid, sich den Kommandoerklärungen der RAF-Kerntruppe aus Stammheim unterwerfen zu müssen. Bis es zum offenen Bruch kommt, wird es noch zwei Jahre dauern.

Die Rote Hilfe Wiesbaden schließt sich mit anderen Gruppen in der Bundesrepublik zusammen, um eine größere, öffentlichkeitswirksame Aktion zu starten. Gerd Böh, Wolfgang Grams und andere besetzen 1974 das Hamburger Büro von Amnesty International. Die Unterstützer sind empört, dass Amnesty im Ausland die Folter brandmarkt, aber die Situation der RAF-Häftlinge nicht anspricht. Bei der Besetzung des Hamburger Büros sind zahlreiche spätere RAF-Mitglieder der zweiten Generation dabei: Knut Folkerts, Günther Sonnenberg, Willy Peter Stoll, Adelheid Schulz, Stefan Wisnewski und Christian Klar. Sie sind in dieser Zeit alle Mitglieder der Roten Hilfe sowie des »Komitees gegen Folter an politischen Gefangenen in der BRD«. Mehr als ein Drittel der 32 Besetzer wird in den nächsten Jahren in den Untergrund gehen und auf den Fahndungsplakaten auftauchen. Lutz Taufer wird ein Jahr später am

Überfall eines RAF-Kommandos auf die Stockholmer Botschaft teilnehmen. Knut Folkerts, Christian Klar, Günther Sonnenberg werden bei der Erschießung von Generalbundesanwalt Siegfried Buback im Frühjahr 1977 beteiligt sein, Adelheid Schulz und Stefan Wisnewski werden Hanns Martin Schleyer im Herbst 1977 entführen; Willy Peter Stoll wird als »Fahrer« bei der gescheiterten Entführung Jürgen Pontos im Juli 1977 dabei sein, die mit Pontos Erschießung endet. Vor allem zu Willy Peter Stoll wird Wolfgang Grams den Kontakt in den nächsten Jahren nicht abreißen lassen.

Amnesty International lässt sich auf die Forderungen der Besetzer nicht ein und ruft die Polizei. Bei der Räumung des Büros durch ein Sondereinsatzkommando wird Wolfgang Grams fotografiert. dpa verbreitet das Bild, das am folgenden Tag in allen deutschen Tageszeitungen zu sehen ist: Wolfgang Grams, noch ohne Namen, wird von zwei Polizisten abgeführt. Die Augen blicken entschlossen, fast stoisch direkt in die Kamera. Zum ersten mal wird Wolf-gang Grams für die Ermittlungsbehörden aktenkundig.

Die Situation der Hungerstreikenden eskaliert. Trotz offensichtlicher gesundheitlicher Gefährdung brechen die Häftlinge ihren Streik nicht ab. »Du willst noch mal Paroli bieten, egal was kommt. Das heißt, dass damit bei mir auch die Bereitschaft war, an die Grenze des eigenen Todes zu gehen«, berichtet Wolfgang Grundmann.

Der Gesundheitszustand von Holger Meins verschlechtert sich in den ersten Novembertagen 1974 rapide. Er kann kaum noch sprechen. Einer seiner Anwälte besucht ihn am Tag vor seinem Tod und ahnt bereits, dass Meins nicht überleben wird. Dennoch kämpft er darum, dass Holger Meins in eine auswärtige Klinik gebracht wird. Aber es passiert nichts. Der zuständige Gefängnisarzt hat sich in ein verlängertes Wochenende verabschiedet. Der Gefängnisdirektor ist nicht zu erreichen. Niemand fühlt sich zuständig.

Wolfgang Grams und Roswitha Bleith sind am Abend des 9. November 1974 in seinem WG-Zimmer. Sie haben Haschplätzchen gebacken, die meisten schon gegessen. Sie albern herum. Jemand kommt ins Zimmer und sagt: »Der Holger ist tot.« Wolfgang Grams springt auf. Mit Freunden will er sofort raus, plakatieren, Schaufenster einschlagen, irgendwas tun. Roswitha Bleith steht noch unter Einfluss der Haschplätzchen, lacht und kichert. Sie geht nicht mit.

Für Wolfgang Grams und die anderen Mitglieder der Roten Hilfe ist klar, dass der Tod von Holger Meins nach einem mehr als zweimonatigen Hungerstreik von Staatsseite in Kauf genommen wurde. Viele sprechen von Vorsatz: »Holger ist ermordet worden.« Diese und ähnliche Parolen werden in der Nacht von der Roten Hilfe an Hauswände gesprüht. Gerd Böh: »Es war uns allen klar, dass man als ›Sympathisant‹ unter Umständen dafür ein Jahr oder auch anderthalb Jahre in den Knast gegangen wäre. Ich weiß, dass dieser Druck uns sehr zusammengeschweißt hat.«

Der Tod von Meins wird für die Rote Hilfe, die in diesen Tagen regen Zulauf hat, ein Auslöser, mehr zu tun, als bloß Flugblätter zu verteilen und Veranstaltungen zu organisieren. »In unseren Augen hat sich gezeigt, dass die legalen Versuche nicht dazu taugten, die Situation der Gefangenen zu verbessern«, sagt Jürgen Schneider. »Wir wurden von vielen als verrückt bezeichnet, wenn wir gesagt haben, das Haftstatut zielt auf die Vernichtung der Gefangenen. Ihr seid paranoid, wurde uns gesagt, ihr seid Spinner. Als es dann passiert ist, da waren wir weit entfernt zu triumphieren.«

Die Mitglieder der Roten Hilfe sehen durch den toten Holger Meins ihre These von der faschistischen Struktur der Bundesrepublik bestätigt. Für die Abiturientin Birgit

Hogefeld, die der Wiesbadener Gruppe noch nicht angehört, ist das Bild des abgemagerten Meins der Beginn ihrer Radikalisierung; sie sieht dahinter abgemagerte KZ-Insassen. »Wieder sorgt ein deutscher Staat dafür, dass Menschen in der Haft so aussehen.«

**Helmut Schmidt, Bundeskanzler,
auf einer Wahlkampfveranstaltung in Berlin,
November 1974:**

»Jeder Sozialdemokrat muss jedes Todesopfer beklagen, das als Konsequenz blindwütiger Ideologie erbracht wird. Im Übrigen wird eine unabhängige Kommission von Ärzten die Sache untersuchen. Und darüber hinaus soll hier niemand vergessen, dass der Herr Meins Angehöriger einer gewalttätigen, andere Menschen vom Leben zum Tode beförderthabenden Gruppe, nämlich der Baader-Meinhof-Gruppe war. Und nach alledem, was die Angehörigen dieser Gruppe Bürgern unseres Landes angetan haben, ist es allerdings nicht angängig, sie, solange sie ihren Prozess erwarten, im Erholungsheim unterzubringen. Sie müssen schon die Unbequemlichkeiten eines Gefängnisses auf sich nehmen.«

8

»Wir sind das, was die Bank ist«

Wie zu Beginn seiner beruflichen Laufbahn bei der VEW, steigt Alfred Herrhausen auch in der Deutschen Bank ungewöhnlich schnell auf. Es ist üblich, dass stellvertretende Vorstandsmitglieder erst nach drei Jahren zu ordentlichen Mitgliedern des Vorstandes ernannt werden. Für Alfred Herrhausen, immerhin ein branchenfremder »Elektriker«, wird diese Frist auf ein Jahr verkürzt. Zeitgleich mit Herrhausen ist auch Robert Ehret in gleicher Position in die Bank eingetreten. In seinem Fall will man zunächst nicht von der dreijährigen Frist abweichen. Herrhausen soll also offenkundig bevorzugt werden. Dieser weiß, dass sich Ehret dadurch gedemütigt fühlen muss. Deshalb macht Herrhausen seine eigene Beförderung 1971 von der zeitgleichen Aufnahme Ehrets in den Vorstand abhängig. Mit Ehret spricht er allerdings nie darüber. »Das war das einzige Mal, dass Herrhausen bereit war, für einen anderen eine Karriereverzögerung in Kauf zu nehmen«, so einer seiner Kollegen. »Sonst hat er seine Karriere lange und präzise geplant und umgesetzt – gegen alle Widerstände und Hindernisse.« Eckart van Hooven, Kollege von Herrhausen im Vorstand, ist jedoch überzeugt, dass Herrhausen seinen Verzicht nur aus strategischen Überlegungen angeboten hat: »Es wäre unklug gewesen, sich jetzt schon Ehret als Gegner aufzubauen. Herrhausen wusste, dass er ihn später mal brauchen würde – spätestens wenn er Sprecher werden wollte.«

Zu Beginn seiner Bankkarriere erhält Herrhausen keinen eigenen Verantwortungsbereich. Seine Aufgaben beschränken sich auf die Kontaktpflege zum Bundesverband der Deutschen Industrie (BDI), dem Bundesverband Deutscher

Banken, dem Arbeitgeberverband und anderen Organisationen. Damit knüpft er ein weitreichendes Netz. Mehr und mehr werden ihm Aufsichtsrats- und Beiratsmandate in der Industrie angetragen, die seine Kontakte innerhalb der deutschen Industrie vermehren.

Der junge Deutsch-Banker

Ab Ende 1970 soll Herrhausen die konjunkturpolitische Großwetterlage für den Vorstand beobachten und interpretieren. Seinen Kollegen, die dieses vom Bankenalltag abgehobene Ressort kaum interessiert, ist zunächst nicht klar, weshalb er sich hier so stark engagieren will. Erst als Herrhausen auf einer der nächsten Vorstandssitzungen mit präzisen Analysen der wirtschaftlichen Lage der Bundesrepublik und der Weltwirtschaft aufwarten kann, ist ihnen deutlich, was er sucht: eine Plattform für sich selbst. Herrhausen fällt durch fundierte Recherche, gut präsentierte Lageberichte und stringente Interpretationsmodelle auf. Van Hooven: »Er hatte das Wohlwollen bei den Leuten, die das Sagen hatten. Zweifellos war der Sprecher Abs, einer von seinen Gönnern. Herrhausen konnte immer sehr gut abgestimmt auf dessen Meinung etwas sagen.«

Doch trotz einer gewissen Unterstützung von einigen Vorstandskollegen bleibt Alfred Herrhausen im Vorstand ein Außenseiter. Er ist in den ersten Jahren bis auf Abs der einzige unter seinen Kollegen, der nicht in der Wehrmacht gedient hat. Vorstandsmitglied van Hooven: »Wir, die aus dem Krieg kamen, sagten: ›Das machen wir gemeinsam gut.‹ Wir kannten noch den Begriff der Kameradschaft. Das war für uns eingebrannt in der Seele.«

Den Aufenthalt auf der Reichsschule der NSDAP in Feldafing erwähnt Herrhausen im Vorstand nicht, »weil er wusste, da kommt er an eine Grenze, wo er das nicht verkaufen kann, was er gerne verkaufen möchte, nämlich den solidarischen Kumpel im Vorstand. Weil er das einfach nicht war. Er konnte es gar nicht sein, die Erziehung stand dagegen.« Herrhausen, so van Hooven, habe in Feldafing zwar auch eine Erziehung zur Kameradschaft erfahren – die »allerdings unecht war, weil sie nie [im Krieg] getestet wurde«. In Feldafing sei ihm ein elitäres Bewusstsein vermittelt worden. »So ist er in die Nachkriegsgesellschaft entlassen worden. Er brachte Dinge vor, bei denen man immer den Ich-Charakter sah. Und das waren wir nicht gewohnt.«

Schon in den ersten Jahren seiner Vorstandtätigkeit versucht der brillante Redner Herrhausen, sich nach außen zu profilieren. Es ist ihm wichtig, über das begrenzte Feld der Bank hinauszudenken. Einer seiner ersten Aufsätze, den er auch als öffentliche Rede hält, beschäftigt sich bereits im Titel mit »Verantwortung in der Gesellschaft / Risiken und Chancen der Demokratie«, greift also Gegenwartsfragen im Verhältnis von Staat und Gesellschaft auf. In seinem Vortrag geht Herrhausen auf die mangelnde Auseinandersetzung mit der deutschen Geschichte der Jahre zwischen 1933 und 1945 ein:

»Rufen wir uns ins Gedächtnis zurück, was wir seit Kriegsende erfahren, getan und *versäumt* haben: Damals war – so merkwürdig das klingen mag – unsere Welt einfach und ohne Wahl. Sie lag buchstäblich in Trümmern. Es gab nur einen Imperativ: arbeiten und aufbauen. Es gab nur ein soziales Gebot: sich selbst und dem Nachbarn helfen. Es gab nur eine Aussicht, die auf Besserung der Lage. Wir konnten schuften – das lag uns. Zunächst wollten wir Brot, um zu leben. Nachdenken musste später kommen – so haben wir auch flugs die Zeit des Dritten Reiches verdrängt, aus unserem Bewusstsein einfach gestrichen.

Als wir dann unser Nachdenken zögernd aufnahmen, war es schon so weit, dass man uns wieder brauchte; wir durften zunächst ungläubig, dann umso erstaunter feststellen, dass unsere Arbeit uns wieder »zu jemandem« gemacht hatte. Und zudem feierten wir die zurückgewonnene Freiheit. Denn noch war die Drangsal der Diktatur nicht vergessen. Noch waren uns Gewalt und Terror, geistige und körperliche Unterdrückung gegenwärtig. Noch ließ die Erinnerung an das Ende jeder menschenwürdigen Existenz in den Jahren des braunen Spuks Bilder der Angst in uns entstehen.

Deshalb schufen wir mit Eifer ein neues System, setzten an die Stelle des Zwanges die Freiwilligkeit, an die Stelle des Volkes – ein Volk, ein Reich, ein Führer hatte es geheißen – den Einzelnen. Für diesen Einzelnen und damit für jeden von uns wurde die Freiheit eine unmittelbare Erfahrung, die nicht nur nicht aufhören, sondern mit immer neuen Erlebnissen angereichert werden sollte. Wir wollten Freiheit von allem für alles. ...

Den ersten Schock hat unsere Begeisterung für die Freiheit wohl bekommen, als wir feststellen mussten, dass unser Liberalismus das Problem der Gerechtigkeit bisher nicht befriedigend zu lösen vermochte. Die höchst leistungsfähige soziale Marktwirtschaft hat aus sich selbst heraus keine breite Vermögensbildung bewirkt. ... Ja, sie hat nicht einmal für alle verständlich klar gemacht, worin eigentlich ihre Gerechtigkeitsvorstellungen bestehen. Nur der Erfolg der jeweils Geschäftüchtigsten kann ja wohl keine ausreichende Legitimation sein.«

(Alfred Herrhausen, »Denken – Ordnen – Gestalten«, Berlin 1990)

Alfred Herrhausen lässt seine Reden wie seine Auftritte im Bankvorstand durch die Assistenten vorbereiten. Sie schreiben nach seinen Vorgaben eine Rohfassung, die in der Regel dann mehrfach korrigiert wird. Manchmal ist er auch dann nicht zufrieden und macht das Schreiben der Rede zur Chefsache. Herrhausen ist alles andere als ein einfacher Vorgesetzter. Die hohen Anforderungen, die er an sich stellt, gibt er an seine Mitarbeiter weiter, das Arbeitspensum ist enorm.

Die Assistenten sind in der Regel für die Betreuung der Aufsichtsratsmandate zuständig. Sie überprüfen die Jahresabschlüsse und bereiten Aufsichtsratssitzungen und Hauptversammlungen vor. Meist beschränken sich ihre Begegnungen mit Alfred Herrhausen auf ein, zwei knappe Besprechungen im Monat. Sie konzentrieren sich, auch aus Zeitmangel, ausschließlich auf die geschäftlichen Notwendigkeiten, Privates wird nie angeschnitten.

Auch auf Weihnachts- und Geburtstagsfeiern, bei denen manche Vorstandskollegen sich gern von einer privaten Seite zeigen, bleibt Herrhausen distanziert. Auf den ersten Blick mutet es deshalb paradox an, dass er bei seinen Assistenten fast ausnahmslos begeisterte Anhänger findet. Otto Steinmetz, der 1973 Herrhausens Assistent wird, ist einer von ihnen. Er erinnert sich an einen Chef, von dem »man nie das Gefühl hatte, dass er einen Haken schlägt, dass er also nicht genau das meint, was er auch sagt. Wenn er sich nicht sicher war, hat er nichts gesagt oder hat offen bekundet, dass er darüber jetzt nicht reden kann oder will.« Er sagt, Herrhausen habe oft den Eindruck erweckt, dass ihn emotional nichts bewege. »Das hat auf manche Mitarbeiter arrogant gewirkt, was er gar nicht war.« Steinmetz erzählt gern eine Geschichte, die seinen ehemaligen Chef von dessen humorvoller, einnehmender Seite zeigt: Herrhausen spricht 1974 auf der Jahreshauptversammlung des Reifenherstellers Continental. Dem Unternehmen geht es schlecht, zum vierten Mal hintereinander kann keine Dividende ausbezahlt werden. Er eröffnet die Versammlung: Gerade sei er über den Parkplatz gegangen und habe eine bemerkenswerte Entdeckung gemacht. Nur dreißig Prozent der Aktionäre führen Continental-Reifen. Wenn die Aktionäre mit so schlechtem Beispiel vorangingen, wie solle da an eine Dividende zu denken sein? Gelächter im Saal. »Damit hatte er die Leute geschlossen hinter sich gebracht.«

Auch Tilo Berlin ist sofort von Herrhausen überzeugt. Berlin bewirbt sich auf unkonventionelle Art um eine Stelle als Assistent. Den Dienstweg umgehend, ruft er direkt bei Herrhausen an. Der nimmt sich sofort Zeit für ein Gespräch, fragt Berlin, was er von der Deutschen Bank für seine Karriere erwartet. »Chef will ich werden, also mal Ihre Position einnehmen.« Alfred Herrhausen gefällt das selbstbewusste Auftreten von Tilo Berlin. Er wird dennoch nicht sein Assistent, denn Herrhausen überlässt die Entscheidung der Personalabteilung. Jede Form der persönlichen Protektion lehnt Herrhausen ab. Tilo Berlin landet in der Abteilung Konzernentwicklung. Dort gelingt es ihm, über eine qualifizierte Projektarbeit mit Alfred Herrhausen unmittelbar zu tun zu haben.

Hilmar Kopper, zu dieser Zeit der Generalbevollmächtigte der Deutschen Bank Düsseldorf, ist ebenfalls von Alfred Herrhausen beeindruckt. Herrhausen delegiert an Kopper unter anderem die Arbeiten für eine der Hauptfilialen und führt ihn so an eigene Verantwortungsbereiche heran. Er rät Kopper, das, was er schon beherrscht, an andere weiterzugeben, er selbst solle sich mit Neuen beschäftigen. Das imponiert Kopper.

Hilmar Kopper und Alfred Herrhausen sind nie per du. In dieser Zeit haben die beiden offenbar noch ein sehr entspanntes Verhältnis, obwohl sie sehr gegensätzlich sind, nicht nur in ihren Karrieren. Kopper stammt, wie ein Kollege sich erinnert, von einem Warthebauern ab. »Sein Bruder durfte studieren, er nicht. Ich glaube, er hat nicht mal Abitur gemacht.« Kopper beginnt in den fünfziger Jahren eine Lehre bei der Deutschen Bank und arbeitet sich hoch. »Und jetzt kommt Herrhausen mit Studium und Doktor und allen Schikanen. Das konnte nicht gut gehen. Denn der eine sagt: ›Ich hab die Basiserfahrung, ich kenn' jede Schraube – und was will der jetzt …‹«

Herrhausen dagegen hat fachliche Defizite im Bankgeschäft. Mit seiner schnellen Auffassungsgabe versucht er, sich das Banken-ABC im Schnellverfahren anzueignen, doch er kann auch mit Fleiß und Intelligenz nicht alle Lücken schließen. »Was bei ihm leicht aussah, war ganz hart erarbeitet. Sonst hätt' er das nicht schaffen können. Er war ein verbissener, hingebungsvoller Arbeiter, der sich nicht schonte. Auch seine Umgebung natürlich nicht. Auch nicht die Familie. Zuerst kam die Bank«, so ein Vorstandsmitglied.

Arbeitsbeginn in der Bank ist in der Regel halb neun Uhr. Zwischen halb zehn und zehn beginnen Gespräche und Sitzungen, vorher können Post und erste Telefonate erledigt werden. Nach 17 Uhr wird der Schreibtisch abgearbeitet. Herrhausen diktiert, unterschreibt, liest, studiert. Er bleibt meistens bis 20 Uhr im Büro. Zu Hause isst er zu Abend, zieht sich um und arbeitet nicht selten bis 23 Uhr.

Tilo Berlin beschreibt die Struktur der Bank als Gefängnis, in der eigenes Denken nur bedingt etwas zählt. »Die Bank hat einen Teil des Hirns gekauft, der Rest ist nicht von Belang. Gefragt sind Ideen, Analyse, Kreativität innerhalb einer vorgegebenen hierarchischen Struktur.« Ein anderer Mitarbeiter befindet: »Ich muss gut sein, ich muss sogar sehr gut sein, aber öffentlich nie besser als mein Chef.«

Die meisten Positionen innerhalb der Bank sind im eigentlichen Sinne Stellungen für Zuarbeiter. Berichte, Stellungnahmen und Analysen werden verfasst, die der Vorgesetzte vorträgt und verantwortet. Bereiten ihn die Assistenten und Mitarbeiter gut vor, kann sich der Vorgesetzte damit profilieren. Lob wird selten nach unten weitergegeben. Dadurch entsteht ein Klima der permanenten Unsicherheit. Der Grundzweifel des Mitarbeiters in der Bank lautet: »Ich weiß nicht, ob ich genüge.«

Die Trennung von »privat« und »Arbeit« ist aufgehoben. »Der gekaufte Teil des Hirns muss restlos zur Verfügung gestellt werden, zwölf Stunden oder mehr am Tag, wenn es sein muss, und es muss oft sein: sieben Tage die Woche. Manchmal kommt am Freitagabend ein Anruf: Schreiben Sie mir bitte eine Rede für den Übersee Club, bis Montag – dann ist das Wochenende futsch. Es hat dann nicht interessiert, ob ich mit meiner Frau nach Paris fahren wollte. Selbstverständlich wurde die Reise storniert«, erzählt Tilo Berlin. Kaum ist ein Auftrag erledigt, stehen schon zwei neue an. Es gibt keine Möglichkeit, sich zu entziehen.

Wer die erwartete Leistung nicht bringt, kann sofort ersetzt werden. Für jede Position gibt es bereits zwei oder noch mehr Anwärter. In der Bank sitzt jeder Mitarbeiter auf einem Schleudersitz. Das hält nur derjenige aus, der diesen existentiellen Druck in noch mehr Leistung umsetzen kann. Die anderen sind spätestens an diesem Punkt ausgebrannt, gehen von selbst oder werden entlassen. Der Ehrgeiz der Überlebenden ist es, sich unersetzlich zu machen. Das bleibt jedoch eine trügerische Hoffnung, selbst Herrhausen ist ihr aufgesessen. Auch ihm wird in seinen letzten Tagen vor der Ermordung von seinen Kollegen unmissverständlich klar gemacht, dass die Bank auch auf eine »Lichtgestalt« wie ihn durchaus verzichten kann.

Ein solcher enormer Druck muss permanent kompensiert werden. Es gibt ein ausgetüfteltes System von bankinternen Belohnungen. Dazu gehört zum einen ein Aufstiegsszenario. Gelegentlich wird dem Mitarbeiter angedeutet, dass man »noch viel mit ihm vorhat«. Manchmal werden auch

konkrete Positionen in mittlerer Zukunft in Aussicht gestellt, wiewohl auch nur vage, um dem Vorgesetzten noch
ein Hintertürchen offen zu halten. Es könnte ja noch einen
Besseren geben. Oder er weiß bereits, dass er diese Stelle
gar nicht in eigener Verantwortung besetzen kann.

Das Karriereversprechen allein reicht deshalb als Leis-
tungsanreiz nicht aus. Schneller und konkreter wirken
Aktienoptionen, Bonusprogramme und Gehaltszulagen.
Die finanziellen Gratifikationen sind mehr als nur ein
»Schmerzensgeld«. Sie dienen dazu, sich mit der Aura der
Bank zu identifizieren: Geld-Macht. Es ist etwas Besonderes, bei der Nummer eins der deutschen Banken zu
arbeiten und damit mehr zu verdienen als der vom Verantwortungsbereich ähnlich gestellte Mitarbeiter anderer
Banken. Geld wirkt als Beruhigungsmittel: Summen, die
für einen durchschnittlichen Arbeitnehmer jenseits der Vor-
stellungskraft liegen, wiegen den Banker in der Hoffnung,
später einmal ruhig und sorgenlos leben zu können. Doch
das ist eine Wunschvorstellung, die sich nur selten erfüllt.
Nach und nach bricht das Leben außerhalb der Bank weg.
Lebenspartner orientieren sich um, Freunde rufen nicht
mehr an, Familien zerfallen – ein schleichender Prozess. »Es
ist immer zu spät, wenn es einem dann schließlich klar
wird«, weiß Tilo Berlin. »Ein Leben außerhalb ist nur noch
eine Hülse. Dann ist man der Bank ganz ausgeliefert. Sie
steht konkurrenzlos da. Ein führendes Vorstandsmitglied
hat einmal gesagt: ›Wir sind das, was die Bank ist.‹ Was sind
wir dann, wenn wir nicht mehr bei der Bank sind? In dieser
Logik: gar nichts mehr.«

Alfred Herrhausen ist nicht nur in der Woche für die
Familie nicht vorhanden, auch am Wochenende verschwindet er hinter seinen Akten. Jakob Nix erinnert sich, dass
Alfred Herrhausen auf die Vorwürfe seiner Frau Ulla einmal gesagt hat: »Du wusstest von Anfang an, was auf dich

zukommt.« Wenn sie nicht nachgibt, fragt er, warum sie
nicht wie alle anderen Ehefrauen sein könne, die ihrem
Mann bedingungslos den Rücken freihalten. Bettina Herrhausen erinnert sich: »Meine Mutter hat unter dieser Übermacht seines Berufes einschließlich der damit verbundenen
gesellschaftlichen Verpflichtungen, die vielfach an die Stelle
des Zusammenseins mit alten Freunden traten, weit mehr
gelitten als ich. Unser schon vorher enges Verhältnis wurde
in diesen Jahren noch enger. Wenn ich mich in jene Zeit
zurückversetze, dann muss sich mein Vater bisweilen regel-
recht ausgeschlossen gefühlt haben. Letztlich war der
Wechsel meines Vaters zur Deutschen Bank wohl der
Anfang vom Ende der Ehe meiner Eltern: Es wäre wider
seine Natur gewesen, diese Chance nicht zu nutzen, aber für
unsere Familie war der Preis zu hoch.«

Ulla Herrhausen zieht sich mehr und mehr zurück, putzt
das Haus mit stoischer Akribie. Es scheint so, als ob sie
Frust und Wut auf den Ehemann kompensierte. Jakob Nix
erinnert sich an drei Zugehfrauen, deren Arbeit überwacht
wird. Fingerabdrücke auf dem Rahmen eines Spiegels findet die Hausherrin und spricht Ermahnungen aus.

Das Diktat der Hygiene führt dazu, dass Alfred Herrhausen immer seltener Gäste mit nach Hause bringt und
sich selbst entzieht. Paul Brand berichtet, dass Herrhausen
»manchmal vor dem Haus steht, mit dem Schlüssel in der
Hand und sich fragt, was ihn nun wieder erwarte«.

Freunde beobachten, dass ihn die häusliche Missstim-
mung angreift. Nach außen versucht Herrhausen, wie immer
die Form zu wahren.

9

Ausmessen der Revolution I

Nach dem Tod von Holger Meins am 9. November 1974 dreht sich die Gewaltspirale zwischen der radikalen Linken und dem Staat weiter. Schon am nächsten Tag wird ein neues Attentat verübt – nicht von der RAF, sondern von einer vorwiegend in Berlin aktiven Gruppe, der »Bewegung 2. Juni«. Am 10. November 1974 klingelt ein vorgeblicher Fleurop-Bote beim Berliner Kammergerichtspräsidenten Günther von Drenkmann an der Haustür. Das ist an diesem Tag nichts Außergewöhnliches, von Drenkmann hat Geburtstag. Doch der vermeintliche Blumenbote begrüßt von Drenkmann mit einer Pistole. Neben ihm stürmen weitere Mitglieder der Bewegung 2. Juni in die Wohnung. Es kommt zu einem Handgemenge, in dessen Verlauf der Kammergerichtspräsident erschossen wird. Die Täter flüchten unerkannt.

Die in Stammheim einsitzenden RAF-Mitglieder Baader, Ensslin, Raspe und Möller veröffentlichen am nächsten Tag eine Erklärung, in der es heißt: »Wir weinen dem toten Drenkmann keine Träne nach. Wir freuen uns über eine solche Hinrichtung. Diese Aktion war notwendig, weil sie jedem Justiz- und Bullenschwein klar gemacht hat, dass auch er – und zwar heute schon – zur Verantwortung gezogen werden kann.«

Der Staat ist herausgefordert – und er reagiert. Bereits 1971 erhält Horst Herold, der Präsident des Bundeskriminalamtes (BKA), vom damaligen Innenminister Hans Dietrich Genscher grünes Licht, das BKA zu einer eigenständigen, länderübergreifenden Institution auszubauen – eine Reaktion auf die erste Generation der RAF. Mit dem Wechsel im Kanzleramt vom visionären Willy Brandt, dem Exilanten und Widerständler, zu Helmut Schmidt, im Zweiten Weltkrieg Wehrmachtsoffizier, weht nun ohnehin ein anderer Wind. Unter Schmidt wird das BKA systematisch gefördert und ausgebaut. Herold revolutioniert die Datenverarbeitung. All diejenigen werden nun erfasst und überwacht, die im Verdacht stehen, mit der RAF zu sympathisieren.

Das bekommen auch Wolfgang Grams und seine Freunde zu spüren. Der Maßnahmenkatalog reicht von permanenter offener oder verdeckter Überwachung, von der Hausdurchsuchung bis zur Festnahme mit erkennungsdienstlicher Behandlung. »Es reichte aus, dass man Gefangenen geschrieben oder sie besucht hat, um in die beobachtende Fahndung zu gelangen. Das bedeutete, des Öfteren von den Herren im Morgengrauen heimgesucht zu werden, mit einer sich anschließenden Hausdurchsuchung und der Vorführung zum Verhör. Wir haben euch im Blick! Das war die Devise«, erzählt Jürgen Schneider.

All diejenigen, die zwischen den Fronten vermitteln wollen, werden von beiden Seiten angegriffen. Dazu gehört auch der Literatur-Nobelpreisträger Heinrich Böll. 1974 erscheint seine Erzählung »Die verlorene Ehre der Katharina Blum«, in der er die hysterische Hetze der Boulevardpresse auf die gesamte Linke beschreibt, sich gleichzeitig aber von der RAF distanziert. Er nennt ihren Kampf einen sinnlosen und aussichtslosen »Krieg der sechs gegen sechzig Millionen«. Diese Distanzierung reicht aber einem Teil der Medien nicht aus. Insbesondere die bürgerliche Presse beschimpft Böll als Sympathisanten, der der »Mörderbande« intellektuell zuarbeite. Böll erhält Morddrohungen – und noch Jahre später meint Franz Josef Strauß auch ihn, wenn er mit dem Blick auf Intellektuelle und Schriftsteller von »Ratten und Schmeißfliegen« spricht. Ähnlich wie Böll ergeht es in diesen Jahren vielen, die sich als Grenzgänger verstehen. Weniger Prominente, die der Sympathie für die RAF verdächtig sind, werden als Opfer des von Willy Brandt eingeführten Radikalenerlasses aus dem öffentlichen Dienst entlassen oder gar nicht in den Staatsdienst übernommen.

Umgekehrt grenzen sich die RAF und ihr Umfeld radikal gegen Vermittlungsversuche ab. So heißt es in der Erklärung der Stammheimer Häftlinge zum Drenkmann-Mord: »... für die Bölls wiegt der Tod eines Schreibtischtäters schwerer als der Tod eines Revolutionärs. Was hat Böll eigentlich mit seiner ›Katharina Blum‹ gemeint, wenn nicht, dass die Erschießung eines Vertreters des herrschenden Gewaltapparates moralisch gerechtfertigt ist? Wenn aus literarischer Gewalt materielle Gewalt wird, schlägt sich derselbe Böll auf die Seite derer, deren Wort er eben noch als verlogen gegeißelt hat.«

Auch aus den Debatten der Wiesbadener Linken verschwinden Grau- und Zwischentöne. Klaus Volz, der Philosophie und Literatur studiert, wohnt zwar 1974 noch gemeinsam mit Wolfgang Grams in einer WG, doch er will den Weg der Radikalisierung nicht mitgehen. Volz leidet unter der zunehmenden Ausgrenzung. »Ich habe versucht, der immer weiter einengenden, dogmatischen Welt meiner Umgebung etwas Fruchtbares entgegenzusetzen.« Mit großer Begeisterung setzt er sich mit den Inhalten seines Studiums auseinander. In den wöchentlichen WG-Vollversammlungen steht er mit seiner angeblich »apolitischen Haltung« im Kreuzfeuer der Kritik. Allein eine glaubhafte, nachvollziehbare Selbstkritik würde ihn entlasten. Doch dazu ist er nicht bereit, und er weiß: Wer sich dem Gruppendruck verweigert, muss ausziehen. »Entweder du checkst es oder du checkst es eben nicht«, eine andere Haltung gibt es für Wolfgang Grams und die Wiesbadener Wohngemeinschaft nicht.

Ein paar Tage darauf kommt er nach Hause. Im Hof sieht er, wie Wolfgang Grams mit ein paar Freunden mit Zwillen auf Tauben schießt. Als er sie darauf anspricht, sagt einer von ihnen, dass sie »üben müssten für die nächste Konfrontation mit den Bullen«. Bald wird Klaus Volz ausziehen.

Mehr und mehr grenzt sich Grams auch von seinen anderen Jugendfreunden ab. Jürgen Herber merkt, dass Wolfgang Grams ihn nicht besonders freudig begrüßt, wenn sie sich gelegentlich in einer Kneipe treffen und andere aus der Wiesbadener Unterstützerszene der RAF dabei sind. Jürgen Herber spricht ihn auf Fotos von der gemeinsamen Reise an. Grams gibt ihm zu verstehen, dass er Glück habe, sie seien noch da. Er müsse sie nur sehr bald abholen. Sonst könne er sie im Müll suchen – weil er von einem bürgerlichen Erinnerungskult nichts mehr halte.

Albert Eisenach ist der einzige von den alten Freunden, zu dem Wolfgang Grams auch 1974 noch Kontakt hält. Doch auch ihre gemeinsame Zeit läuft ab, als Wolfgang Grams ein gemeinsames Treffen mit Eisenach und dessen langjähriger Freundin Irene vorschlägt. Irene Eisenach erinnert sich an diese Begegnung in Grams' WG. Sein Zimmer ist völlig dunkel, Wände und Möbel sind schwarz gestrichen. Auf den Bettpfosten stehen Kerzen, sie brennen aber nicht. Wolfgang Grams sitzt an seinem Schreibtisch, lediglich von hinten beleuchtet ihn ein Lämpchen. Kurze Haare und ein langer ungepflegter Bart erinnern an einen russischen Popen. »Ich kam mir vor wie jemand, der sich irgendetwas hat zuschulden kommen lassen«, erinnert sich Irene Eisenach. »Es war beklemmend. Ich stand da rum, er hat uns erst mal auch nichts zum Sitzen angeboten in diesem ganzen Gerümpel. Er hatte erfahren, dass der Albert und ich nicht nur ein festes Paar waren, sondern auch noch 1973 bürgerlicherweise ruck, zuck geheiratet hatten; ich war damals neunzehn, der Albert zwanzig gewesen.« Albert Eisenach kommt sich wie auf einem Amt vor: »Man hat einen Antrag abzugeben, der in jeder Hinsicht eine Unverschämtheit ist. Der Sachbearbeiter richtet sich kaum auf.

Wir durften dann an der Seite des Schreibtisches Platz nehmen. Er fing an, sehr kühl und streng mit uns zu sprechen. Das war mehr als nur mit Herablassung, man muss es schon sagen: Es war mit Verachtung. Er machte uns in ein paar Sätzen klar, dass er diese Heirat unmöglich findet. Eigentlich hatte das Ganze nur einen Zweck: Er wollte uns mitteilen, dass er mit solchen Leuten wie uns nichts mehr zu tun haben wollte. Das haben wir zur Kenntnis genommen und sind gegangen.«

Nur von Roswitha Bleith grenzt sich von Wolfgang Grams nicht ab – trotz einer grundsätzlich anderen politischen Haltung. Sie bleiben auch die kommenden Jahre zusammen.

Roswitha Bleith beginnt in der Sozialistischen Initiative eine Frau wahrzunehmen, die ein Jahrzehnt später mit Wolfgang Grams in den Untergrund gehen wird: Birgit Hogefeld. Sie ringt um eine Übereinstimmung zwischen moralischem Denken und Handeln, getreu dem Satz Adornos, wonach es kein richtiges Leben im falschen geben könne. Einmal bricht sie eine Urlaubsreise zusammen mit einer Freundin noch auf der Hinfahrt ab, als im Radio von zwei Todesurteilen im Franco-Spanien berichtet wird. Sie fragen sich, wie man Urlaub machen kann, wenn andernorts Menschen hingerichtet werden.

Die Rigorosität Birgit Hogefelds besitzen Roswitha Bleith und Wolfgang Grams in dieser Zeit nicht. Sie fahren nach Jugoslawien und Griechenland. Dabei ist für Grams allerdings klar, dass sie keine Kirchen, Schlösser oder Tempelanlagen besichtigen würden, auf denen das Blut und der Schweiß Millionen Ausgebeuteter klebt: Vor diesen Mahnmalen der Fronarbeit wolle er keinen Kniefall machen.

Roswitha Bleith ist längst nicht mehr die einzige Frau in Grams Leben. »Bald nach unserer Rückkehr gab es ein Fest«, erinnert sie sich. »Wir hatten alle viel getrunken. Irgendwann landete ich mit Wolfgang im Bett. Neben ihm

lag noch eine andere Frau. Am nächsten Morgen hab' ich
mitgekriegt, dass er mit der anderen Frau schläft. Das ist
natürlich verletzend, aber so eine große Sache war das
nicht. Ich mochte die andere Frau auch gerne. Das konnte
ich gut verstehen. – Es war eben grundsätzlich so eine auf-
geheizte Stimmung. Keiner wusste, was am nächsten Tag
passieren würde, ob er nicht im Knast landet oder ›zufällig‹
bei einer Polizeikontrolle erschossen würde.«

Am 25. April 1975, ein paar Tage vor dem Beginn des
Prozesses gegen Andreas Baader, Gudrun Ensslin, Ulrike
Meinhof und andere Mitglieder der ersten RAF-Genera-
tion, besetzen sechs Mitglieder der so genannten »Zweiten
Generation« der RAF die Deutsche Botschaft in Stockholm. Ziel ist die Freipressung der in Stammheim und
anderswo inhaftierten Mitglieder der »Ersten Generation«.
Bundeskanzler Schmidt wird kurz nach dem Überfall von
den Forderungen informiert. Der Staat, so Schmidt, darf
sich nicht erpressen lassen – und die Bundesregierung beschließt, keine Konzessionen zu machen. Die Besetzer kün-
digen an, stündlich ein Botschaftsmitglied zu erschießen.
Noch am Abend ermorden sie vor den Augen der schwedischen Polizei den Wirtschaftsattaché. Kurz nach Mitter-
nacht explodiert vorzeitig eine im Botschaftsgebäude ange-
brachte Sprengstoffladung der RAF. Einer der Besetzer
und ein Botschaftsangehöriger sterben dabei. Die überlebenden RAF-Mitglieder werden widerstandslos festgenommen. Einer von ihnen, Siegfried Hausner, ist bei der
Explosion schwer verletzt worden. Die schwedischen Behörden weigern sich zunächst, Siegfried Hausner auszulie-
fern, er sei nicht transportfähig. Doch die deutschen Behörden bestehen darauf. Am nächsten Tag wird Hausner in die
Bundesrepublik überstellt, er stirbt ein paar Tage später in
einer deutschen Haftanstalt. Die linke Szene spricht von
»vorsätzlichem Mord«.

Gerd Böh erinnert sich an seine damalige Einschätzung: »So hart wie die RAF aufgetreten ist, so kompromisslos war auch die Reaktion des Staates. Da sie sich unmittelbar an den Leuten im Untergrund nicht rächen konnten, haben sie sich, so haben wir das verstanden, an den Gefangenen gerächt. Wer nicht abschwört, der wird vernichtet.«

Paul Brand erinnert sich ebenfalls, wie er auf das Stockholmer Attentat reagiert hat: Für ihn gibt es damals nur einen Weg im Umgang mit den Terroristen: sie unmittelbar zu liquidieren, die Attentäter selbst, aber auch die einsitzenden RAF-Mitglieder, um sich gar nicht erst erpressbar zu machen. »Alfred Herrhausen hat sich diesem Gedankengut so nicht anschließen können.« Er hätte eher gemäßigte Töne angeschlagen, was, so Paul Brand, der Tatsache zu danken war, dass er eben nicht in der Wehrmacht gedient habe.

  Herrhausen bewegt sich in diesen Jahren in den abgeschlossenen Zirkeln der Bank und einem überwiegend konservativen Freundeskreis. Eine Auseinandersetzung mit den Ursachen des Terrorismus findet hier nicht statt. Der These von Willy Brandt, dass man die Methoden der RAF nicht billigen könne, ihr Anliegen aber ernst zu nehmen habe, wird vehement widersprochen. Herrhausen wird es eher mit seinem Freund Pater Augustinus gehalten haben: »Das Anliegen von Mördern ernst zu nehmen weigere ich mich. Punkt.«

Wolfgang Grams setzt seine Gefangenenbesuche fort – auch bei Manfred Grashof, dessen Zweifel an der RAF sich nach der blutigen Geiselnahme von Stockholm verstärken. Deshalb erlebt Grashof die Besuche der Unterstützer aus der Roten Hilfe zunehmend zwiespältig. Er spürt die Bewunderung von Wolfgang Grams: »Ich war für ihn noch immer eine leibhaftige Ikone des Widerstands. Wolfgang

wollte nichts davon hören und wissen, dass ich schon ganz
woanders stand.« Während eines Besuches kommt es zu
einer Rangelei zwischen Grashof und einem Wachbeamten.
Grams wird Zeuge dieser Gewaltanwendung. Der Besuch
wird abgebrochen, Grashof abgeführt. Manfred Grashof
schreibt Wolfgang Grams danach, dass er keinen Besuch
mehr bekommen möchte. Er fürchtet, dass aus dieser Situation die falschen Schlüsse gezogen würden: dass Leute wie
Wolfgang Grams sich irgendwann der RAF anschließen
könnten, nicht zuletzt, um Gefangene wie ihn freizupressen.
»Wenn wir uns damals die Niederlage eingestanden hätten,
wäre nicht so viel schief gelaufen in den folgenden Gene-
rationen.«

Der Stammheimer Prozess gegen Andreas Baader, Gudrun Ensslin, Jan-Carl Raspe und Ulrike Meinhof tritt 1976
in die entscheidende Phase. Die Wahlverteidiger laden zwei
Zeugen vor, ehemalige Mitarbeiter der US-Armee. Sie sollen zu der Frage aussagen, ob die USA im Rahmen des
Vietnamkrieges Verbrechen im Sinne des Völkerrechtes
begangen hätten. Mit der Zeugenbefragung soll geklärt
werden, ob »die Voraussetzungen vorlagen für den Gebrauch eines Nothilferechts oder für die Anwendung eines
völkerrechtlich begründeten Widerstandsrechts auf dem
Boden der Bundesrepublik gegen Institutionen des Völ-
kerrechts-Aggressors«. Einer der Rechtsanwälte zitiert in
diesem Zusammenhang den ehemaligen Generalstaatsan-
walt von Hessen, Fritz Bauer, der geschrieben hatte, dass
das Widerstandsrecht sich nicht im innerstaatlichen Bereich
erschöpfen würde: »Es überschreitet die nationalstaatlichen
Grenzen. Es steht nicht nur jedermann zu, sondern kann
auch zugunsten von jedermann ausgeübt werden.« Die
Bundesanwaltschaft lehnt eine Anhörung dieser beiden
Zeugen ab. Otto Schily, Wahlverteidiger von Gudrun Ensslin, argumentiert dagegen und sagt, dass bei einem Bombenanschlag auf das Reichssicherheitshauptamt der Atten-

täter auch das Recht bekäme, nachzuweisen, dass in diesem Amt die Vernichtungsaktionen, die Ausrottungspolitik gegenüber jüdischen Mitbürgern koordiniert und durchgeführt worden sind. Doch der Versuch, die Angeklagten politisch zu verteidigen, scheitert. Diese Niederlage wird eine der Angeklagten nicht mehr erleben.

Am Morgen des 9. Mai 1976 öffnen zwei Beamte die Zelle von Ulrike Meinhof im siebten Stock des Gefängnisses Stammheim, dem so genannten Terroristentrakt. Am linken Fenster hängt Ulrike Meinhof mit dem Gesicht zur Tür. Sie hatte eines der blau-weißen Anstaltshandtücher in Streifen gerissen, aneinander geknotet und daraus einen Strick gedreht, den sie fest um ihren Hals gebunden hatte. Danach war sie auf einen Schemel gestiegen und hatte das Ende des Strickes durch das engmaschige Fenstergitter geschlungen. Dann war sie gesprungen. Es gibt keine Hinweise auf Fremdeinwirkungen.

Ulrike Meinhof war innerhalb der Häftlingsgruppe zunehmend isoliert. Am Tag vor ihrem Tod verliest Gudrun Ensslin vor Gericht eine Erklärung, in der sie sich ausdrücklich zu zwei Bombenanschlägen auf US-Einrichtungen bekennt. Im gleichen Atemzug distanziert sie sich von anderen Attentaten, wie dem Anschlag auf das Springer-Hochhaus in Hamburg, bei dem mehr als 20 Angestellte und Arbeiter zum Teil sehr schwer verletzt worden waren. Sie betont, dass »wir der Konzeption nicht zugestimmt haben und (dass) wir (sie) im Ablauf abgelehnt haben«. Sie spricht von einem »Missverhältnis zwischen dem Kopf der RAF und ihren Händen«. Den Bekennerbrief zum Anschlag auf das Springer-Hochhaus hatte Ulrike Meinhof geschrieben.

Die Angehörigen veranlassen eine Nachobduktion. Der Gutachter kann keine Fremdeinwirkung feststellen. Später versucht eine von Angehörigen und Unterstützern engagierte »internationale Untersuchungskommission«, Zweifel an der Selbstmordthese zu wecken. Unter anderem wertet sie das Fehlen eines Abschiedsbriefes als entscheidenden Faktor gegen die Behauptung, Ulrike Meinhof habe sich selbst das Leben genommen.

Die Nachricht von Meinhofs Tod schlägt in der linken Szene wie eine Bombe ein. Für die harten Mitglieder der Sozialistischen Initiative Wiesbaden steht es von Anbeginn an fest: Ulrike Meinhof wurde in staatlichem Auftrag ermordet.

Doch nicht alle teilen diese Einschätzung. Jürgen Schneider beschreibt einen Riss, der von diesem Tag an durch die Wohngemeinschaft geht: »Bei einer Vollversammlung wollten die einen zur Tagesordnung übergehen und den Spülplan diskutieren, die anderen empörten sich über den Mord an Ulrike Meinhof und wollten etwas tun.« Und Roswitha Bleith: »Ich konnte mich nicht so aus vollem Herzen empören, wie Wolfgang das zum Beispiel konnte. Mir sind so oft auch Gegenargumente eingefallen. Mir ist es schwer gefallen, so klar einzuteilen in ›die Schweine‹ und ›die guten Revolutionäre‹. Aber das habe ich eher als einen Fehler von mir gesehen. Wolfgang wollte mir klar machen, wie es richtig wäre, politisch zu handeln. Ich hatte oft das Gefühl, je mehr er redet, desto leerer werde ich im Kopf und desto weniger kann ich verstehen. Bis ich schließlich ganz dumm dastehe. Aber es hat nicht eine Verachtung daraus resultiert. Es war klar: Ich mach nicht wie er. Zu einer Trennung hat das nicht geführt. Für mich war es nur schwierig auszuhalten, dass Wolfgang andere Frauen gefallen haben.«

Eine dieser Frauen ist Ulli Heep. In der Nacht nach Ulrike Meinhofs Selbstmord ziehen Grams und Heep gemeinsam los. Ihre Wut bricht sich Bahn, indem sie am Straßenrand abgestellte Mercedes-Limousinen zerkratzen. Andere sprühen Parolen oder werfen Schaufenster ein. Tags darauf fahren Wolfgang Grams, Ulli Heep und andere aus der linken Szene Wiesbadens nach Frankfurt. Dort findet eine Demonstration gegen »die Ermordung von Ulrike Meinhof« statt. Es ist eine der gewalttätigsten dieser Jahre. Die Polizei setzt mit massivem Aufgebot Schlagstöcke und Tränengas gegen die Demonstranten ein. Im Verlauf dieser Auseinandersetzung wird ein Polizeifahrzeug von mehreren Demonstranten eingekreist. Mit Pflastersteinen wird die Scheibe eingeworfen, einer der Demonstranten wirft einen Molotowcocktail ins Fahrzeug, das sofort Feuer fängt. Die Kleidung des darin sitzenden Polizeibeamten beginnt zu brennen, er schreit um sein Leben. Mit gezogener Pistole gelingt es zwei Kollegen, ihn aus dem Fahrzeug zu befreien. Mit schwersten Verbrennungen überlebt er diesen Angriff.

Auch Wolfgang Grams und Ulli Heep haben Brandbomben dabei. Sie kommen allerdings nicht zum Einsatz. Heep erinnert sich, dass sie nicht den Schneid haben, sie in den Innenraum einer Bank zu werfen. Nach dem Ende der Demonstration will sie die Molotowcocktails nicht weiter mit sich tragen. Als sie die Benzinflaschen schließlich in einen Abfalleimer wirft, reagiert Wolfgang Grams gereizt. »Auch wenn er selbst keine geworfen hat«, so sieht es Ulli Heep rückwirkend, »so hat er zumindest die Rolle des ›Toughen‹ immer gut für sich allein beansprucht.«

Für Ulli Heep ist Wolfgang Grams nicht der erste Mann, aber die erste große Liebe in ihrem Leben. Sie entwickelt von dieser Beziehung eine Art Zukunftsvision: Sie und Wolfgang als das Revoluzzerpaar – gegen den Rest der Welt.

Sie lesen sich morgens aus der Zeitung vor, um sich über das Unrecht in der Welt aufzuregen. Die Wut über die eigene Ohnmacht verbindet sie. Die klare Einteilung der Welt in ein Oben und Unten, in Unterdrücker und Unterdrückte, in Schwein und Mensch, die sich aus der politischen Einschätzung der »herrschenden Zustände« ableitet, wird im Alltag von Grams und Heep immer bestimmender.

Im Frühjahr 1977 macht der »Spiegel« öffentlich, dass Klaus Traube, einer der führenden deutschen Atommanager, monatelang vom Verfassungsschutz abgehört worden war. Er war Direktor einer Tochterfirma der Kraftwerksunion und unter anderem für die Entwicklung des Schnellen Brüters in Kalkar zuständig. Verfassungsschützer sind in sein Haus eingebrochen und haben eine Wanze montiert. Anlass ist ein früherer Kontakt Traubes zur linksradikalen Szene. Die Vorwürfe haben sich als haltlos erwiesen; der Vorwurf eines potentiellen Sicherheitsrisikos kann nicht aufrechterhalten werden. Trotzdem verliert Klaus Traube seine Arbeit und wird nicht mehr eingestellt.

Kurze Zeit später muss die baden-württembergische Landesregierung einräumen, dass sie Gespräche zwischen Verteidigern und den Mitgliedern der RAF abgehört hatte. Daraufhin legen Otto Schily und die anderen Wahlverteidiger ihre Mandate für den Stammheimer Prozess nieder. Für sie ist damit das Ende eines rechtsstaatlich ablaufenden Verfahrens erreicht. Bereits vorher hatte Otto Schily angesichts ständig neuer, speziell für das Stammheimer Verfahren erlassener Gesetze kritisiert, dass die Bundesregierung dabei sei, den »Rechtsstaat zu ruinieren«. Davon waren die Wiesbadener Unterstützer ohnehin überzeugt.

Die Diskussionen über die Optionen des »bewaffneten Kampfes« nehmen im Freundeskreis von Wolfgang Grams zu. Ulli Heep erinnert sich, dass der moralische Imperativ, bis zum Letzten »Konsequenz« zu zeigen, schwer auf ihr lastete. Sie ahnt, dass sie zum Gang in den Untergrund nicht bereit sein würde. Bei den nächtelangen Diskussionen in den beiden Wiesbadener Wohngemeinschaften geht es weniger um den »objektiven Sinn« politischer Aktionen als um den »subjektiven Faktor«: Wenn mehr Leute bereit wären, ihr Leben aufs Spiel zu setzen, dann würde es eine breitere Front in diesem Kampf geben. An dieser Latte werden alle gemessen, messen sich selbst daran und fühlen sich klein. Ulli Heep: »Es war nicht alles schlecht an dieser Zeit. Es ging um etwas. Politik hatte etwas Existentielles.« Sie bricht 1977 ihre Goldschmiedelehre ab, weil sie angesichts der politischen »Verschärfung« zu diesem Luxusberuf nicht mehr stehen kann. Heute bereut sie diesen Schritt. »Vielleicht wäre ich glücklicher geworden, wenn ich dabei geblieben wäre. Aber das war angesichts der Zuspitzung 1976/77 undenkbar.«

Wolfgang Grams, Gerd Böh und Kurt Rehberg lassen sich in dieser Zeit sterilisieren, weil sie »in diese Welt keine Kinder setzen wollen«. Sie empfinden die Gegenwart als nicht lebenswert und sehen die Zukunft in noch dunkleren Farben. Außerdem überlegen sie sich, dass ein eventuelles Abtauchen alle Kräfte und Energien benötigen würde.

Im Frühjahr 1977 deutet sich eine weitere Eskalation zwischen Staat und RAF an. Brigitte Mohnhaupt, RAF-Mitglied der ersten Stunde, wird im Februar 1977 entlassen. Sie konnte in den letzten Monaten ihrer Haft in Stammheim mit Andreas Baader und Gudrun Ensslin im Anstaltsflur für einige Stunden am Tag zusammentreffen. Ihr Auftrag ist es, die RAF neu zu organisieren. Innerhalb weniger Wochen nach ihrer Entlassung nimmt Mohnhaupt die leitende Rolle in der mehr oder weniger führungslosen RAF ein. Die »Offensive 77« wird geplant, eine Attentats- und Entführungsserie, die die Grundfesten des Staates erschüttern soll. Am Ende dieser »Aktionen« soll ein bedeutender Politiker oder Wirtschaftsführer entführt werden, um die Stammheimer Häftlinge freizupressen.

Den Auftakt dieser Anschlagsserie bildet im April 1977 die Ermordung von Bundesanwalt Siegfried Buback. Mitglieder der RAF erschießen ihn und seinen Fahrer von einem Motorrad aus. Die RAF betrachtet Buback als Hauptverantwortlichen für die verschärften Haftbedingungen in Stammheim. Organisatorischen Rückhalt für die inhaftierten und noch freien RAF-Mitglieder liefert ein Stuttgarter Anwaltsbüro. Neben den Anwälten sind hier 1977 eine Reihe von Sympathisanten tätig, die unter anderem den Austausch von Nachrichten mit den Gefangenen der RAF organisieren. Außerdem rekrutieren sie Unterstützer. Zu diesen »Mitarbeitern« gehören unter anderem Christoph Wackernagel und Willy Peter Stoll. Beide tauchen im Frühjahr 1977 bei einem Fest der linken Zeitung »Provinz« in Wiesbaden auf. Dort sprechen sie erstmals mit Wolfgang Grams. Er gilt nicht unbedingt als linientreu, hatte er doch einmal eine Solidaritätsveranstaltung mit einer Anwältin organisiert, die bei den Stammheimer RAF-Häftlingen in Ungnade gefallen war. »Wolfgang und mir war das egal. Wir haben das für richtig befunden, und deshalb haben wir das durchgezogen. Das hatte natürlich sofort Konsequenzen«, erinnert sich Kurt Rehberg, der die Veranstaltung mitorganisiert hatte. Zeitweilig werden sie vom Informationssystem der Stuttgarter Kanzlei abgeschnitten. Sie gelten als eigensinnig und unzuverlässig. Auch innerhalb der Roten Hilfe wird dieser »Alleingang« scharf kritisiert. Doch diese Differenzen scheinen nun erst mal im Gespräch mit Wackernagel und Stoll keine Rolle mehr zu spielen. Wolfgang Grams ist bereit, angesichts »der politischen Verschärfung die von ihm abverlangte Konsequenz zu zeigen«, so ein Freund.

10 Eine neue Ehe und der Mord an Hanns Martin Schleyer

Im April 1974 kommt Alfred Herrhausen verändert von einer Auslandsreise zurück. »Dr. Herrhausen ist zum ersten Mal seit langem außerordentlich aufgeblüht erschienen«, erinnert sich seine Sekretärin Almut Pinckert. Beiläufig sagt er zu ihr, falls Post von einem Fräulein Baumgartner komme, solle sie diese ungeöffnet lassen.

Alfred Herrhausen hatte Traudl Baumgartner in Texas kennen gelernt. Otto Wolff von Amerongen lud ihn dort auf seine Ranch zu einer kleinen Feier ein. Wolff von Amerongen ist Aufsichtsratsmitglied der Deutschen Bank, er schätzt Alfred Herrhausen, der im Fall seines Todes Testamentsvollstrecker sein soll. Ulla Herrhausen hat ihren Mann auf der Reise, von der sie nur weiteren Verdruss befürchtete, nicht begleitet. Paul Brand erinnert sich, dass sie nicht mehr die Frau an Herrhausens Seite sein wollte, die sich mit den anderen Frauen über die Gärtner, den Pool und die Hausangestellten unterhält, während sich die Männer in das Rauchzimmer zurückziehen und über Politik und Wirtschaft sprechen.

Traudl Baumgartner, eine 30 Jahre alte Medizinstudentin aus Innsbruck, war mit Winnie Wolff von Amerongen befreundet und bereits einige Tage vor der Feier auf die texanische Ranch gereist. Nach Herrhausens Ankunft fällt ihr bald der Mann auf, den sie sich – gemäß der Ankündigung als Testamentsvollstrecker – wesentlich älter vorgestellt hatte. Sie geht auf ihn zu. Sofort scheint er von ihrem charmanten und herzlichen Wesen eingenommen. Später soll Alfred Herrhausen über diese erste Begegnung mit seiner zweiten Frau gesagt haben: »Ich sah sie und wusste, ich war angekommen.«

In diesen Tagen reiten Alfred Herrhausen und Traudl

Baumgartner zusammen über die verwilderten Weiden des Anwesens. Morgens gehen sie schwimmen. In den Nächten wird gefeiert. Nach drei Tagen macht er ihr einen Heiratsantrag. Traudl Herrhausen erinnert sich noch genau an den Wortwechsel: »Ich möchte Sie heiraten!« – »Aber Sie sind doch schon verheiratet!« – »Das erklär ich Ihnen alles, wenn wir in Deutschland sind.« Während des Heimfluges sitzen Alfred Herrhausen und eine Freundin seiner späteren Frau nebeneinander. »Er hat gezittert, wie ein Pennäler. Und immer wieder hat er nur wiederholt: ›Du musst mir helfen, dass sie meine Frau wird.‹ Er hat mich förmlich ausgequetscht. Er will alles über Traudl wissen. Armselig, wie ein Ertrinkender.«

Die Treffen zwischen Alfred Herrhausen und Traudl Baumgartner finden in der folgenden Zeit im Geheimen statt. Doch bald ist der Fahrer Jakob Nix eingeweiht. Auf einem Autobahnparkplatz trifft er mit Herrhausen ein Fahrzeug mit österreichischem Kennzeichen. Herrhausen spricht von einer jungen Dame, der sie zu einem Restaurantbesuch folgen. Nix ist sehr bald klar, was es mit der jungen Dame auf sich hat. Deshalb wundert er sich auch nicht, als Alfred Herrhausen plötzlich über seine Absicht zu sprechen beginnt, sich scheiden zu lassen. Jakob Nix ist entsetzt. Er kennt den moralischen Kodex der Bank. Ein geschiedenes Vorstandsmitglied, das hat es in der Bank noch nie gegeben. Dafür sorgt der rheinische Katholizismus von Hermann Josef Abs. Jakob Nix: »Nach außen musste alles stimmen. Das ging die Bank sehr wohl etwas an, wenn es da Probleme gab.« Nix sieht schon die wunderbare Zeit mit seinem Boss auf ein abruptes Ende zugehen.

Dann kommen sie im Restaurant an. Alfred Herrhausen stellt ihm Traudl Baumgartner vor. In diesem Moment weiß Jakob Nix, dass sein »Boss« sich bereits für sie entschieden hat.

Einen Monat nach dem Urlaub in Texas »vergisst« Alfred Herrhausen diverse Fotos, die ihn mit Traudl Baumgartner zeigen, in einer Aktentasche. Seine Frau findet die Bilder. Herrhausen geht in die Offensive, fordert die Scheidung. Seine Frau weigert sich, sie macht ihm Vorwürfe. Herrhausen trifft die Medizinstudentin weiter, ohne dass seine Frau davon erfährt, doch sie spürt, dass etwas nicht stimmt. Sie spricht ihn neuerlich darauf an, er gibt es zu.

In diesen Tagen fällt es Alfred Herrhausen schwer, die von ihm sonst durchgehend gewahrte Contenance zu wahren. Selbst bei kleinen Dingen verliert er die Fassung. Sein Assistent Otto Steinmetz erinnert sich: »Herrhausen war auf dem Weg zu einer Sitzung, die ich mit vorbereitet hatte. Ich kam mit den Akten auf ihn zu. Ich war gut gelaunt. Die Sache war gut gemacht, da war ich mir sicher. Fachlich hatte er keinen Grund, mit mir unzufrieden zu sein. Ich habe ihm die Akten überreicht und ihm für die bevorstehende schwere Sitzung viel Glück gewünscht. Dr. Herrhausen ging wortlos, dreht sich dann aber um und sagt zu mir mit schneidender Stimme: ›Das können Sie besonders brauchen.‹ Dann geht er grußlos.« Auch Jakob Nix bemerkt die Not von Alfred Herrhausen, der durch einen Selbstmordversuch seiner Frau noch weiter unter Druck gerät. Als Alfred Herrhausen einmal überlegt, doch bei seiner Familie zu bleiben, droht Jakob Nix zum ersten Mal mit Arbeitsverweigerung. »Wenn Sie zur Ulla zurückkehren wollen, dann fahr ich Sie nicht mehr.«

Alfred Herrhausen zieht zu Hause aus. Er kommt in einer kleinen Wohnung in der Bank in Düsseldorf unter. Jakob Nix: »Ich hab dann erst mal für ihn eingekauft und den Haushalt für ihn gemacht. Ohne mich wär er vollkommen aufgeschmissen gewesen. Der hat sich ja nie alleine versorgen müssen.«

Traudl Baumgartner zieht zu Alfred Herrhausen. Zunächst wohnen sie ein paar Monate im Kölner Gästehaus der Wolff von Amerongens, dann beziehen sie das ehemalige Kutscherhäuschen eines kleinen Schlosses bei Solingen.

Der Prozess der Trennung bis zur Scheidung zieht sich über mehrere Jahre hin. Die Tochter Bettina Herrhausen erinnert sich: »Ich habe täglich erlebt, wie sehr meine Mutter darunter gelitten hat, dass er sie wegen einer neuen, jüngeren Partnerin verließ, und wie zermürbend sich die Scheidungsauseinandersetzungen gestalteten. Von meinem Vater habe ich mich dabei zunehmend distanziert bis hin zum totalen Abbruch der Beziehung von meiner Seite für mehrere Jahre. Ich stand solidarisch zu meiner Mutter, deren Gefühle und Verzweiflung ich täglich mitbekam; meinen Vater dagegen empfand ich von all dem weitgehend unberührt in seiner neuen Partnerschaft aufgehend.«

Nur ganz selten kehrt Alfred Herrhausen in das Haus in Dortmund zurück. Noch hat er einen Schlüssel. Meistens geht er dorthin, wenn er sicher ist, niemanden anzutreffen. Ulla Herrhausen ist Herbst 1975 auf Kurzurlaub, Bettina lebt in dieser Zeit bei Verwandten. Sie benötigt ihr Abschlussballkleid, das zu Hause hängt. »Wir fuhren vorbei, um es zu holen, und mein Vater öffnete die Tür. Er hatte nicht mit uns gerechnet und war offensichtlich ziemlich aus dem Gleichgewicht, hatte rote Augen und geweint. In dem Moment habe ich gespürt, dass die Trennung wohl auch an ihm nicht spurlos vorüberging.«

Inzwischen haben sich Herrhausens Eheprobleme auch in der Bank herumgesprochen. Hermann Josef Abs beauftragt Christians, auf Herrhausen einzuwirken, sich nicht scheiden zu lassen. Doch Herrhausen bleibt stur. Bei einer Vorstandssitzung lässt sich Herrhausen durch einen Kollegen vertreten. Der damalige Sprecher des Vorstandes, Ulrich, liest eine kurze Mitteilung von Alfred Herrhausen vor: »Ich lasse mich heute von meiner Frau scheiden. Sollte für den Vorstand mit einem geschiedenen Vorstandsmitglied die weitere Zusammenarbeit nicht mehr vorstellbar sein, so ziehe ich hiermit die Konsequenzen. Dieses Schreiben ist in diesem Fall als Rücktrittsgesuch zu verstehen.« Der

1977, Hochzeit mit Traudl Baumgartner

Rücktritt wird nicht angenommen. Eine Freundin von Traudl Herrhausen sieht darin den möglichen Beginn einer Tragödie. »Für ihn wäre es vielleicht viel besser gewesen, wenn die gesagt hätten, jetzt kannst du gehen.«

Pater Augustinus erklärt Herrhausen, dass die erste Ehe, weil mit einer evangelischen Christin geschlossen, nach katholischem Kirchenrecht nicht rechtmäßig und damit nichtig ist. Einer kirchlichen Heirat mit Traudl Baumgartner steht damit nichts im Wege. Am 9. September 1977, drei Jahre nach dem Kennenlernen in Texas, heiraten Traudl und Alfred Herrhausen in Innsbruck.

Vier Tage vor Herrhausens zweiter Hochzeit, am 5. September 1977, fährt der Arbeitgeberpräsident Hanns Martin Schleyer, einer der wichtigsten bundesdeutschen Manager, zu seiner Kölner Wohnung. Am Steuer sitzt der Fahrer Marcisz. Die drei Polizeibeamten Brändle, Pieler und Ulmer folgen Schleyers Mercedes in einem zivilen Polizeifahrzeug. Plötzlich muss Marcisz hart bremsen. Ein blauer Kinderwagen ist auf die Straße gerollt. Die drei Polizeibeamten fahren auf Schleyers Mercedes auf. Im selben Augenblick stürmen maskierte Gestalten auf die Fahrzeuge zu und feuern auf den Fahrer und die drei Polizisten. Blutüberströmt brechen die vier Männer zusammen. Hanns Martin Schleyer lässt sich instinktiv zwischen Sitzbank und Vordersitz fallen. Das hatte er kurze Zeit zuvor in einem Sicherheitstraining gelernt. Schleyer wird von den maskierten RAF-Terroristen aus dem Auto in einen VW-Bus gezerrt, dann in einer Tiefgarage in den Kofferraum eines Mercedes gestoßen. Von da geht die Fahrt zum ersten der Verstecke, einer Hochhauswohnung in der Nähe von Köln. Die Entführer drohen noch am gleichen Tag, Schleyer zu erschießen, sollte die Fahndung nach ihnen nicht eingestellt werden. Daneben stellen sie ihre Forderungen: Freilassung aller inhaftierten RAF-Mitglieder, darunter Andreas Baader, Gudrun Ensslin und Jan-Carl Raspe.

Zwei Tage nach seiner Hochzeit, eine Woche nach Schleyers Entführung, schreibt Alfred Herrhausen einen Brief und deponiert ihn in seinem Nachttischchen. Traudl Herrhausen wird den Brief zwölf Jahre später öffnen, am 30. November 1989.

Erklärung
Ich, der unterzeichnende Alfred Herrhausen, Solingen, Schloss Kaspersbroich, erkläre: Für den Fall meiner Entführung bitte ich auf unverantwortliche Erpressungen, die sich gegen den demokratischen Rechtsstaat der Bundesrepublik Deutschland richten, nicht einzugehen.
Solingen, den 11. September 1977
Alfred Herrhausen

Herrhausen kennt Schleyer gut, beide sitzen im Aufsichtsrat von Daimler-Benz. Nicht zum ersten Mal hat die RAF in Herrhausens unmittelbarer Nähe zugeschlagen. Sechs Wochen zuvor, am 30. Juli, haben RAF-Mitglieder versucht, den Vorstandschef der Dresdner Bank, Jürgen Ponto, zu entführen. Der Versuch misslingt, Ponto wird im eigenen Haus erschossen. Herrhausen ist sich bewusst, dass er das nächste Opfer sein könnte.

In den ersten Tagen nach der Entführung von Hanns Martin Schleyer ist noch nicht absehbar, ob der Krisenstab der Bundesregierung bei seiner harten Linie bleiben werde, die er bereits im Stockholmer Geiseldrama gezeigt hat. Einmal, im März 1975, bei der Entführung des Spitzenkandidaten der Berliner CDU, Peter Lorenz, hat der Staat nachgegeben. Mehrere RAF-Häftlinge waren im Austausch gegen Lorenz freigelassen worden. Diese weiche Linie lehnt Alfred Herrhausen ab.

Er will die Errungenschaften des demokratischen Rechtsstaates nicht leichtfertig preisgeben. Alfred Herrhausen betont immer wieder, dass er auf Grund der Erfahrung mit dem Nationalsozialismus die Bundesrepublik mit ihrer demokratischen Verfassung als ein hohes, kostbares Gut schätzt: »Ich liebe die Bundesrepublik über alle Maßen, ich bin stolz auf das, was hier nach 1945 geschehen ist.«

Diese Form des Patriotismus steht in den siebziger und achtziger Jahren in der linken Szene unter dem Generalverdacht einer nationalistischen Gesinnung. Oft wird Patriotismus mit der Blut- und Bodenphilosophie des Nationalsozialismus gleichgesetzt. Hat eine Führungskraft aus Politik und Wirtschaft darüber hinaus eine NS-Vergangenheit, ist sie für die radikale Linke ein »Hassobjekt«. Alfred Herrhausen ist schlicht zu jung, um *deshalb* in Verdacht zu geraten. Er kann sich, wie sein Freund Helmut Kohl, auf die »Gnade der späten Geburt« berufen. Anders Hanns Martin Schleyer: Er war ein hochrangiges Mitglied der SS und in Prag eingesetzt. Teil seiner Aufgaben war die Integration der tschechischen Wirtschaft in die deutsche Kriegsindustrie. Damit hatte er mittelbar auch mit dem Konzentrationslager Theresienstadt zu tun.

Spätere Interviews mit den an der Schleyer-Entführung beteiligten RAF-Tätern zeigen, dass der NS-Hintergrund bei der Auswahl von Hanns Martin Schleyer als Entführungsopfer eine Rolle gespielt hat. Peter-Jürgen Boock, einer der Mittäter, hat sich dazu explizit geäußert. Es sei geplant gewesen, Schleyer vor ein »Volksgericht« zu stellen. Die Begriffswahl zeigt, dass die RAF den Anspruch erhob, stellvertretend für das ganze deutsche Volk zu handeln. Wenn der Staat Menschen wie Hanns Martin Schleyer ob ihrer Vergangenheit nicht vor Gericht stellt, dann tut es eben die RAF.

11

Ausmessen der Revolution II

Für die Fahndung nach den Schleyer-Entführern können die Sicherheitsbehörden auf einen hoch gerüsteten Apparat zurückgreifen, dessen große Stärke in der Erfassung und Auswertung riesiger Datenmengen besteht. Erstes Ziel ist für den BKA-Präsidenten Horst Herold die Festnahme der terroristischen Straftäter. Darüber hinaus hofft Herold, dass das Wissen um Hintergründe und Zusammenhänge des Terrorismus zur Prävention genutzt würde. Am Ende seien es doch die politischen und sozialen Verhältnisse, die den Terrorismus produzierten. Diese Komponente in der Arbeit des BKA wird angesichts der massiven Kritik an der Sammel- und Auswertungswut der Behörde kaum wahrgenommen, in der Linken wird Herold zum Wegbereiter des Überwachungsstaates.

Herold steht unter einem immensen Erfolgsdruck: Trotz der Millionen Einzeldaten, die mit den täglich eingehenden Hinweisen abgeglichen werden, kann er die Entführer nicht dingfest machen.

Zu den Programmen gehört 1977 die Datei PIOS (Personen, Institutionen, Objekte, Sachen). 135 000 Personen, 5 500 Institutionen, 115 000 Objekte und 74 000 Sachen sind darin erfasst. Ein Teil der Datei enthält Meldungen über gewaltsame Störer bei Demonstrationen und Sachberichte aus der »beobachtenden Fahndung«. Auch Personen, die zu Verdächtigen in Kontakt treten, werden systematisch erfasst. Dadurch erweitert sich der Personenkreis immerzu. Die Fotosammlung allein enthält Aufnahmen von 1,9 Millionen Menschen. Ein besonderer Schwerpunkt der PIOS-Datei liegt auf der Überwachung von Personen, die zu RAF-Häftlingen Kontakt haben. Dazu gehört nicht nur der Personenkreis, der Gefangene der RAF in den Haftanstalten besucht, sondern auch Schulfreunde, Kollegen, Eltern und Freunde der RAF-Mitglieder. In der Handschriftensammlung sind 55 000 Schriftproben gespeichert. So werden sämtliche (handschriftlich ausgefüllten) Besucherscheine aus den Haftanstalten ans BKA zur Auswertung weitergeleitet.

Des Weiteren hat das BKA Daten aller Wohngemeinschaften erhoben, die den Ermittlungsbehörden aus der Terrorismusfahndung bekannt sind. Daneben sind 1977 fast alle Organisationen und Initiativen aus dem linken Spektrum erfasst und ausgewertet. Dazu gehören Menschenrechtsorganisationen, Initiativen gegen die Berufsverbote – und alle Vereinigungen, die sich kritisch mit den Haftbedingungen der RAF-Mitglieder auseinander setzen. Insgesamt sind mehr als 4,7 Millionen Namen und 3 100 Organisationen in den Dateien des BKA aufgelistet.

Fast alle Mitglieder der Roten Hilfe unterliegen der »beobachtenden Fahndung«. Sie sind durch mehrere Raster erfasst. Je häufiger die Auffälligkeit, desto umfassender sind die Überwachungs- und Kontrollmechanismen. Wiesbaden bietet dafür eine besondere Infrastruktur. Neben dem BKA sind dort auch ein gut ausgebautes Landeskriminalamt, ein Landesamt für Verfassungsschutz und ein bestens geführter örtlicher Polizeiapparat tätig.

Die Mitglieder der Roten Hilfe werden offen und verdeckt überwacht. Die verdeckte Überwachung dient der Beschaffung fahndungsrelevanter Informationen. Wohin bewegt sich die »Zielperson«, wen trifft sie, mit welchem Zweck? Die »demonstrative« Form der Überwachung dient zur Einschüchterung. So sind am Nachbarhaus einer Wohngemeinschaft der »Roten Hilfe« für jeden sichtbare Kameras angebracht, die den gesamten »Besucherverkehr« aufnehmen. Jeder dieser Besucher muss damit rechnen, kontrolliert zu werden. Auch die Verfolgung und Beschattung durch Zivilpolizisten wird offen durchgeführt. »Es sollte uns klar gemacht werden, dass wir keine Chance haben – sie kriegen alles mit«, so Gerd Böh.

Hausdurchsuchungen sind in den WGs an der Tagesordnung. Roswitha Bleith erinnert sich: »Dann sind mehrere Mannschaftswagen gekommen, die Einsatzkräfte waren mit Maschinenpistolen bewaffnet. Zunächst wurde das Haus umstellt. Dann sind sie rein. Ich hab' noch im Bett gelegen, als sie kamen. Nach und nach wurden alle abtransportiert, ich durfte noch bleiben, weil zwei Kinder noch da waren, so lange, bis die Eltern auftauchten. Ich weiß noch, wie uns zwei Männer mit ihren Maschinenpistolen im Anschlag bewacht haben …« Oft enden diese Hausdurchsuchungen mit einer Festnahme und der Beschlagnahme von verdächtigen Gegenständen oder Materialien. Jürgen Schneider: »In der Wohnung, in der Wolfgang in der Zeit gewohnt hat, da waren die Wände durchtrennt worden. Mit brachialer Gewalt wurde da gewütet, Geschirr zerschlagen, Bücher, Akten aus den Regalen gerissen, auf dem Boden zerstreut.« Manchmal gelingt es nur durch einen Zufall, der Festnahme zunächst zu entkommen. »Ich habe nicht in einer polizeibekannten Wohnung übernachtet. Ich bin losgelaufen. Nach zwei Stunden hatte ich alle Wohnungen, in denen Leute von uns gewohnt haben, abgelaufen. Ich hab' bis auf eine Freundin, die woanders übernachtet hatte, niemand angetroffen, die waren alle abgeräumt worden. Das war gespenstisch.«

Es ist für die Wiesbadener Rote Hilfe selbstverständlich, sich mit allen Mitteln und Methoden gegen die erkennungsdienstliche Behandlung zur Wehr zu setzen. Das gilt besonders für diejenigen, die es nicht für ausgeschlossen halten, einmal selbst abzutauchen. Dazu gehören Wolfgang Grams, Jürgen Schneider und Gerd Böh.

Um die Festgenommenen zu fotografieren, führt die Polizei sie in ein karg mit einem Stuhl und einer Kamera eingerichtetes »Fotostudio«. Die Beamten zwingen den Festgenommenen auf den Stuhl und rücken ihm den Kopf gerade. Gerd Böh: »Wir sind natürlich nicht sitzen geblieben. Die haben einen dann zurückgeschleift und festgehalten. Wenn der Kopf noch Bewegungsraum hatte, hat man den Kopf im entscheidenden Moment weggedreht. Dann wurde der Kopf mit Gewalt festgehalten. Es blieb noch Grimassenschneiden. Damit waren die Fotos zur späteren Fahndung unbrauchbar.« Wolfgang Grams ist in dieser Verweigerung Vorreiter. Er schreit durch das ganze Polizeirevier. Andere verkrampfen die Hände, wenn ihnen Fingerabdrücke genommen werden sollen. Das führt dazu, dass Polizisten ihnen die Finger brechen. »Das war natürlich nicht jedermanns Sache, sich so zu wehren«, so Gerd Böh.

Die Polizei unternimmt auch gezielte Straßenkontrollen. Roswitha Bleith: »Wir wurden angehalten, mit Blick in eine Maschinenpistole: Aussteigen, Hände aufs Dach ...« Jürgen Schneider: »Sie brüllten: keine Bewegung oder wir knallen euch ab ...«

Die Stimmung ist auch unter den Polizeibeamten angespannt. Zwischen 1971 und 1977 sind zwölf Polizisten bei der Fahndung nach Mitgliedern der RAF ums Leben gekommen. Der Satz von Ulrike Meinhof: »Bullen sind Schweine und natürlich darf geschossen werden«, ist Bestandteil der Ausbildung und Vorbereitung der Einsätze geworden. Die Nerven vieler Beamter liegen blank. Die Angst vor »schießwütigen Terroristen« führt dazu, dass im Zweifelsfall zuerst geschossen wird. Der in Stuttgart lebende Schotte Jan McLeod denkt an einen Überfall, als er eines morgens die Tür öffnet und in die Läufe von Maschinenpistolen blickt. Er hat mit der RAF nie etwas zu tun gehabt, ist des Deutschen kaum mächtig und reagiert auf das gebrüllte »Keine Bewegung, Hände hoch!« anders, als von den Polizisten erwartet. Reflexartig schlägt er die Wohnungstür zu. Darauf eröffnen mehrere Beamte das Feuer durch die geschlossene Tür und verletzen ihn tödlich.

Grams, Böh und Rehberg treffen sich fast täglich mit den Bewohnern von zwei weiteren Wohngemeinschaften, um sich während der Schleyer-Entführung zu besprechen.

Die Gruppe ist geschlossen der Meinung, dass der Rechtsstaat in der Auseinandersetzung mit den Systemgegnern die demokratisch legitimierten Mittel hinter sich gelassen hat. Die Kuriere aus der Stuttgarter Anwaltskanzlei, mit denen die Wiesbadener Unterstützerszene in engem Kontakt steht, vertreten die Haltung, dass – egal wie die Entführung von Hanns Martin Schleyer ausgehen wird – in der Bundesrepublik »der offene Faschismus« ausbricht.

Anfang Oktober ist Volker Speitel verhaftet worden. Speitel ist einer der Kuriere zwischen Anwaltsbüro, Häftlingen der RAF und den Unterstützern. Aufgrund weiterer Verhaftungen und zielgenauer Hausdurchsuchungen vermutet das Umfeld, dass Speitel »singt«.

Die Gruppe kommt zu unterschiedlichen Schlussfolgerungen. Gerd Böh fürchtet, dass ihre Überlegungen, ebenfalls abzutauchen, an das BKA gelangt sein könnten. Das würde bedeuten, von den Sicherheitsbehörden als RAF-Nachrücker behandelt zu werden – mit allen Konsequenzen. Er und einige andere rechnen damit, dass auch sie Opfer von »Todeskommandos« der Sicherheitsbehörden werden könnten. Der Begriff der »Kill-Fahndung« geistert durch die Diskussionen. Eine der Thesen in den Gesprächen ist, dass der Staat keine Gefangenen mehr machen wolle, weil er dadurch nur erpressbar werde. Gerd Böh, Birgit Hogefeld und einige andere überlegen, ins »Exil« ins Ausland zu gehen, um einer möglichen Verhaftung oder gar »Hinrichtung« zu entgehen. Aufgrund zahlreicher Kontakte zu der dortigen »antiimperialistischen Szene« gilt Frankreich als Exilland.

Wolfgang Grams und Kurt Rehberg lehnen so einen Schritt ab. Die Flucht nach Paris würde die Sicherheitsbehörden erst recht auf sie aufmerksam machen, mit der Folge, auf den Fahndungsplakaten aufzutauchen. Sie meinen, dass sie hier gebraucht würden. Das Risiko sei zwar auch nicht gering, aber in Kauf zu nehmen.

Birgit Hogefeld, die seit 1975 in der Roten Hilfe ist, Gerd

Böh und einige andere brechen Anfang Oktober 1977 auf und verlassen getrennt die Bundesrepublik. In Paris treffen sie sich wieder. Gerd Böh erinnert sich, wie sie den Tag mit dem Lesen deutscher Zeitungen verbracht haben. Die Nachrichten aus Deutschland haben sich aus der Distanz heraus zusätzlich dramatisiert. »Wir waren wie gelähmt. Wochenlang haben wir untätig in irgendwelchen Wohnungen und Cafés abgehangen.« Paris ist für Gerd Böh »ein absoluter Stillstand«. Um die zurückgebliebenen Freunde und die Familien vor weiteren Durchsuchungsaktionen nach den »Verschwundenen« zu schützen, schreiben sie regelmäßig Urlaubspostkarten – ohne Absenderadresse.

Am 14. Oktober 1977 wird eine Lufthansa-Maschine (»Landshut«) auf dem Weg von Palma de Mallorca nach Frankfurt von Palästinensern entführt. Zunächst landet das Flugzeug auf dem römischen Flughafen Fiumicino, wo der Anführer der Entführer die Freilassung »unserer deutschen Genossen« fordert. Gemeint sind damit die inhaftierten Mitglieder der RAF. In Bonn entscheidet der Krisenstab, bei der harten Linie zu bleiben – und beschließt den Einsatz des Sondereinsatzkommados GSG 9 zur Befreiung der Geiseln. Noch in der gleichen Nacht melden sich die Entführer von Hanns Martin Schleyer bei einem Genfer Anwalt. Sie teilen mit, dass Schleyers Leben und das der Passagiere und der Besatzung davon abhängen, ob außer den RAF-Gefangenen auch zwei in der Türkei einsitzende Palästinenser freikommen. 40 Tage nach der Entführung von Hanns Martin Schleyer gebe es keine Verlängerung des Ultimatums mehr. »Jegliche Verzögerung bedeutet den Tod Schleyers.«

Nach weiteren Zwischenlandungen erreicht die »Landshut« am Morgen des 17. Oktober Mogadischu in Somalia. Am gleichen Tag findet in Stammheim ein Gespräch zwischen einem Vertreter des Bundesinnenministeriums und Andreas Baader statt. Baader kritisiert in der Unterredung die Entführung der »Landshut«. Die RAF-Häftlinge hätten

Aktionen gegen unbeteiligte Zivilisten nie gebilligt und billigten sie auch jetzt nicht. Baader bietet der Bundesregierung im Falle ihrer Freilassung ein Ende des bewaffneten Kampfes an. Die Bundesregierung müsse sich darüber im Klaren sein, dass die zweite oder dritte Generation der RAF die Brutalität weiter verschärfen werde. Die einzige Chance sei, ihnen mit der Freilassung der ersten Generation den Boden für eine Verschärfung des Kampfes zu entziehen. Der Vertreter des Innenministeriums notiert sich Baaders Ausführungen und leitet die Ergebnisse an das BKA und den Krisenstab weiter. Der reagiert auf dieses Angebot nicht: Ein Verhandeln mit den in Stammheim einsitzenden Terroristen ist für Schmidt undenkbar.

Dass Andreas Baader die Entführung der Urlaubermaschine kritisiert hat – möglicherweise aus taktischen Überlegungen – dringt bis zum Umfeld der RAF nicht vor. Der überwiegende Teil der Unterstützer hält an der Linie fest, dass jedes Mittel zur Freilassung der RAF-Mitglieder gerechtfertigt ist.

Gerd Böh erinnert sich, dass die Nachricht von der Entführung unter den Wiesbadenern in Paris »wie eine Bombe« einschlug. »Wir lagen mit mehreren Genossen in einem Zimmer zusammen. An ein Einschlafen war nicht zu denken. Eine Genossin bekam plötzlich einen Weinkrampf. Sie konnte sich kaum beruhigen. Mit der Entführung war ihr so was wie die politische Heimat geraubt. Das hat bei ihr eine unglaubliche Einsamkeit und Verzweiflung ausgelöst. Sie wusste nicht mehr, wofür sie sich jetzt noch einsetzen konnte. Wer unschuldige Urlauber für so einen Kampf missbraucht, hat jeden moralischen Kredit verspielt, so war ihre Haltung.« Sie will bei dem Kommando anrufen lassen, um sie von der Freilassung der Geiseln zu überzeugen. Gerd Böh hat ebenfalls Zweifel an der Richtigkeit dieser Entführung, aber er lässt sie nicht zu. »Ich weiß noch, dass wir die Frau ziemlich barsch angefahren haben. In einer Zeit dieses

zugespitzten Kampfes können wir uns nicht leisten, eine
Bewegung zu kritisieren, die für den politischen Kampf ihr
Leben riskiert, während wir hier untätig rumsitzen.« Tags
darauf ist die Frau abgereist. Niemand hat mit ihr gesprochen. Fernseher und Radios laufen jetzt ununterbrochen.
Mehrere Ultimaten der »Landshut«-Entführer waren inzwischen verstrichen. Beim Anführer liegen die Nerven blank;
am Tag zuvor hatte er den Kapitän des Flugzeugs erschossen. Er stellt ein letztes Ultimatum. Um seine Entschlossenheit zu unterstreichen, lässt er die Passagiere an Händen
und Füßen fesseln. Im Flugzeug werden Plastiksprengstoff
und Zündkabel angebracht. Die Entführer überschütten die
Geiseln mit Spirituosen, damit sie schneller Feuer fangen.

Minuten nach dem Ablauf dieses neuen Ultimatums versichert Kanzleramtsminister Hans Jürgen Wischnewski, der
als Krisenmanager nach Mogadischu gereist ist, dass die
Bundesregierung nun doch bereit sei, auf die Forderung der
Entführer einzugehen. Die Gefangenen der RAF würden
ausgetauscht und seien auf dem Weg nach Somalia. Drei
Stunden später, am 18. Oktober um 0.05 Uhr, stürmt eine
Einheit der GSG 9 das Flugzeug. Die Elitepolizisten werfen
Blendgranaten und eröffnen das Feuer. Drei der Entführer
werden erschossen, eine vierte überlebt schwer verletzt.
Um 0.12 Uhr meldet der Deutschlandfunk in einer Sondernachricht die erfolgreiche Befreiung der Geiseln.

Als am nächsten Morgen gegen 7.30 Uhr die Zellen von
Andreas Baader, Gudrun Ensslin und Jan-Carl Raspe geöffnet werden, ist keiner mehr von ihnen am Leben. Gudrun Ensslin wird erhängt aufgefunden. Baader stirbt durch
einen Schuss in den Hinterkopf. Neben ihm liegt eine
Pistole mit mehreren leeren Geschosshülsen. In der Zelle
finden sich drei Einschusslöcher. Das weist auf eine von
Andreas Baader selbst inszenierte Schießerei hin – oder
auf eine, die tatsächlich stattgefunden hat. Raspe stirbt auf
dem Weg zum Krankenhaus an den Folgen eines Nah-

schusses in die rechte Schläfe. Weder Personal noch Inhaftierte in den anderen Stockwerken haben in der Nacht Schüsse oder andere Geräusche gehört. Irmgard Möller, der vierte Häftling auf der siebten Etage in Stammheim, ist die Einzige, die mit mehreren Messerstichen in der Herzgegend überlebt. Sie wird später sagen, dass sie keinerlei Erinnerungen mehr an die nächtlichen Ereignisse hat.

Wie reagieren die Entführer von Hanns Martin Schleyer auf den Tod der RAF-Häftlinge? Sie sehen sich in der Falle. Der an der Entführung beteiligte Stefan Wisnewski sagt Jahre später, dass sie eine Freilassung Schleyers zwar erwogen hätten, nach längerer Überlegung aber sicher waren, dass dies von Staatsseite als »Schwäche und Eingeständnis des Scheiterns« gedeutet worden wäre.

Aus dem Bekennerbrief:

»Wir haben nach 43 Tagen Hanns Martin Schleyers klägliche und korrupte Existenz beendet. Herr Schmidt, der in seinem Machtkalkül von Anfang an mit Schleyers Tod spekulierte, kann ihn in der Rue Charles Peguy in Mühlhausen in einem grünen Audi 100 mit Bad Homburger Kennzeichen abholen. Für unseren Schmerz und unsere Wut über die Massaker von Mogadischu und Stammheim ist sein Tod bedeutungslos. Andreas, Gudrun, Jan, Irmgard und uns überrascht die faschistische Dramaturgie der Imperialisten zur Vernichtung der Befreiungsbewegung nicht. Wir werden Schmidt und den ihn unterstützenden Imperialisten nie das vergossene Blut vergessen. Der Kampf hat erst begonnen. Freiheit durch bewaffneten antiimperialistischen Kampf.«

Rote Armee Fraktion

Mit dem Ende der Schleyer-Entführung und den Toten von Stammheim sieht sich die Pariser Gruppe zwar in der Bundesrepublik nicht weniger bedroht, gleichwohl kehren Gerd Böh, Birgit Hogefeld und die anderen zurück. Niemand wird an der Grenze festgenommen. Offenbar sind in der Zwischenzeit für sie keine Haftbefehle ausgestellt worden.

Gerd Böh kommt in die Wohngemeinschaft in der Wiesbadener Altstadt zurück. Die Wohnung ist infolge mehrerer Polizeirazzien unbewohnbar. Die Einrichtung ist demoliert, Wände und Türen sind aufgebrochen. Wohnsitzlose haben sich zwischenzeitlich darin aufgehalten, irgendwo liegt eine Telefonrechnung über mehrere tausend Mark. Kurt Rehberg und Wolfgang Grams sind vorübergehend in anderen WGs untergekommen. Auch Böh muss sich nun eine neue Bleibe suchen. Die verwüstete Wohnung steht für ihn und Rehberg sinnbildlich für das, was von der Roten Hilfe übrig geblieben ist: ein kleiner Haufen demoralisierter, im Innern tief verunsicherter »Kämpfer«, von denen die meisten nicht mehr wissen, wie es weitergehen soll.

Einige Wochen nach den Stammheimer Ereignissen legt ein Untersuchungsausschuss des baden-württembergischen Landtags einen Bericht vor. Das aus dem Ausland hinzugezogene Gutachterteam kommt einstimmig zu dem Schluss, dass Baader, Ensslin und Raspe Selbstmord begangen haben. Wolfgang Grams und seine Freunde aus der Unterstützerszene sind davon nicht überzeugt: Für sie hat der Staat den »Mord« angeordnet und ausgeführt. Es ist für sie nicht vorstellbar, dass die verherrlichten Ikonen des Widerstands sich auf diese Weise »davonstehlen«. Zum Beweis dieser These werden die Toten selbst zitiert. Gudrun Ensslin hatte noch am Tag vor dem Tod zu einem Pfarrer gesagt, dass sie damit rechne, hingerichtet zu werden.

Mit der Definition der Bundesrepublik als »präfaschistischer Staat« gehört eine Ermordung der inhaftierten RAF-

Mitglieder zum erwarteten Instrumentarium des Sicherheitsapparates. So ist auch der Tod von anderen Häftlingen der RAF gedeutet worden, wie der von Katharina Hammerschmidt, Holger Meins, Siegfried Hausner und Ulrike Meinhof.

Im Krisenstab der Bundesregierung sind immer wieder Forderungen laut geworden, mit den Terroristen »kurzen Prozess« zu machen. Der bayerische Ministerpräsident Franz Josef Strauß hatte sich für standrechtliche Erschießungen der RAF-Mitglieder eingesetzt – für jede ermordete Geisel sollte ein Terrorist hingerichtet werden.

Gerd Böh, Wolfgang Grams und andere aus der Wiesbadener Unterstützerszene sehen sich durch solche Meldungen in ihrer Mordthese bestätigt. Hinweise, die andere Schlussfolgerungen zulassen, werden als »Counterpropaganda« abgetan.

Paradoxerweise haben aber die Stammheimer Inhaftierten selbst dazu beigetragen, Zweifel an der Mordthese zu schüren. Baader und Raspe hatten offen von der Möglichkeit gesprochen, Selbstmord zu verüben. Viele Details, die zur Mordthese beigetragen haben, müssen nach weiteren Untersuchungen neu gedeutet werden. Dazu gehört die Kernfrage, wie die Waffen in die Haftanstalt gekommen sind. Zunächst musste davon ausgegangen werden, dass es in einem der bestgesicherten Gefängnisse der Welt nicht möglich ist, mehrere Waffen an den scharfen Kontrollen vorbeizuschmuggeln. Deshalb könne die Ermordung nur durch ein in die Haftanstalt geschleustes Erschießungskommando ausgeführt worden sein. Als einem Anwalt aus einer Stuttgarter Kanzlei nachgewiesen wird, dass er die Pistolen in die Haftanstalt geschmuggelt hatte, argumentieren linke Verschwörungstheoretiker sogleich, dass die Sicherheitsbehörden diesen Coup bewusst zugelassen hätten, um Baader und Raspe mit ihren eigenen Waffen »hinzurichten«.

Jürgen Schneider und Wolfgang Grams versuchen im Oktober und November 1977, mit ihren Mitteln ein bisschen Licht ins Dunkel der Toten von Stammheim zu bringen. »Wir haben tagelang nur Radio gehört, alle Zeitungen gelesen, Fernsehen geguckt und versucht, das auszuwerten. Dazu kam ein gut geführtes Archiv der Roten Hilfe.« Doch dann wird die weitere Recherche durch die RAF selbst unterbunden. »Aus den Kreisen der RAF kam, man solle ›diese kriminalistische Scheiße sein lassen‹. Die Begründung war, dass wir uns vorstellen sollten, dass die Stammheimer bis zuletzt über ihren freien Willen verfügt haben. Damit endet diese Auseinandersetzung. Die Aufklärung hat also die RAF selbst verhindert.«

Wolfgang Grams
um 1977

Am 27. Oktober 1977 werden Andreas Baader, Gudrun Ensslin und Jan-Carl Raspe auf dem Stuttgarter Dornhaldenfriedhof in einem Gemeinschaftsgrab beigesetzt. 1000 Polizisten begleiten ebenso viele Trauernde, darunter auch Wolfgang Grams und Kurt Rehberg. Nach der Beerdigung können die Besucher den Friedhof nur hintereinander durch ein Polizeispalier verlassen. Sie heben demonstrativ die Hände. Vielleicht sollte das Bild an eine geschlagene Armee erinnern, die in die Kriegsgefangenschaft geführt wird.

Die Fahrt nach Stuttgart ist eine der letzten Aktionen der Roten Hilfe Wiesbaden. In kleinen Gruppen gibt es weiterhin Treffen – die Zeit eines gemeinsam abgestimmten Handelns ist vorbei. Gerd Böh sieht die Ursache dieses Zerfallsprozesses in der Erfahrung einer Niederlage. »Die RAF hatte den Staat herausgefordert und auf breiter Front verloren.«

Die Debatten über Folgen und Auswirkungen des Deutschen Herbstes halten lange an. Nach und nach kommen Details der Ereignisse im Oktober 1977 an die Öffentlichkeit. Dazu gehört der Umgang der palästinensischen Entführer mit angeblich jüdischen Passagieren. Der Entführer hatte im Gepäck einer Passagierin einen Montblanc-Füller gefunden. Den auf der Spitze der Kappe eingravierten Stern hält er für einen Davidstern. Darauf ruft er die Passagierin zu sich, beschimpft sie als Jüdin und kündigt ihr für den nächsten Morgen die Hinrichtung an. Dass im Namen einer deutschen Terroristengruppe, die sich explizit auf eine antifaschistische Tradition beruft, erneut vermeintliche oder tatsächliche Juden selektiert und zur Exekution freigegeben werden sollten, ist nicht neu. 1976 bringen palästinensische Freischärler eine Maschine auf dem Weg von Paris nach Tel Aviv in ihre Gewalt. Mit im Kommando sind zwei Deutsche, Mitglieder der »Roten Zellen«, einer Gruppe gewaltbereiter Linker. Gemeinsam mit ihren palästinensischen Mitkämpfern trennen sie jüdische von nichtjüdischen Passagieren. Mehrere jüdische Passagiere werden exekutiert, bevor eine israelische Spezialeinheit das Flugzeug in Entebbe stürmt. Die vermeintliche Jüdin in der »Landshut« hat mehr Glück: Sie wird im Trubel der weiteren Ereignisse offenbar vergessen und überlebt.

Die RAF bzw. die Roten Zellen sind auf dem Urgrund eines Terrors aufgeschlagen, dem sie mit allen Mitteln zu entkommen versucht haben. Ohne es zu intendieren, wiederholen sie Elemente aus der Geschichte der Elterngeneration.

Die zunehmend isolierte gewalttätige Linke definiert sich als »Avantgarde«. Gerd Böh: »Die Guerilla tritt so auf, dass Polizisten, Staatsanwälte, Richter, Politiker oder Wirtschaftsbosse damit rechnen müssen: Es gibt eine Kraft, die sie nicht kontrollieren können und wo sie nicht wissen, wann die zuschlägt. Und dass deswegen schon eine kleine

Gruppe eine ziemliche Macht ausüben kann. Moralisch gesehen hatten wir kein Problem mit einem Attentat oder einer Hinrichtung, weil wir gesagt haben, in der Dritten Welt werden Millionen Menschen getötet durch Ausbeutung, Hunger, Armut. Deshalb ist es ein legitimes Mittel, dafür Verantwortliche hier zur Rechenschaft zu ziehen. Gewalt sollte dabei aber nie Selbstzweck sein, sondern nur, wenn es nicht anders geht. Wenn die das gemacht haben, dann nach dem Motto: Einen bestrafen, um 100 zu erziehen. Das heißt, die Repräsentanten aus Wirtschaft, Staat und Politik merken, es gibt da jemand, der sie nicht ungestraft davonkommen lässt.« In den geschrumpften Unterstützergruppen werden Mittel und Ziele der RAF noch immer nicht in Frage gestellt. Böh: »Nach den Toten in Stammheim war es eigentlich nicht mehr wichtig, ob Schleyer auch stirbt oder nicht. Dann war es eigentlich nur konsequent.«

Das sehen jedoch nicht alle so, etwa Kurt Rehberg. Die harte Linie der RAF kann er immer weniger nachvollziehen. Er ist von der Ermordung Schleyers schockiert. Es geht dabei weniger um grundsätzliche moralische Zweifel an der Politik der RAF. Eher stehen die strategischen Überlegungen im Mittelpunkt: »Was ist davon nach außen vermittelbar? War es richtig, einen wehrlosen Gefangenen zu erschießen? Warum wurde jemand umgebracht, nur um damit möglicherweise die RAF-Häftlinge freizupressen? Hat die RAF sich damit endgültig ins Aus geschossen? Darüber wurde aber nicht gesprochen: Ich empfand ein komplettes Denk- und Diskussionsverbot in unserer Gruppe. Da war niemand zu einer offenen Auseinandersetzung fähig.«

Kurt Rehberg macht sich später Vorwürfe, diese Widersprüche nie geäußert zu haben. 1977 hat er Angst, dass Dissidenz als Verrat ausgelegt werden könnte. Zumindest würde jede offen geäußerte Kritik der anderen Seite nützen und damit die eigene schwächen. Rehberg entzieht sich den alten Freunden – auch und besonders Wolfgang Grams. Bis heute hat er deshalb ein schlechtes Gewissen, ihn allein gelassen zu haben. Rückwirkend sieht er noch einen weiteren Grund für seinen Rückzug: »Die Wege von Wolfgang und mir haben sich getrennt, weil ich ein größerer Angsthase war als er. Ich habe eher der staatlichen Repression nachgegeben und hab' mich zurückgezogen.«

Diejenigen, die ihre Widersprüche offen benennen, zahlen einen hohen Preis. Unter dem Druck der Niederlage wird mit Renegaten hart umgegangen. Birgit Hogefeld trifft es besonders. Ein Verbindungsmann zum Stuttgarter Anwaltsbüro setzt sie massiv unter Druck. Er hat gehört, dass sich ihr damaliger Freund am Rande einer Versammlung kritisch zur RAF geäußert hat. Die Haltung der Hardliner ist unmissverständlich. Mit knappen Sätzen wird Birgit Hogefeld mitgeteilt, dass sie sich entscheiden müsse: entweder für die »richtige« politische Arbeit, und damit für die sofortige Trennung von ihrem Freund, oder für den Ausschluss aus der Gruppe. Hogefeld zögert nicht und bricht den Kontakt zu ihrem Freund ab. Gründe nennt sie ihm keine.

Wie Birgit Hogefelds Freund hat sich auch eine andere Unterstützerin innerlich von der Gruppe entfernt. Als sie dem Druck bei einem der Treffen nicht mehr standhalten kann, bricht sie zusammen. Sie bekommt Angstzustände und Weinkrämpfe – und weist sich selbst für mehrere Wochen in die Psychiatrie ein. Hogefeld macht sich fürsorglich und verantwortlich für ihre Entlassung stark. Beim zuständigen Arzt wirkt sie so überzeugend, dass der gegen einen Wechsel in ein »festes Umfeld« nichts einzuwenden hat.

Hogefelds ehemalige Freundin sagt rückblickend: »Dieser Zusammenbruch hat mir den Ausstieg aus der Gruppe erleichtert. Dennoch war es extrem schwer, weil ich plötzlich vor dem absoluten Nichts stand. Ich hatte außerhalb der Gruppe praktisch keine Kontakte.«

Diese plötzliche Isolation bestätigen auch andere, die sich aus den »Zusammenhängen« zurückziehen wollen oder müssen. »Plötzlich haben uns Leute, mit denen wir jahrelang in der Roten Hilfe gekämpft haben, nicht mehr gegrüßt. Die kannten einen nicht mehr. Von einem Tag auf den anderen war ich vollkommen isoliert. Mit den frühen Freunden aus der Schulzeit habe ich sowieso abgeschlossen. Da gibt's auch keinen Weg zurück. Für die bin ich eben ein Sympathisant. Und für die anderen bin ich ein Verräter.« Ein anderes ehemaliges Mitglied der Roten Hilfe weist auf die Übermacht der Organisation hin, die das eigene Leben erst vollständig absorbiert und dann wie eine Hülle abstößt. »Im Nachhinein ist das so, wie wenn man aus einer Sekte rausgeht. Plötzlich muss man feststellen, dass man kein eigenes Leben mehr hat. Keiner von uns hatte außerhalb dieses Zusammenhangs noch irgendwelche Freunde. Vorher gab es eben nur den politischen Kampf. Und mit diesem Scheitern gab's nur noch ein gigantisch großes Loch.«

Wolfgang Grams macht diese radikale Abgrenzung nicht mit. Das überrascht, ist er doch einige Jahre zuvor mit seinen Jugendfreunden alles andere als glimpflich umgegangen. Ein Bewohner aus der Wohngemeinschaft im Dambachtal beschreibt Wolfgang Grams als jemanden, der jenseits ideologischer Gräben den Kontakt gehalten hat. »Er hat hin und wieder angerufen und sich nach mir erkundigt – aus einem menschlichen Interesse. Keiner der früheren Genossen wäre auf diese Idee gekommen. Dort galt ich als Verräter. Wenn ich in eine bestimmte Kneipe kam, verstummten die Gespräche.«

Zu anderen hält Wolfgang Grams ebenfalls Kontakt. Roswitha Bleith hat sich aus der politischen Arbeit endgültig herausgezogen. Sie arbeitet als Hebamme, nicht ohne schlechtes Gewissen. Sie schämt sich für ihr »bürgerliches Sicherheitsdenken« und ihr fehlendes »politisches Verantwortungsbewusstsein«. Sie bleibt Grams' Geliebte .

Auch Ulli Heep beginnt, sich aus der radikalen linken Szene zurückzuziehen. In den ersten Debatten um eine mögliche Radikalisierung spürt sie eine zunehmende Kluft zwischen sich und Wolfgang Grams und den anderen »Scharfmachern«. Schon damals gibt es erste Überlegungen, zur Waffe zu greifen. Ihr ist sehr bald klar, dass sie nicht in der Lage wäre, auf jemanden zu schießen. Außerdem will sie durch den Gang in den Untergrund ihre Kontakte zu ihrem Umfeld nicht verlieren, vor allem zu ihren Eltern. Für Ulli Heep wird es mit Wolfgang Grams zunehmend schwieriger: Mehr und mehr tauchen andere Frauen in seinem Leben auf. Zeitweise leben sie in einer WG mit einem großen gemeinsamen Matratzenlager. »Wir waren ja so freizügig«, sagt Ulli Heep und lacht. Das alles ist ihr heute vollkommen unverständlich. »Da ließ er nichts anbrennen.«

Nicht wenige der Renegaten suchen in einem Ortswechsel einen Neuanfang. Einige beginnen zu studieren. Die Zurückgebliebenen sehen auf sie mit unverhohlener Verachtung herab. Sie sehen in der Aufnahme eines Studiums bereits den ersten Schritt einer Verbürgerlichung. Umso mehr müssen sich die Zurückgebliebenen abgrenzen – und sich radikalisieren. Je kleiner die Gruppe wird, desto stärker ist der Wunsch, etwas zu »machen«, nicht nur zu debattieren.

Mehrere Momente verstärken diesen Radikalisierungsprozess. Aus Sicht der Roten Hilfe hat der Staat in Stammheim seine Bereitschaft demonstriert, dass er vor nichts zurückschreckt. Die Antwort darauf könne nur sein, ebenfalls bis ans Limit zu gehen, also auch den eigenen Tod mit einzukalkulieren. Immer häufiger wird darüber gesprochen, sich zumindest mittelfristig »abzusetzen«. Die Überwachung durch den staatlichen Sicherheitsapparat nimmt nach dem Herbst 1977 zu. Nach zahlreichen Verhaftungen und Hausdurchsuchungen gibt es für die Wiesbadener um Grams nurmehr ein Leben in (Teil-)Konspiration.

Immer wieder werden auch Mitglieder der Gruppe vom Verfassungsschutz angesprochen. Manchmal geschieht dies beiläufig an einer Fußgängerampel, manchmal nach einer längeren Verfolgungsjagd. Mal laden die freundlichen Mitarbeiter des Kölner Amtes zu einer Tasse Kaffee ein, mal drohen sie unverhohlen, mal äußern sie Verständnis für die Radikalisierung und bieten einen Dialog an, um »Schlimmeres« zu verhindern. Auch Straffreiheit wird als Lockmittel zur Zusammenarbeit mit dem Verfassungsschutz eingesetzt, wenn Personen aus dem RAF-Umfeld bei einem Diebstahl festgenommen werden. Ein Ziel dieser Maßnahmen ist die Verunsicherung der Gruppe. Das Kalkül scheint aufzugehen. Das wechselseitige Misstrauen in der Roten Hilfe wächst. Wem ist überhaupt noch zu trauen? Wer hat die genügende Härte und Konsequenz, einer Anwerbung zu widerstehen? Es reicht aus, dass einem »Genossen« mangelndes politisches Bewusstsein oder fehlende Standfestigkeit nachgesagt wird. Es wird unterstellt, dass er leicht »umgedreht« werden könnte. Oft reichen bereits solche Urteile aus, jemanden auszugrenzen. Die Gruppe fängt an, sich in einem präparanoiden Zustand selbst zu zersetzen.

Ulli Heep macht besonders Birgit Hogefeld für ein Klima der Intoleranz und der Härte verantwortlich. »Das grenzte manchmal schon an Arroganz, wie wir, die nicht so drauf waren wie sie, von oben herab befehligt wurden.« Wer offen über die eigenen Schwierigkeiten und Ängste in Bezug auf den bewaffneten Kampf und seine Möglichkeiten reden will, wird von Hogefeld als »Psychotante« abgekanzelt. Das heißt: mit den eigenen Macken beschäftigt und damit unzuverlässig. Birgit Hogefeld nimmt diesen Druck auch bei sich selbst wahr. Jahrelang träumt sie davon, den Orgelbau zu erlernen, um ihr handwerkliches Geschick mit der musischen Begabung in einem Beruf zu vereinen. Nach dem Tod von Holger Meins zwingt sie sich zu einem Jurastudium, um als Rechtsanwältin die Haftbedingungen zu verändern.

Doch mit den überwachten und schließlich per Kontaktsperregesetz ganz verhinderten Besuchen zwischen Anwälten und RAF-Insassen glaubt sie nicht mehr daran – und bricht ihr Studium 1977 ab.

Ein weiteres gravierendes Moment im Prozess der Radikalisierung sind die inhaftierten RAF-Mitglieder. Die Toten sind längst zu Märtyrern geworden – sie gaben ihr Leben für einen politischen Kampf. Und darin steckt ein Handlungsimperativ: Ihr Tod soll nicht vergeblich gewesen sein. Wenn eine Überlegung der Stammheimer Häftlinge gewesen sein sollte, ihren als Mord kaschierten Suizid für die Neurekrutierung der RAF zu instrumentalisieren, dann wäre diese Strategie bei denjenigen aufgegangen, die nun mit dem Gedanken spielen abzutauchen. Grams, Böh und andere aus der Wiesbadener Szene zählen dazu.

Und die überlebenden Terroristen verstärken diesen Handlungsimpuls zusätzlich und üben unmittelbar Druck aus.

Birgit Hogefeld verlobt sich 1978, um eine Besuchserlaubnis zu erhalten, mit dem im rheinland-pfälzischen Schwalmstadt inhaftierten RAF-Mitglied Rolf Heissler. Das ändert jedoch nichts daran, dass sie der Sympathisantenszene zugeordnet wird und bei Rolf Heissler Besuchsverbot erhält. Lutz Taufer und ein paar andere kann sie dennoch ein paarmal besuchen. Sie befinden sich 1978 wieder im Hungerstreik. »Ich war mir sicher, sie zum letzten Mal lebendig zu sehen.« Einer sagt zu ihr, dass Leute wie sie »nur quatschen und nichts tun. Schwätzer können wir draußen nicht gebrauchen.« Hogefeld ringt damit, ihre Angst zu überwinden und abzutauchen. Praktisch kann sie sich diesen Schritt für sich nicht vorstellen.

Wolfgang Grams ist – im Gegensatz zu den meisten anderen in der Unterstützergruppe – durch seine Kontakte mit Willy Peter Stoll und Christoph Wackernagel lose mit dem Kern der verbliebenen RAF verbunden. Ab und an übernimmt er Kurierdienste und beschafft Unterkünfte. Von einem Abtauchen ist Wolfgang Grams noch weit entfernt. Es fragt ihn niemand, und er ist selbst dazu nicht bereit. Dennoch stellt sich für Grams und die verbliebenen Unterstützer die Frage nach der eigenen Bereitschaft zum Töten. »Bin ich auch dann bereit, einen Menschen zu erschießen, wenn ich über das Auskundschaften die Lebensweise des Opfers und damit den ›Menschen‹ mit seinen Vorlieben und Schwächen kennen gelernt habe?«

Anlass zu diesen Diskussionen ist ein Papier der ETA, worin Planung, Hintergründe und Überlegungen des Ende 1973 ausgeführten Mords an Luis Carrero Blanco offen gelegt sind. Blanco ist einer der engen Vertrauten des spanischen Diktators Franco und ist seit 1973 spanischer Premierminister. Er wird für die Hinrichtung zahlreicher baskischer Untergrundkämpfer mitverantwortlich gemacht. Monatelang wird er ausgekundschaftet. Dabei wird sein kompletter Tagesablauf erfasst und ausgewertet. Gerd Böh: »Der Folterknecht ist auch nie nur Folterknecht. Der hat auch Familie, einen Hund oder Kinder, die er liebt. Das zählt in dem Moment nicht. Wenn ich mir vorstelle, wie die RAF jetzt jemanden beobachtet hat, dass die das natürlich mitgekriegt haben, das persönliche Leben von jemandem. Was es bestimmt nicht leichter macht. Da muss man dann einfach darüber hinwegsehen und denjenigen nur in der Funktion sehen.«

12

Der bewunderte Gast

1978 verändern sich die Lebensumstände von Alfred Herrhausen grundlegend. Im Frühjahr kommt seine Tochter Anna zur Welt. Nach der Trennung von seiner ersten Familie empfindet Herrhausen den Wunsch, es »besser zu machen«. Er widmet sich Anna, wann immer er kann. Freunde der Familie beschreiben sie als »Vaterkind«.

Traudl Herrhausen öffnet ihm neue Bereiche. Sie vermittelt ihm, dass geschäftliche Gespräche auch zu Hause stattfinden können. Es macht ihr Spaß, spontan ein Essen für Gäste zu improvisieren. Herrhausen hat in der Zeit seiner ersten Ehe Reisen in Mittelmeerländer abgelehnt. Jetzt genießt er einen mehrwöchigen Segeltörn um die griechischen Inseln. Auf dieser Reise ist er für die Bank nicht erreichbar. Er kann erstmals loslassen. Nur bei Landgängen nimmt er hin und wieder telefonisch mit seinem Sekretariat Kontakt auf.

Nach den Morden an Ponto und Schleyer wird auch in der Deutschen Bank zum ersten Mal über ein Sicherheitskonzept für die Vorstands- und Aufsichtsratsmitglieder nachgedacht. Eine Sicherungsgruppe wird aufgebaut, sie setzt sich aus ehemaligen Polizisten, Bundesgrenzschützern, Feldjägern und Bundeswehroffizieren zusammen. Das hat auch Auswirkungen auf Alfred Herrhausens Leben, plötzlich sind bei den meisten beruflichen und privaten Terminen seine Personenschützer um ihn herum. Zusammen mit seiner Frau versucht er, die Sicherheitsleute in den Alltag zu integrieren. Fahrer und Personenschützer sollen keine Fremdkörper für ihn und die Familie sein.

Alfred und Traudl Herrhausen lernen die Namen der Personenschützer auswendig. Es ist ihnen wichtig, jeden mit Namen zu begrüßen. Alfred Herrhausen fährt mit den

Bewachern am Samstagnachmittag Rennrad, anschließend gibt es für alle Kaffee und Kuchen. An Heiligabend
werden die Personenschützer zur gemeinsamen Feier ins
Haus geholt, jeder erhält ein Hemd mit seinen Initialen.
Diese persönliche Aufmerksamkeit ist für die Personenschützer eine Ausnahme. Sie sind von anderen Vorstandskollegen gewöhnt, meist als lästiges Anhängsel angesehen
– oder als Ausweis der eigenen Bedeutsamkeit vorgeführt –
zu werden. Herrhausen muss sich diesen Respekt gegenüber seinen Bewachern nicht erst aneignen. Er zeigt
ihnen gegenüber eine ungezwungene Aufmerksamkeit,
die viele andere Kollegen in der Bank bei ihm vermissen. Für Herrhausen sind die Begegnungen mit Personenschützern frei von Interessen und Hintergedanken. Das
unterscheidet sie von den meisten Beziehungen innerhalb
der Bank.

Sehr viel weiter als bei den Personenschützern geht die
Nähe zu Jakob Nix. Er gehört quasi zur Familie. Alfred
Herrhausen fährt kaum einen Meter im Auto ohne ihn. Er
ist nicht nur dienstlicher Fahrer von Alfred Herrhausen – er
fährt ihn auch in den Urlaub oder begleitet Herrhausens
Mutter in die Kur. Jakob Nix' Ehefrau hat in diesen Jahren
nichts von ihm.

Alfred Herrhausen führt mit seiner Frau Traudl und seiner
Tochter Anna ein neues Leben. Gleichzeitig hegt er den
Wunsch, das zerrüttete Verhältnis zu seiner ersten Tochter
Bettina zu verbessern.

Bettina Herrhausen: »In den Jahren nach der Scheidung
bemühte sich mein Vater immer wieder um Kontakt zu
mir, aber ich habe jeden Brief und jedes Geschenk ungeöffnet zurückgeschickt.« Mit stoischer Hartnäckigkeit versucht Herrhausen wieder und wieder, den Kontakt zu ihr
herzustellen. »Erst gegen Ende meines Studiums 1982 brach
ich meine selbst auferlegte Kontaktsperre. Bezeichnender-

weise haben wir uns das erste Mal weit weg von zu Hause wieder gesehen – in New York. Ich machte damals mit einer Freundin eine Amerikareise, und mein Vater hatte beruflich dort zu tun. Da aber weiterhin seine neue Familie für mich absolut tabu war – Anna hab ich später ausgenommen, da sie ja letztlich unschuldig in die ganze Situation hineingeboren war –, beschränkten sich unsere Kontakte in der Folgezeit auf unregelmäßige Telefongespräche, meist vom Autotelefon aus, sowie jährlich drei bis vier Verabredungen zum Abendessen.«

Alfred Herrhausen richtet im Solinger Haus ein Gästezimmer für Bettina ein, das die Tochter jedoch nie betritt.

Beruflich ist er bis Ende der siebziger Jahre weit gekommen. Bei zahlreichen Aufgaben in der Bank hat er sich bewährt. Er saniert als Aufsichtsratsvorsitzender marode Unternehmen wie Stollwerck und Continental, bei Stollwerck scheint der Konkurs unabwendbar. Durch radikale Umstrukturierungs- und Rationalisierungsmaßnahmen rettet Herrhausen die Unternehmen. Damit gerät er in die Schlagzeilen – und wird auch von Gewerkschaftsseite als fairer und zuverlässiger Verhandlungspartner geschätzt.

Sein langfristiges Ziel ist, Sprecher der Bank zu werden; noch ist seine Zeit dafür nicht gekommen. Bislang führt Franz Heinrich Ulrich die Deutsche Bank als Sprecher und soll nun ausscheiden. Vorstand und Aufsichtsrat entscheiden sich für F. Wilhelm Christians und Wilfried Guth als Nachfolger.

Herrhausen gilt noch immer »als der bewunderte Gast in der Bank,« wie sein Kollege van Hooven sagt. Herrhausen wird durch die Erfolge immer selbstbewusster und arbeitet an seinem Image als Querdenker. Das nährt Vorbehalte unter den Vorstandskollegen. Er setzt sich mit Themen auseinander, die über den Bankenalltag hinausgehen. Dazu nutzt er seine zahlreichen Einladungen zu Vorträgen und Seminaren, in denen er deutlich macht, dass das Selbstverständnis der traditionsreichsten Bank im Land nicht unantastbar ist. Seine Freude, heikle Themen aufzugreifen und sie zur Diskussion zu stellen, seine rhetorische Begabung und Ausdruckskraft sorgen dafür, dass diese Vorträge öffentliche Ereignisse sind – mit entsprechendem Presse- und Medienecho.

Ein ums andere Mal ist die Frage nach der Macht der Banken sein Thema. Herrhausen ist sich bewusst, dass der »Geldschatten« der Bank in der Öffentlichkeit eher schadet. Er tritt in seinen Vorträgen die Flucht nach vorne an. »Ja, wir haben Macht, wir haben viel Macht.« Bereits dieses Eingeständnis bringt ihm harsche Kritik von Kollegen ein, die den in ihren Augen negativ besetzten Begriff der Macht lieber »Einfluss« nennen. Die Deutsche Bank steht gerade in den siebziger Jahren unter Dauerbeschuss nicht nur der linken Kritik. Ihr wird vorgeworfen, durch die Anhäufung wirtschaftlicher Macht einen zentralen, demokratisch nicht kontrollierten politischen Faktor in der Bundesrepublik darzustellen. Oft wird von der Deutschen Bank als der Frankfurter Schattenregierung gesprochen – auch weil die Bilanzsumme der Bank den gesamten Bundeshalt deutlich übersteigt.

Alfred Herrhausen akzeptiert diese Kritik. Doch er fordert einen genauen und differenzierenden Blick. Denn die Frage müsse sein, wie die Bank mit dieser Macht umgehe. Stellt sie Transparenz her? Wie verbindet sie ihre Macht mit gesellschaftlicher Verantwortung? Daran, und nur daran, müsse die Bank sich messen lassen.

Das ruft in der Bank Ablehnung und Misstrauen hervor. Alfred Herrhausen rüttelt an einem Grundtabu: dass über die Macht einer Großbank öffentlich gesprochen wird. Das Geschäft des Bankers wird als etwas Diskretes verstanden, für das das Licht der Öffentlichkeit eher kontraproduktiv sei. Zeigt sich hier nicht nur, dass da einer von außen gekommen ist und noch immer nicht dazugehört? Allzu viel Wahrheitsliebe, so sagt ihm ein älterer Kollege, sei »erfahrungsgemäß karrierehemmend«.

Ein Teil seiner Kollegen sieht in Herrhausens öffentlichen Auftritten eine Marketingstrategie. Ein Vorstandskollege zitiert – angesprochen auf Alfred Herrhausen in diesen Jahren – Caesar: »Lieber in der Provinz die Nummer eins als in Rom die Nummer fünf. In gewisser Hinsicht war Alfred Herrhausen jemand, der sich auch mit der Nummer eins in der Provinz nicht zufrieden gegeben hätte. Wenn, dann musste es die Nummer eins in Rom sein.«

Da der Weg an die Spitze der Bank noch nicht frei ist, sieht sich Herrhausen andernorts um. 1979 bietet sich eine Gelegenheit. Joachim Zahns Zeit als Vorstandsvorsitzender bei Daimler-Benz geht zu Ende. Alfred Herrhausen bietet sich als Nachfolger an. Für ihn ist der schwäbische Autobauer die Nummer eins der Nummer eins. Außer ihm sind noch Gerhard Prinz und Edzard Reuter als Nachfolger im Gespräch. Reuter schreibt in seiner Autobiographie über die Bewerbung Herrhausens: »In der Tat war er anscheinend naiv genug anzunehmen, dass er schon allein deswegen mit Jubel begrüßt würde, weil er sich zutraute, unser Haus erfolgreich zu führen.« Es ist dann nicht der Vorstand von Daimler Benz allein, der sich gegen Herrhausen entscheidet. Wilfried Guth, Vorstandssprecher der Deutschen Bank und Aufsichtsratsvorsitzender bei Daimler-Benz, ist derjenige, der im Hintergrund die Rolle des Königsmachers übernimmt – und seinen Vorstandskollegen auflaufen lässt. Edzard Reuter: »Aus vielen späteren Gesprächen weiß ich, wie sehr es ihn damals gekränkt hat, dass sein Interesse nicht auf spontane Gegenliebe im Vorstand von Daimler-Benz gestoßen war.« In der Bank bleibt angesichts des versuchten Abgangs ein Beigeschmack bei denjenigen zurück, die sich für Herrhausen seit Beginn seiner Tätigkeit in der Bank eingesetzt haben. Christians spricht »von einer gewissen Enttäuschung«.

Neben den Kontakten zur Industrie versucht Alfred Herrhausen in diesen Jahren seine Beziehungen zur Politik zu intensivieren. Besonders vertraut wird ihm dabei ein Politiker, der von seinem Charakter unterschiedlicher nicht sein kann: Helmut Kohl. Mitte der siebziger Jahre lernen sich Kohl und Herrhausen kennen. Das Pfälzisch-Burschikose des CDU-Politikers ist nicht die Welt von Herrhausen; umgekehrt hat Kohl »nie ein von höchster Sympathie getragenes Verhältnis zu Banken und Bankern gehabt«, wie er betont. »Die beiden vermittelten den Eindruck, befreundet zu sein, wobei ich gar nicht so genau weiß, wie das funktioniert hat. Wer Kohl kennt, der weiß sehr genau, dass Kohl sich auf politische Freundschaften nur so lange einlässt, wie er wirklich Nutzen davon hat. Der konnte Leute eiskalt im Schnee stehen lassen. Das wusste Herrhausen und hat sich deshalb sehr klug und sehr selektiv mit Kohl bewegt«, so der Vorstandskollege van Hooven.

Für Helmut Kohl beginnt eine Freundschaft da, wo »zwei Männer über ihre Mütter sprechen. Viele, die gar nicht in dem Ruf stehen, sich zu öffnen, zeigen sich dann doch, wenn das Gespräch auf die eigene Mutter kommt.« Kohl weiß, dass er dann Vertrauen haben kann. »Da muss man nicht protokollarisch einwandfrei reden, sondern da findet man sich als normaler Mensch wieder.« In diesem Sinn ist es Freundschaft, die ihn mit Alfred Herrhausen verbindet.

Sie sehen sich nicht oft. Meist telefonieren sie einmal in der Woche miteinander.

Für Alfred Herrhausen ist der Wirtschaftskurs der sozialliberalen Regierung unter Helmut Schmidt Anlass zu harscher Kritik. Die Staatsverschuldung ist immens gestiegen, im Haushalt 1982 fehlen über sieben Milliarden Mark. Für

Mit Helmut Kohl

Herrhausen sind deshalb Einschnitte im sozialen Netz unumgänglich. 1981 fordert er eine Wende in der »Anspruchspolitik«:

»Die Anzahl der in den Markt eingreifenden Gesetze, Verordnungen, Erlasse und Maßnahmen ist rapide gestiegen; die Zahl der im öffentlichen Dienst Beschäftigten nimmt zu ... Der Anteil der Staatsausgaben am Sozialprodukt einschließlich Sozialversicherungen hat sich seit 1970 von 38 Prozent auf 48 Prozent erhöht. Und das Ergebnis? Mehr Staat hat bei uns ... nicht zu mehr Wohlfahrt, mehr Wachstum, mehr Gerechtigkeit und mehr Zufriedenheit geführt.

Jedoch sind die Abhängigkeiten jedes Einzelnen vom
bürokratischen Apparat gewachsen, seine Freiheitsräume
haben sich verengt, eine spürbare Staatsverdrossenheit
greift um sich. ... Wir müssen erkennen, dass es falsch ist,
auf die wirtschaftlichen und gesellschaftlichen Veränderungen immer nur mit mehr anstatt mit weniger Staat zu
antworten. ... Gewiss gibt es in unserer wie in jeder
Gesellschaft zahlreiche Fälle sozialer und wirtschaftlicher
Not. Manche mögen vorübergehend oder dauernd der
Hilfe benötigen. Für sie sollten der Staat, die Gemeinschaft
da sein. Die Mehrzahl der Menschen kann sich selbst helfen – je freier die Gesellschaft ist, in der sie leben, desto
eher. Wir gefährden diese Eigenschaft, zerstören das
Selbstvertrauen und den Mut zur Lebensbewältigung aus
eigener Kraft, wir provozieren Hilfsbedürftigkeit – wenn
wir zu viel staatliche Hilfe anbieten, womöglich zum Null-
tarif.«
(»Denken – Ordnen – Gestalten«, S. 328f.)

Seine Forderungen nach »weniger Staat« und einer libera-
len Wirtschaftspolitik decken sich weitgehend mit Kohls
Politik. Als dieser am 1. Oktober 1982 zum neuen Bundeskanzler gewählt wird, zählen Alfred und Traudl Herrhausen
zu den ersten Gratulanten.

Auf Bitten Helmut Kohls erarbeitet Herrhausen nach
1982 als einer von drei »Stahlmoderatoren« ein Konzept,
das eine Konzentration der deutschen Stahlindustrie in
zwei großen Gruppen vorsieht. Doch der Plan scheitert am
Widerstand des bundeseigenen Salzgitterkonzerns. Herrhausen beklagt sich bei Kohl und fordert Konsequenzen –
ohne Erfolg. »Der Herrhausensatz ›Krisenbewältigung erfordert oftmals Schonungslosigkeit der Führungskräfte gegen
sich selbst‹ gehört wohl zu jenen Überzeugungen, die der
Kanzler nicht teilt«, schreibt der »Spiegel« dazu. Solche
Irritationen tun der Freundschaft keinen Abbruch. Beide

verbindet ihre Zugehörigkeit zu den »weißen Jahrgängen«, sie haben am Zweiten Weltkrieg nicht teilgenommen und akzeptieren die besondere Verantwortung der Bundesrepublik durch Krieg und Holocaust. Aber sie sind sich auch darin einig, Deutschland aus dem Schatten der Schuld herauszuführen.

An der Nahtstelle zwischen Bank, Industrie und Politik steht noch eine andere für Alfred Herrhausen wesentliche Freundschaft: die zu Graf Henckel von Donnersmarck oder, wie er lieber genannt wird, Herr Augustinus. Er ist Mitglied des Prämonstratenserordens, lebt mit seinen Ordensbrüdern in einem Haus in der Düsseldorfer Altstadt und ist bis 2000 der Bevollmächtigte der Katholischen Kirche beim Landtag in Nordrhein-Westfalen. »Wenn man von religiöser Frage spricht, liegt bei mir der Akzent auf religiös, bei Alfred lag der Akzent auf ›Frage‹. Deshalb waren Alfred und ich ein gutes Paar.« Augustinus ist davon überzeugt, dass Alfred Herrhausen ihn mehr gebraucht hat als er ihn. »Und zwar einfach deswegen, weil er in seinem Leben Menschen gesucht hat, die für ihn so etwas waren wie Messpunkte. Er hat ja nicht wirklich viele Freunde gehabt, um Flächen und Höhen zu bestimmen, die außerhalb seines normalen Feldes gestanden haben.«

Augustinus ist derjenige, der als einer der Ersten die unzureichenden Sicherheitsvorkehrungen im Wohnhaus der Herrhausens anprangert und auf Abhilfe drängt. Von einem nahen Aussichtsturm ist das gesamte Haus einsehbar, insbesondere der Arbeitsbereich von Alfred Herrhausen. Die Sicherheitsfrage ist einer der Streitpunkte zwischen den beiden. Herrhausen zeigt einen gewissen Fatalismus: »Letztendlich sind wir alle in der Hand Gottes.« Augustinus denkt pragmatischer: »Ich glaube an das erste Gebot der Heilsökonomie: Gott tut nichts, was der Mensch selber tun kann. Und Panzerglas einzubauen, das

ist keine Sache Gottes, sondern eine Sache des Menschen.« Im gesamten Haus wird das einfache Fensterglas
durch Panzerglas ersetzt. Dazu kommen Bewegungsmelder
und Videoüberwachung.

»Alfred Herrhausen«, so Augustinus, »hat es immer gewusst und auch eingerechnet, dass es eines Tages genau so
zu einem Ende kommen wird, wie es dann de facto geschehen ist.«

13
Abtauchen in den Untergrund

Am 6. September 1978 sitzt Willy Peter Stoll in einem China-Restaurant in der Düsseldorfer Innenstadt. Es ist noch früh am Abend, das Lokal ist fast leer. Nur an einem der Tische sind zwei jüngere Männer in ein Gespräch vertieft. Als zwei weitere Herren das Lokal betreten, stehen auch die beiden Gäste auf. Doch statt zu ihren Mänteln an der Garderobe zu gehen, ziehen sie plötzlich ihre Waffen. Willy Peter Stoll ist umringt. Einige der Männer brüllen: »Polizei, Hände hoch!« Willy Peter Stoll soll, so sagen die Beamten des Sondereinsatzkommandos später, die Hände nicht erhoben haben. Er habe versucht, die in seiner Hose steckende Pistole zu ziehen. Die Beamten schießen sofort. Stoll wird von mehreren Schüssen getroffen und stirbt kurze Zeit später. Die Beamten berufen sich auf Notwehr.

Dieser Tod ist für Wolfgang Grams und seine Freunde der Beleg, dass der Staat mit der »Kill-Fahndung« Ernst macht. Vier Tage später glaubt Wolfgang Grams, selbst das nächste Opfer zu werden. Am 10. September 1978 ist er mit mehreren Freunden auf dem Weg zu seiner Wohnung in der Wiesbadener Innenstadt. Plötzlich bedrohen sie Polizisten mit Maschinenpistolen. Grams wird zu Boden geworfen, Handschellen werden ihm angelegt. Er wird nach Karlsruhe gebracht, wo ihm ein Ermittlungsrichter des Bundesgerichtshofs den Haftbefehl vorlegt. Das BKA glaubt, einen wichtigen »Verbindungsmann« zur RAF festgenommen zu haben.

Das Beweismaterial gegen Wolfgang Grams ist allerdings dünn. Die Bundesanwaltschaft bemüht sich, über die Besetzung des Büros von Amnesty International 1974 in Hamburg eine Verbindung zwischen Grams und der RAF zu konstruieren. Zum Beleg wird ein bereits eingeleitetes eige-

nes Ermittlungsverfahren gegen die Rote Hilfe Wiesbaden
angeführt. Die Bundesanwaltschaft ermittelt gegen die Grup-
pierung wegen der Unterstützung einer terroristischen Vereinigung. Wolfgang Grams ist Mitglied der Roten Hilfe –
und damit Teil auch dieses Ermittlungsverfahrens. Der eine
Verdacht wird also mit einem anderen gestützt. Ein Fund-
stück deutet einen Kontakt zwischen dem Kern der RAF
und Grams an, beweist ihn aber nicht: das Adressbuch von
Willy Peter Stoll. Unter dem 6. September, Stolls Todestag,
sind eine Telefonnummer und die Uhrzeit 16.00 verzeichnet. Es ist die Nummer des Wiesbadener Cafés Kaiplinger.
Aus der Überwachung der Roten Hilfe ist bekannt, dass
Kuriere sich häufig in Cafés und Restaurants von RAF-
Mitgliedern unter falschem Namen anrufen ließen. Bei der
Befragung des Bedienungspersonals erinnert sich eine
Kellnerin, dass ein junger Mann ihr gegen vier Uhr nach-
mittags mitgeteilt hätte, er erwarte einen Anruf. Als die
Bedienung durch das Lokal ruft, ein Herr Schmidt würde
am Telefon erwartet, sei er aufgesprungen und zum Telefon
»gestürzt«. Drei Minuten soll er »leise« telefoniert haben.

Ermittlungsbeamte legen dem Personal des Cafés verschiedene Fotos vor. Die Kellnerin erkennt darauf sofort
Wolfgang Grams. Bei dem Anrufer kann es sich nach
Ansicht der Ermittler nur um Willy Peter Stoll gehandelt
haben, der drei Stunden später bei einem Schusswechsel
mit der Polizei stirbt. Am folgenden Tag besucht Grams ein
anderes Wiesbadener Café. Dort beobachten ihn Zivilfahn-
der. Möglicherweise bemerkt er das und verlässt deshalb
das Café sofort wieder. Dieser zweite Cafébesuch wird
von der Bundesanwaltschaft als Beweis angesehen, dass er
erneut versucht habe, mit der RAF in Kontakt zu treten.

Wolfgang Grams erhält strenge Einzelhaft. Ihm wird
Flucht- und Verdunklungsgefahr unterstellt.

Liebe Ulli,
habe eben deinen Brief reingekriegt, ich musste ihn noch
gar nicht öffnen, da kam mir schon ein Schwall von eurem
Patschuli Moschus entgegen. Das war ein richtiger Genuss
in der Sterilität hier. Schütte doch das nächste Mal noch 'n
paar Tropfen extra dazu. Ich bin mittlerweile nach Preun-
gesheim verlegt worden. Das ist wirklich ein Scheißknast
hier. Es fiel mir sofort das Plakat ein: Kulturdenkmäler des
Faschismus. So was Perverses von Schutzvorkehrungen
habe ich mir früher nie so richtig vorstellen können. Vorm
Fenster normales Eisengitter, dahinter Fliegendraht, aber
nicht gegen die Fliegen, sondern gegen die Augen, gegen
den Kopf, etwa in der Größe von zwei Quadratzentimeter.
Und dahinter 'ne Betonabschirmung. Sichtblende. Bleiben
übrig nach oben 20 Zentimeter Streifen Himmel, die Hälfte
davon noch Beton von gegenüberliegenden Stockwerken.
Guck ich in die Wolken, seh ich Gitter. Guck ich in die
Gitter ... ach nee, das mach ich einfach nicht mehr. Und nach
unten zehn Zentimeter dreckiger Rasen. Die Zelle selber ist ein
Loch. Wohn-Schlaf-Arbeits-Wasch- und Klozimmer in einem;
dreckig; außen das Namensschild, 741, strenge Einzelhaft ...
(Brief von Wolfgang Grams an Ulli Heep, 21. September 1978)

Wolfgang Grams erlebt nun am eigenen Leib die Haftbedingungen, gegen die er sich seit langem einsetzt. Während
seines Einzelhofganges hat er keine Möglichkeit, mit anderen Gefangenen zu sprechen, er trägt Anstaltskleidung, seine
Zelle wird täglich durchsucht, und die Deckenbeleuchtung
wird nachts in Abständen eingeschaltet, damit er beobachtet werden kann.
An die Eltern und den Bruder schreibt er:

Das sind ja fromme Wünsche, die ihr mir da zukommen
lasst. Aufrichtig und gut gemeint, ich glaub's schon und will
es nicht anzweifeln. Nur, was hilft mir hier der liebe Gott,

was fang ich mit ihm an? Er war von eh und je ein Hirngespinst – Feuer, Wasser, Erde, Licht –, alles was der Mensch sich nicht erklären konnte, war göttlich. Das hat sich bis heute nicht geändert. ›Ihre göttliche Majestät‹, ›von Gott gewollte Ordnung‹, ›Die Macht der Kirche‹ – ein aufgeblähter Mystizismus. Was davon übrig geblieben ist, zeigt sich in der Ideologie derjenigen, die diesen ganzen Plunder verinnerlicht haben. Und ihr sagt ja auch immer ›Man kann da sowieso nichts machen‹ oder ›Es ist halt alles Schicksal‹. Daraus folgt zwangsläufig die Resignation, die Jammerei, das Sich-Einfügen in die Machenschaften derjenigen, die einem alles vorsetzen können – die Herrschenden. Oben stehen die Machthaber aus Politik, Wirtschaft und Militär (und früher auch die Kirche) –, die wenigen, die viel haben, und unten die vielen, die wenig haben, mit denen gemacht wird. Und deshalb zieht sich eine tiefe Kluft über die ganze Welt. Es herrscht Krieg zwischen diesen beiden Fronten; ein schon Hunderte oder Tausende von Jahren andauernder Krieg, der noch lange nicht beendet ist. Der Krieg heißt Befreiungskrieg, und überall wird erbittert gekämpft. Die Befreiungsbewegungen aus der 3. Welt gehen uns da mit gutem Beispiel voran. ... Und wir hier in der Metropole müssen uns auch entscheiden, auf welche Seite wir uns begeben wollen. »Es gibt keinen klugen, freundlichen Platz zwischen Mündungsfeuer und Aufschlag«, schreibt Christian Geissler in seinem Buch: »Wird Zeit, dass wir leben«. – Also, was soll sich denn »alles zum Guten wenden« – und vor allem: Wer soll's denn wenden, wenn wir's nicht wenden. Was meinst du also damit? Dass ich rauskomme? Wär ja dufte, aber was ist dann? Sie werden nicht aufhören, jeden Widerstand so früh wie möglich zu brechen. Hört doch auf, das, was hier abläuft, als persönliches Missgeschick oder gar als familiäres Unglück zu begreifen. Ich denk, es wird außer mir noch Leute geben, die euch dabei helfen. Macht's gut und lasst euch nicht so hängen.

(24. September 1978)

Von Eltern und Bruder fordert Grams die Auseinandersetzung mit seiner politischen Haltung. Die Haftbedingungen sieht er als Bestätigung für seine Deutung der gesellschaftlichen und politischen Verhältnisse.

Liebe Eltern, Rainer,
… Ich glaube, ihr habt euch noch nicht ein einziges Mal Gedanken über die weiße Folter gemacht. Hier gibt es nicht so viel physische Brutalitäten wie zum Beispiel in Ländern der 3. Welt. Hier ist das langfristiger angelegt, jemanden aus der Welt zu schaffen. Hier heißt das Totalisolation, oder bei einer möglichen nächsten Aktion der Guerilla – Kontaktsperre, die letztes Jahr während der Schleyer-Entführung ganz kurzfristig eingeführt wurde. Es gibt genügend Material über den ganzen Dreck und auch Leute, die euch ein paar Tipps geben können. Natürlich muss da auch Initiative von euch ausgehen, sofern ihr das überhaupt wollt. Ich will jedenfalls wissen, wie ihr das diskutiert, sonst kommen noch mehr solcher begriffslosen Fragen auf mich zu. Wenn ich z. B. eine Schreibmaschine haben will – »Willst du dich hier noch länger einrichten?« – Als ob das bei der Faschisierung des Staates von mir abhinge. …
Au weia, jetzt habe ich mich erst mal ausgekotzt. Macht das doch auch mal. Wie's euch geht. Was die Verwandten sagen. Wie die Nachbarn schief gucken und was euch noch so zu schaffen macht. Behaltet 'nen klaren Kopf und nicht so viel schlaflose Nächte. Das hilft nix.
Macht's gut, bis bald
Schickt mir doch bitte das Buch »Der SS Staat« von Eugen Kogon. Ihr könnt es ja vorher selber lesen. Ist ja auch über eure Vergangenheit.
(Brief vom 1. Oktober 1978)

Werner Grams beginnt, sich mit den Haftbedingungen seines Sohnes auseinander zu setzen. »Wie ich dann hörte,
dass er sich nach unserem Weggang nackt ausziehen musste
und dann untersucht wurde bis zum i-Tüpfelchen, dann hat
sich mir praktisch der Magen umgedreht. Ich konnte das
einfach nicht packen.«

Als verfügt wird, dass alle Besuche nur noch in einem mit
Trennscheibe gesicherten Raum durchgeführt werden, wendet der Vater sich brieflich an den hessischen Justizminister,
um gegen die Unterbringung und Behandlung seines Sohnes zu protestieren, doch er erreicht nichts.

Ich hab seit meiner Verhaftung kein vernünftiges Wort
mehr mit jemand gequatscht. Ist hier tot also mit allem
Drum und Dran. Die rennen hier immer zu dritt mit mir
durchs Gebäude, wenn Hofgang oder Duschen ist. Manchmal hab ich auch kein Bock zum Hofgang, weil mir dann
die Stunde flöten geht. Du wirst es kaum glauben, aber die
Zeit reicht nicht aus. Es gibt viel zu machen. Ich kann viel
von dem nachholen, was ich früher zu wenig gemacht
habe. Gleich ist schon wieder 10 Uhr, und die schalten das
Licht ab, gerade wenn ihr euch in die Kneipe aufmacht.
Sauft nicht so viel (du ja eh nicht). Habe gerade so 'n Brecht-
Band vor mir. Denken ist etwas, das auf Schwierigkeiten
folgt und dem Handeln vorausgeht.
Machs gut du
Grüß die anderen
(Brief an Jürgen Schneider, 2.Oktober 1978)

Die Post an und von Wolfgang Grams wird vom Ermittlungsrichter gelesen – und zensiert. Wenn Grams zu seinem
Verfahren Stellung nimmt, werden die Briefe nicht weitergeleitet. Post an seine Freunde benötigt in der Regel zwei
bis drei Wochen, Briefe von den Freunden an ihn ähnlich
lange; politische Informationen aus dem »antiimperialis-

tischen Zusammenhang«, Handzettel, Broschüren oder Bücher, werden beschlagnahmt. Trotz dieser Einschränkungen pflegt Wolfgang Grams enge Briefkontakte. Neben den Eltern, Jürgen Schneider und Ulli Heep schreibt er sich mit seiner langjährigen Freundin Roswitha Bleith.

… So hatte ich mir die nächste Begegnung eigentlich nicht vorgestellt. Bevor du in Urlaub gefahren bist, waren unsere Auseinandersetzungen schon ziemlich kompliziert, und 'n Stück auswegslos. Hatte mir gedacht, mal gucken, wenn Du wiederkommst, vielleicht kriegen wir das 'n bisschen besser hin. Nun müssen wir's, wenn's überhaupt geht, halt so versuchen. Wir können uns die Bedingungen heute und die, die uns noch erwarten, nicht aussuchen, so einfach werden uns die Schweine das nicht machen.
Ich hab gerade bei Che gelesen, wir müssen uns Zeit nehmen, die gefallenen Genossen zu beweinen, während wir die Machete schärfen …
Abends ist hier immer ein Mordslärm. Manche Leute beschimpfen sich auf's übelste. Anstatt das gegen diejenigen zu richten, die wirklich eklig sind. Und dass Knast auch 'n unbewältigtes Problem von sexuellen Nöten darstellt, hört man hier auch jeden Abend von neuem. Meistens schweinisch. Mein Problem war's bisher noch nicht. Das wird noch kommen. Erstmal so weit. Gleich ist wieder Nacht. 10 Uhr.
Mach's gut, und grüß die anderen.
Falls Wiesbadens neuer Buchladen auch Bücher für Gefangene verschickt, hätte ich gerne »Das andere Geschlecht« von Simone de Beauvoir.
(Brief an Roswitha Bleith, vom 5. Oktober 1978)

In Roswitha Bleiths Achtung steigt Grams durch den Gefängnisaufenthalt noch weiter. »Ich hab das gesehen als Fortsetzung seiner Konsequenz. Und dass er dafür auch in

Kauf nimmt, in den Knast zu kommen. Das fand ich schon bewundernswert, so entschieden zu sein. Ich war mir klar, dass ich das nie durchstehen könnte.«

In seinen Briefen beginnt Wolfgang Grams, Notwendigkeit und Risiken eines »bewaffneten Kampfes« zu reflektieren.

Es geht in der Hetze gegen uns immer darum, eine Minderheit zu konstatieren. 5 gegen 50 Millionen, so fing's wohl an. Das macht heute natürlich so manchem ein Problem ›Nicht alleine übrig bleiben‹ , ›Stimmt das denn auch alles‹, ›Zweifel‹ usw. Na klar sind wir sehr wenige, eine Minderheit in diesem verkommenen Staat. Die Augen gehen auch erst dann ein Stück weiter auf, wenn wir weit über die Grenzen sehen... Dann verändert sich dieses beknackte Verhältnis, dann heißt dieses Problem Krise, es heißt Krieg.
(Brief an Ulli Heep vom 9. Oktober 1978)

Die Auseinandersetzung mit den Eltern und dem Bruder Rainer nimmt an Schärfe zu. Wolfgang Grams greift vor allem die Mutter massiv an.

Überleg doch mal ein bisschen, du Spielball der Ewigkeit. Frieden, Gerechtigkeit, Geborgenheit wird es so lange nicht geben, bis der letzte Militarist, Kapitalist, Faschist, Imperialist und wie die Profitgeier auch heißen mögen vom Erdboden verschwunden ist. Nicht eine Sekunde früher und das auf der ganzen Welt. ...
Einen klaren Kopf und dann los
Tschüs, ihr drei Bürger
(Brief vom 17. Oktober 1978)

Bei einem Besuch wenige Tage später beginnt der Vater Fragen zu stellen. Er will wissen, wie sein Sohn »in dieser Angelegenheit verstrickt ist«. Wolfgang antwortet ihm schriftlich:

Lieber Werner,
verstehe ich schon, dass ihr das wissen wollt. Aber es gibt
Leute, die sind da noch stärker dran interessiert. Da ich
mich von Anfang an geweigert habe, dazu überhaupt Stellung zu nehmen, werde ich das überhaupt auch jetzt nicht
anders handhaben. Für mich ist das auch gar nicht die
Frage, ob das nun so war oder anders oder vielleicht überhaupt nicht. Eben weil die ganze Sache kein Einzelfall ist,
sie also bestimmten politischen Bedingungen unterliegt,
die wir erkennen müssen, um zu überlegen, was man dagegen machen kann. Das Ziel ist offensichtlich: die Aus-
schaltung bzw. Ausrottung jeglicher Art von Widerstand,
damit im Innern der BRD ein Zustand herrscht, der nicht
anders als mit Friedhofsruhe zu bezeichnen ist. … Sie, die
Machthaber, müssen diejenigen, von denen sie glauben,
dass sie vielleicht eines Tages mal selber die Waffe gegen
diesen Staat zum Kampf in die Hand nehmen, einsperren –
das ist Vorbeugehaft, Schutzhaft. Da ist mit rechtsstaat-
lichen juristischen Kategorien nix auszurichten. In dubio
pro reo gehört der Vergangenheit an, wenn's das für Politische jemals gegeben hat. Mir macht das klar, dass das
System auf Macht, Herrschaft und Gewalt beruht, nix mit
Freiheit, Gleichheit, Brüderlichkeit zu tun hat und dass die
Terroristen woanders zu suchen sind als im Knast, in der
Illegalität oder auf dem Friedhof.
(Brief vom 20. Oktober 1978)

Wolfgang Grams tritt am 11. November 1978 aus Protest
gegen seine Haftbedingungen in den Hungerstreik. Darauf
wird gegen ihn verfügt: Entzug des täglichen Aufenthaltes
im Freien, Entzug der Einkaufsmöglichkeiten, Beschrän-
kung von Zigaretten auf sechs Stück, des Kaffee- bzw. Tee-
genusses auf dreimal zwei Tassen täglich. Als sein Gesundheitszustand bedenklich wird, wird Wolfgang Grams nach
Kassel verlegt. »An einem kalten Novembertag wird Wolf-

gang in Unterhosen und in Latschen in einem nicht beheiz-
ten Gefangenentransporter nach Kassel gefahren. Und er
ist durch den Hungerstreik schon deutlich geschwächt«, wie
sich Werner Grams erinnert. Der Vater reagiert sofort mit
einer Dienstaufsichtsbeschwerde, als er von den Vorkomm-
nissen erfährt. Doch auch damit erreicht er nichts. In Kassel soll mit der Zwangsernährung begonnen werden. Der
zuständige Anstaltsarzt weist darauf hin, dass solche Maßnahmen auch manchmal tödlich enden können. Doch dann
erhält Wolfgang Grams überraschend Hafterleichterungen.
Er soll in den Normalvollzug kommen. Einzige Einschrän-
kung ist, dass er mit anderen U-Häftlingen, gegen die ein
Verfahren wegen der Unterstützung einer terroristischen
Vereinigung läuft, nicht zusammenkommen kann. Besuche
sollen weiterhin mit Trennscheibe stattfinden. Er bricht den
Hungerstreik daraufhin ab.

An die Eltern schreibt er:

»Das war eine irre Freude, als ich am Donnerstag wieder
mit ein paar Menschen zusammenkam. ... Das war überhaupt ein Tag wie Weihnachten. Ich hab all meine Sachen
wiedergekriegt, auch Tabak, Umschluss gehabt, Tischtennis
gespielt. Abends konnte ich lange nicht einschlafen vor
lauter freudiger Erregung.«
(Brief vom 3. Dezember 1978)

Die Eltern versuchen ihrem Sohn in den weiteren Wochen
der Haft zu vermitteln, dass sie ihn verstehen. Seinen politischen Ausführungen können sie jedoch nicht folgen. Werner Grams setzt in einem Brief wiederholt an, »sich da hin-
einzuversetzen«, doch es gelingt ihm nicht. Er erinnert sich
an ein Gespräch, das ihn noch immer aufwühlt: »Ich habe
damals zu ihm gesagt: ›Wolfgang, es ist deine Entscheidung,
was du in deinem Leben tust. Aber auf alle Fälle steht dir
dein Elternhaus immer offen.‹« Er weiß bis heute nicht,

was er mit diesen Worten ausgelöst hat: »Der Wolfgang war ein Mensch, der nicht sofort reagiert hat. Er hat alles aufgenommen und verarbeitet. Und hat erst später seine Meinung dazu geäußert. Vielleicht war es manchmal ein bisschen zu spät.«

Das Verfahren wird nach einem knappen halben Jahr wegen geringen Tatverdachts an das Frankfurter Oberlandesgericht abgegeben, das den Haftbefehl aufhebt. Weder sei Grams eine Mitgliedschaft noch die Unterstützung einer terroristischen Vereinigung mit der erforderlichen Sicherheit nachzuweisen. Nach 152 Tagen Haft kommt er am 7. Februar 1979 frei.

Die Eltern feiern die Freilassung ihres Sohnes in der Kanzlei des Frankfurter Anwalts. Es gibt Sekt, doch eine gute Stimmung will nicht aufkommen. Die Monate im Gefängnis haben Wolfgang Grams in der Ablehnung der Bundesrepublik bestätigt. Werner Grams sieht es heute so: »Der Staat schafft sich seine Feinde selber. Der Wolfgang hat 152 Tage unschuldig gesessen. Später hat man ihm dafür zehn Mark pro Tag Haftentschädigung bewilligt. Für Wolfgang war der Punkt erreicht, wo er sich gesagt hat: Jetzt ist Schluss, die können nicht alles mit mir machen.«

Anderthalb Jahre später, am 26. Juli 1980, spricht Wolfgang Grams konkret über die Frage, in den Untergrund abzutauchen. Am Tag zuvor sind zwei RAF-Mitglieder, Juliane Plambeck und Wolfgang Beer, bei einem Autounfall ums Leben gekommen. Die Wiesbadener Unterstützergruppe trifft sich. Böh und Grams sind mit dabei. Gerd Böh ist aufgewühlt, verlässt mit Wolfgang Grams das Treffen und sagt, dass er dieses ewige Reden und Palavern nicht mehr ertragen könne. Grams schaut seinen Freund lange an. »Dann fragte er mich«, so erinnert sich Gerd Böh, »ob ich es ernst meine mit meinem Wunsch, endlich was zu tun. Damit hat er gemeint, ob ich bereit sei, bewaffnet zu kämpfen. Ich habe damals nichts darauf geantwortet.« Böh hat vor diesem Schritt Angst. »Das hatte ich damals nicht zugelassen, weil das nicht in das Bild passte, was ich von einem Revolutionär hatte. Und trotzdem habe ich mir nichts sehnlichster gewünscht, als diesen Schritt in den Untergrund zu machen. «

In den nächsten Jahren bereiten sich beide gründlich darauf vor. Grams ist seinem Freund gegenüber im Vorteil, denn ihm gelingt es, in Gefahrensituationen Ruhe und Disziplin zu bewahren.

»Uns fehlten die für den Untergrund notwendigen praktischen Fähigkeiten. Wir hatten nicht in der Bundeswehr gedient. Vieles, was für einen bewaffneten Kampf nötig sein konnte, mussten wir uns selbst beibringen«, so Gerd Böh.

Einer der Bereiche, in denen sie sich üben, ist das Einbrechen in geschlossene Gebäude. Mit speziellen Werkzeugen fahren sie zu einem verlassenen Haus im Wiesbadener Wald. Dort versuchen sie, Fenster mit einem Glasschneider leise zu öffnen. »Wolfgang hat mir das alles gezeigt. Mit der Zeit hab ich es fast so gut hinbekommen wie er.« Manchmal gehen die beiden tagelang Wälder ab und schauen, wo man Verstecke anlegen könnte.

Aber nicht alle Vorbereitungen sprechen sie ab. Gerd Böh fährt nach Hause zu seinen Eltern, sucht sich Fotoalben und andere Tüten mit Fotos hervor und vernichtet alle Bilder, auf denen er zu sehen ist. Er befürchtet, dass diese Fotos von der Polizei beschlagnahmt würden. Wolfgang Grams belässt den Eltern die Fotos. Möglicherweise ahnt er, dass er sein Aussehen ohnehin grundlegend verändern müsste – und die Jugendfotos für Fahnder nicht zu gebrauchen seien.

Manchmal verschwinden die beiden für einige Tage, um sich mit anderen aus Unterstützergruppen zu treffen. Dieses vorübergehende Abtauchen verläuft nach einem festen Plan: Sie studieren zunächst das Bahn- und Buskursbuch, um blitzschnell die Verkehrsmittel wechseln zu können. Manchmal sind sie erst nach zwei Tagen des permanenten Ortswechsels sicher, eventuelle Verfolger abgeschüttelt zu haben. »Da fing das Leben an. Das war wie eine Befreiung, sich öffentlich zu bewegen und dabei sicher zu sein, dass man jetzt nicht unter Kontrolle steht.« Für Böh sind solche Momente auch Höhepunkte der Freundschaft mit Wolfgang Grams. »Das war eine sehr intensive Erfahrung, das zusammen zu machen.«

Vor dem Schritt in die Illegalität gilt es außerdem, eine absolute Verschwiegenheit zu üben. Aus Sicherheitsgründen weiß jedes Gruppenmitglied nur darüber Bescheid, woran es unmittelbar beteiligt ist. Das gilt auch für Gerd Böh und Wolfgang Grams, der manchmal für ein paar Tage zu Kurierdiensten verschwindet. Darüber wird nie zwischen den beiden gesprochen. Der Hang zum Konspirativen führt zu einer generellen Sprachlosigkeit. Gerd Böh liest in der Zeitung von einem Banküberfall, der in der Zeit passiert ist, als Wolfgang Grams »weg« war. Zu einem späteren Zeitpunkt fragt er vorsichtig nach, ob Grams damit etwas zu tun habe. Der empört sich gegen die unsinnige Frage. Die wachsende Konspiration bringt Gerd Böh manchmal gegen Wolfgang Grams auf. »Das geht gegen die Erwartungen, die in einer Freundschaft sonst Maßstäbe setzen. Immer öfter ist etwas von Misstrauen zwischen uns zu spüren.«

Jeder Schritt in den Untergrund wird in dem kleinen Kreis um Wolfgang Grams systematisch vorbereitet. Einmal sucht Böh eine »Genossin« auf; es geht um die Frage, ob sie bereit sei, verbotene Unterlagen in ihrer Wohnung zu verstecken. Sie selbst ist sofort einverstanden – trotz des damit verbundenen Risikos, ein Verfahren wegen Unterstützung einer kriminellen Vereinigung zu bekommen. Doch diese Bereitschaft alleine genügt Böh nicht. Sie wird einem Verhör unterzogen. Ob die Genossin denn auch wirklich politisch hinter den Materialien stehen würde? Nach einem langen und quälenden Gespräch nimmt Gerd Böh die Unterlagen wieder mit. Der Genossin wird mangelnde politische Entschlossenheit unterstellt. Heute nennt Gerd Böh diese Prozeduren »Gehirnwäsche«.

Dieser hartnäckigen, mitunter gnadenlosen Selbstbefragung unterziehen sich Böh und Grams auch gegenseitig. »Wir haben nachts zusammen gesessen und uns immer wieder zu heiklen und schmerzhaften Punkten in unserem Verhalten befragt. Jeder Schwachpunkt, jede Angst, jede Unsicherheit wurde ans Licht gezogen, fokussiert und rückhaltlos analysiert. Versuche, sich herauszureden, wurden erkannt und entsprechend kritisiert. Widersprüche wurden gnadenlos eingekreist. Wichtig war: ›Was folgt aus dieser Analyse für ein praktisches Verhalten? Was war die Konsequenz?‹ Das Ganze ging absolut an die Substanz. Manchmal haben wir durchgemacht bis in den frühen Morgen. Dann haben wir zur Erholung eine Runde Schach gespielt, wo es letztendlich unter anderen Regeln um das Gleiche ging: Zug um Zug die Schwachstellen des anderen herausfinden und kenntlich machen.« Böh sieht sich rückwirkend im Umgang mit anderen als fordernder und härter als etwa Wolfgang Grams. »Im Gegensatz zu mir hat Wolfgang einen nicht fallen gelassen. Das hat einen Teil unserer Freundschaft ausgemacht: Er hat Schwächen nie ausgenutzt.«

Es geht in diesen Gesprächen auch um das Töten von Menschen. Dazu zählt die Überlegung, dass es notwendig sein kann, Verräter in den eigenen Reihen auszuschalten – also zu liquidieren. Überwiegend beschäftigen sie sich jedoch mit der Frage, was es heißt, Repräsentanten aus Staat, Wirtschaft und Politik anzugreifen. »Wir haben uns gefragt, was das bedeutet, jemanden zu erschießen. Dass man das aushalten können muss. Dass man damit leben können muss, dass man sich schuldig gemacht hat. Aber dass es notwendig war.« Wolfgang Grams geht in diesen Diskussionen noch einen Schritt weiter als Gerd Böh. »Er hat mal gesagt, du musst nicht nur in der Lage sein, jemanden von weitem zu erschießen. Du musst jemanden so hassen, dass du ihn mit der Hand erwürgen könntest.« Damit trifft er einen neuralgischen Punkt bei seinem Freund: »Ich denke, ich wäre dazu nicht in der Lage. Ich hätte mir das zwar gewünscht, so sein zu können, aber ich hätte das nicht gekonnt.«

Böh zieht sich nach und nach aus der politischen Arbeit zurück. Er ist einsam in dieser Zeit, von Selbstvorwürfen und Selbstzweifeln erfüllt. Den eigentlichen Grund der Trennung zwischen ihm und Grams kennt Gerd Böh auch heute noch nicht. Manchmal denkt er, es war vielleicht nur Zufall, dass ausgerechnet Wolfgang Grams in den Untergrund gegangen ist und nicht er. Heute ist er froh darum, dass es nicht anders gekommen ist.

Bei Wolfgang Grams dauert es noch lange, bis er schließlich 1984 in die Illegalität abtaucht. Immer wieder gibt es Hinweise darauf, dass Wolfgang Grams im Untergrund nicht erwünscht gewesen sei. Helmut Pohl, eines der damals einsitzenden RAF-Mitglieder, den Grams besucht, soll ein kritisches Urteil über ihn abgegeben haben. Er sei ein Aktionist, der zwar nicht voreilig und unbedacht handle, aber die Dinge nicht zu Ende reflektiere. In diesem Sinne sei er für die komplexen Aufgaben des bewaffneten Kampfes ungeeignet und solle nicht rekrutiert werden.

Der aktive Kern der RAF ist allerdings auch zwingend auf Unterstützer im legalen Umfeld angewiesen. Sympathisanten wie Wolfgang Grams bewegen sich deshalb gezielt in der Grauzone zwischen legalem Rahmen und gelegentlichem Abtauchen, um immer wieder Kontakt mit den illegalen RAF-Mitgliedern aufzunehmen. Als Quartiermacher der RAF besucht Grams eines Tages unangemeldet seinen alten Jugendfreund Albert Eisenach und dessen Frau Irene, die in einer Mühle am Rand von Wiesbaden wohnen. Er gibt sich sehr zugewandt und freundlich und kommt nach zwei Stunden auf sein eigentliches Anliegen zu sprechen. Es geht um die vorübergehende Unterbringung eines RAF-Mitglieds. Albert Eisenach: »Für mich war der springende Punkt, dass die RAF auch die Tötung von Leben im Interesse einer Idee mit einkalkuliert. Und da hab ich gesagt, das ist nicht richtig. Keine Idee ist so stark, dass für sie ein Menschenleben geopfert werden darf. Kein Mensch hat das Recht dazu.« Eisenach zweifelt die Legitimität der RAF an. »Wer hat Euch beauftragt? Wer hat Euch gewählt?« Für ihn ist es eine Anmaßung, sich zum Richter über Leben und Tod zu erheben. Grams beruft sich auf die Option des Tyrannenmords, ohne den eine Befreiung – wie oftmals im historischen Kontext erwiesen – nicht möglich sei. War es nicht auch richtig gewesen, Adolf Hitler durch ein Attentat umbringen zu wollen? Albert Eisenach widerspricht der Gleichsetzung von bundesrepublikanischen Politikern und Wirtschaftsführern mit Hitler. Am Ende liegt ein offener Graben zwischen den ehemaligen Freunden. Eisenach will sich auf keinen Fall als Helfershelfer der RAF missbrauchen lassen. »Zieh deiner Wege«, sagt er zu Wolfgang Grams. Er wird ihn nicht wiedersehen.

Wolfgang Grams jobbt zunächst als Taxifahrer, um bei seinen Kurierdiensten flexibel zu sein. Von 1982 an arbeitet er regelmäßig im Copyshop-Unternehmen seines Bruders Rainer. Er leert die Kassen an den Kopierautomaten, die sein Bruder in den Fachhochschulen und Postämtern hat aufstellen lassen – ein Aushilfsjob mit freier Zeiteinteilung. Damit ist er erstmals krankenversichert.

Rainer Grams unterscheidet sich sehr von seinem Bruder. Er will möglichst rasch Geld verdienen, um ein großes Filialnetz aufzubauen. Mittelfristig sollen auch andere Unternehmenszweige eingegliedert werden. Bei einem der Gespräche spricht Rainer Grams mit einer gewissen Selbstironie über seine Expansionspläne. Er provoziert den Bruder mit Sprüchen wie: »Der Gramskonzern – ist nicht mehr fern.« Wolfgang Grams kann damit nichts anfangen. Er kontert: Er werde bald abtauchen und dafür sorgen, dass alle Konzerne wegkommen – »und Deiner als erster«.

Heute denkt Rainer Grams, damals habe jeder der Brüder dem Vater auf seine Weise zeigen wollen, dass es anders geht, als er es ihnen nach seinem Motto »Nur nicht auffallen« vorgelebt hat. »Der Vater hat immer gesagt, wie wichtig es ist, einen sicheren Posten zu haben. Er hat nie etwas davon gehalten, dass einer seiner Söhne sich selbständig macht. ›Du bist verrückt, da verstehst du viel zu wenig davon.‹« Noch abwegiger findet Werner Grams allerdings die Verweigerungshaltung Wolfgangs. »Ich hab diesen Staat mit meinem Fleiß und mit meiner Ausdauer mit aufgebaut. Ich hab deshalb nicht begriffen, warum der Wolfgang das Erreichte auf diese Weise demontieren wollte.«

An einem Sommertag des Jahres 1982 besucht Wolfgang Grams Birgit Hogefeld in ihrer Wiesbadener Wohnung. Sie hat seit längerem den Plan, in ihre dunkle Dachgeschosswohnung ein weiteres Fenster einzusetzen. Alle raten ihr ab, das ohne die Hilfe eines erfahrenen Architekten zu tun. Das Dach könnte einstürzen. Wolfgang Grams baut ihr das Fenster ein. »Wolfgang war eben alles andere als ein Bedenkenträger in solch praktischen Fragen.« Von da an entwickelt sich aus der Bekanntschaft eine Liebesbeziehung. Ein paar Wochen später zieht Grams bei Hogefeld ein.

Birgit Hogefeld besuchte auch nach 1977 weiterhin inhaftierte RAF-Mitglieder. Ihren Lebensunterhalt verdient sie als Orgellehrerin. Anfang der achtziger Jahre zieht sie sich aus der politischen Arbeit weitgehend zurück. Sie lässt sich an beiden Hüften operieren: Seit Kindheit hat sie aufgrund eines angeborenen Hüftfehlers Schmerzen. Der moralische

Druck, für die Gefangenen der RAF mehr zu tun, bleibt. Nach
der Operation kann sie keine gesundheitlichen Gründe mehr
geltend machen, warum sie nicht in den Untergrund geht.

Mit der Beziehung zu Birgit Hogefeld verändern sich Wolfgang Grams' Freundschaften – vor allem die mit anderen
Frauen. Roswitha Bleith möchte den Kontakt aufrechterhalten. Und obwohl sie seit langem politisch anders denkt
als ihr ehemaliger Liebhaber, stellt sie ihm zeitweise ihre
Anschrift als Deckadresse zur Verfügung.

Die neue Beziehung ihres Sohnes stößt bei Ruth Grams
auf wenig Gegenliebe, und bis heute meint sie: »Wenn
Wolfgang bei Roswitha geblieben wäre, könnte er bestimmt
noch leben. Das glaub' ich ganz sicher.«

Hin und wieder besuchen Birgit Hogefeld und Wolfgang
Grams gemeinsam seine Eltern. Die Auseinandersetzungen
am sonntäglichen Mittagstisch verlaufen noch kontroverser
als früher. Ruth und Werner Grams geraten in ein Kreuz-
verhör zu ihrer persönlichen Geschichte im Dritten Reich.
Der Vater erinnert sich an die Stimmung, in der diese
Gespräche geführt wurden: »Birgit ließ nur ihre Meinung
gelten, und die war immer richtig.«

Birgit Hogefeld setzt sich auch mit ihren eigenen Eltern
auseinander. Ihr Vater war Soldat an der russischen Front,
sie wirft ihm deshalb grundsätzliches Versagen vor, da er
nicht desertiert sei. Hogefelds Mutter stammt aus dem hessischen Dorf Bleidenstadt, von wo im Rahmen des »Eutha-
nasie«-Programms Behinderte nach Hadamar zur Vergasung
verbracht wurden. Sie war Zeugin des Bustransports. Auch
der Mutter wirft Birgit Hogefeld vor, nicht Widerstand
geleistet zu haben. Das »Was-wäre-wenn« denkt sie konsequent zu Ende – und stößt auf ihr eigenes Leben. Denn
wenn die Eltern Widerstand geleistet hätten, dafür vielleicht bestraft, vielleicht hingerichtet worden wären, wäre
sie selbst nicht gezeugt worden. Ihre eigene Existenz

Birgit Hogefeld, 1982

verdankt sie also dem moralischen Versagen der Eltern.
»Gezeugt wurden wir auf den kaum erloschenen Öfen
von Auschwitz und mit einer Erblast von Millionen Toten.
Über unserer Kindheit lag dumpfes Schweigen und die
satte Vollgefressenheit des deutschen Wirtschaftswun-
ders«, schreibt Birgit Hogefeld in einer Einführung zu
einem Theaterstück 1997.

Das Versagen der Eltern liefert Hogefeld und Grams
einen moralischen Imperativ. »Es ist bestimmt kein Zufall,
dass aus dem großen Wiesbadener Unterstützerkreis gerade
Wolfgang und ich in den Untergrund gegangen sind. Wir
wollten uns den Vorwurf nicht mehr machen, fundamentale
gesellschaftliche Missstände zu erkennen und nichts dagegen zu unternehmen. Dieses Verhaltensschema hatten unsere
Eltern zur Genüge demonstriert.«

Im Gegensatz zu Werner Grams setzt sich Birgit Hogefelds Vater ausführlich mit seiner Tochter über seine Ge-

schichte auseinander. Diese Diskussionen führen beim Vater zu einer Sympathie für die RAF. Er kritisiert scharf das »Fortbestehen einer braunen Elite« in den fünfziger und sechziger Jahren. Er selbst glaubte sich als mittlerer Verwaltungsangestellter in seinem Karriereweg von einer Naziseilschaft beschnitten. Er sah sich nicht in der Lage, dagegen etwas zu unternehmen. Deshalb begrüßt er ein gewaltsames Aufbegehren »als Erschütterung eines selbstgefälligen und verkrusteten Machtapparats«. Birgit Hogefeld erinnert sich, wie ihr Vater auch nach dem Mord an Buback und seinem Begleitschutz offene Sympathie mit den Attentätern bekundet hat.

Seit Birgit Hogefeld mit Wolfgang Grams liiert ist, beginnt sie sich konkret mit der Frage auseinander zu setzen, in den Untergrund zu gehen. Zu den wenigen Vertrauten, mit denen sie darüber spricht, zählt ihre ehemalige Klassenlehrerin: »Birgit Hogefeld wollte für den Fall einer Festnahme vorbereitet sein. Bei den anschließenden Verhören war ihr wichtigstes Vorbereitungsziel: Unabhängigkeit. Deshalb hat sie sich angewöhnt, mit wenig Essen auszukommen, sie hat nicht geraucht und nicht getrunken. Sie hat immer gesagt: ›Die sollten mich an diesen Schwachstellen nicht weich kriegen können.‹ Ihre Vorbereitungen liefen ohne große Selbstinszenierung, bescheiden, sachlich, so wie andere ihren Urlaub-Check-up vorbereiten. Das hat Birgit von vielen anderen wohltuend unterschieden.« Die beiden diskutieren nächtelang, vergeblich versucht die Lehrerin Birgit Hogefeld vom Gang in die Illegalität abzuhalten.

In den Jahren nach 1982 gibt es zum ersten Mal seit 1968 wieder eine breite politische Massenbewegung – ausgelöst durch einen 1979 gefassten Beschluss der NATO. Das nordatlantische Verteidigungsbündnis reagiert auf die Stationierung neuer russischer SS-20 Mittelstreckenraketen mit dem Plan, Pershing II Raketen mit atomaren Mehrfachsprengsätzen auf dem Boden der Bundesrepublik aufzustellen. Die Hundertausende von »peaceniks« der Friedensbewegung, die nach 1982 gegen den NATO-Doppelbeschluss auf die Straßen gehen, Menschenketten bilden und amerikanische Militärstützpunkte blockieren, belächeln Hogefeld und Grams als belanglose Akteure einer »Nischenpolitik«. Sie glauben sich in ihrer Analyse der Friedensbewegung überlegen – indem sie die amerikanische Aufrüstungspolitik als Teil der imperialistischen Walze des Kapitals betrachten, der mit apokalyptischen Kinderspielen wie dem in Fußgängerzonen inszenierten »atomaren Massensterben« nicht beizukommen sei.

Immer wieder kommen Details neuer Waffengattungen ans Licht der Öffentlichkeit. Dazu gehört die Entwicklung der Neutronenbombe, die Menschenleben vernichtet, dagegen die Infrastruktur weitgehend unangetastet lässt. Gerade diese Pläne heizen bei Birgit Hogefeld und Wolfgang Grams eine antiamerikanische Grundstimmung nochmals massiv an. Sie passt in ihren Augen in das Bild einer Regierung, die bereits im Vietnamkrieg gezeigt hatte, dass sie zur Aufrechterhaltung ihrer Machtinteressen auch vor Massakern an der Zivilbevölkerung nicht zurückschreckt.

Die atomare Bedrohung verstärkt den Druck auf beide, »jetzt zu handeln, bevor es zu spät ist«.

Für Wolfgang Grams und Birgit Hogefeld ist klar, dass der Widerstand eine andere Dimension annehmen muss. Gruppen wie die Roten Zellen beginnen, gegen NATO-Einrichtungen Bombenanschläge auszuführen. Dabei sollen jedoch keine Menschen gefährdet werden. Auch Birgit Hogefeld und Wolfgang Grams sind davon angezogen, doch sie sehen darüber hinaus den Einsatz von »Guerrillatechniken« für zwingend an. Das Stichwort heisst für sie: »Eskalation«.

Als im November 1982 kurz nacheinander Brigitte Mohnhaupt, Adelheid Schulz und Christian Klar festgenommen werden, wird die RAF entscheidend geschwächt, denn die drei gelten als führende Köpfe der zweiten Generation. Die Rekrutierung neuer Mitglieder erhält für die RAF große Bedeutung.

Auf die Anziehungskraft der RAF in dieser Zeit angesprochen, berichtet Birgit Hogefeld von ihren Problemen, sich ihre Texte anzueignen. Sie versteht sie nicht wirklich, was bei ihr zu großen Selbstzweifeln führt. Form und Inhalt dieser Schriften stellt sie damals nicht in Frage. Gerade ihre hermetische Codierung erzeugt für Hogefeld eine Aura der Unantastbarkeit, die sie die RAF bedingungslos idealisieren lässt.

Ein Freund sagt, Grams und Hogefeld seien nicht aus der Unterstützerszene heraus in den Untergrund gegangen. »Sie wollten die Entscheidung aus sich heraus prüfen und umsetzen.« Für ihn haben sich »die Richtigen« gefunden, sie seien »keine RAF-Schablonen, die nur irgendetwas nachbeten«.

Wolfgang Grams 1983, 30 Jahre alt

Anfang 1983 rücken die Fahnder des BKA näher an Wolfgang Grams heran. In einem Erddepot der RAF bei Hamburg werden Kopien von zwei Fahrzeugscheinen gefunden. Die Wagen waren auf Grams zugelassen. Das Ermittlungsverfahren wird zwar eingestellt, doch von diesem Zeitpunkt an wird er wieder observiert. Ende Januar 1984 stiehlt Wolfgang Grams ein Auto. Die Polizei muss ihn dabei beobachtet haben, denn Birgit Hogefeld bemerkt, dass er von einem Einsatzwagen verfolgt wird. Er kann die Verfolger abhängen. »Es war klar, wenn wir nach Hause kommen, schnappen die zu. Das gibt dann nicht nur was wegen Autodiebstahl, da kommt dann gleich noch Unterstützung einer kriminellen Vereinigung dazu, Mitgliedschaft, Aufruf zur Gewalt. Der Entschluss abzutauchen hatte auch etwas Zufälliges«, sagt Birgit Hogefeld. Später sei die Entscheidung gewachsen, mit dem Schritt in die RAF dann »bis zum Äussersten zu gehen.« Es hätte aber auch ganz anders kommen können, meint sie heute, womit sie ihre Mitverantwortung für das, was in der RAF passiert ist, nicht kleinreden will.

Wolfgang Grams nimmt sich Zeit für den Abschied vom Bruder und der Mutter. Am 30. Januar 1984 kommt er in den Copyshop von Rainer. In wenigen Worten erzählt er, dass es jetzt so weit sei. Die Mutter kommt hinzu. »Wir haben uns dann umarmt. Er lächelte, und dann sagt er tschüs. Und dann war er weg.« Erst später erfährt sie von Rainer, dass es sich um keinen normalen Abschied gehandelt hat. »Mir war so weh ums Herz, ich hätte immer heulen können. Ich durfte keinem Menschen was erzählen, das war das Schlimmste. Innerlich hat es geblutet, und ich musste immer noch ein freundliches Gesicht machen.«

Birgit Hogefeld verabschiedet sich nicht mehr von ihren Eltern. Sie beauftragt einen Freund, die Nachricht von ihrem Abtauchen zu überbringen. »Das war kein einfacher Gang für mich. Die Mutter hat geweint. Für den Vater war es schwer, aber auf eine Art war der auch stolz. Seine Tochter macht Ernst.«

Andere Freunde werden erst Wochen später informiert. Gerd Böh reagiert so: »Ich habe nur gesagt: ›Na, wenn es ihn glücklich macht.‹ Das zeigt, wie sehr wir uns damals schon auseinander gelebt haben. Ich habe das als persönliches Versagen empfunden, mich nicht in einen gemeinsamen Prozess einzubringen. Für mich war's ein Verrat – an Wolfgang und an meinen anderen ehemaligen Genossen

und Freunden. Eine Konsequenz daraus war, mich zurückzuziehen. Ich bin nach Hamburg gegangen und habe ein
bürgerliches Leben angefangen.«

Im Mai 1984 wird das Abtauchen von Wolfgang Grams
»aktenkundig«. Der Ermittlungsrichter am Bundesgerichts-
hof erlässt einen Durchsuchungsbefehl für die Wohnung
von Birgit Hogefeld und Wolfgang Grams. Den Fahndern
fällt auf, dass »der Beschuldigte polizeilichen Feststellun-
gen zufolge seine Wohnung in Wiesbaden … nicht mehr
aufgesucht, keine Miete mehr bezahlt, die Wohnung nicht
mehr versorgt und auch keinen Kontakt mehr zu seinen
Angehörigen unterhalten hat; er ist derzeit unbekannten
Aufenthalts.« Daraus schließt der Ermittlungsrichter, dass
Wolfgang Grams zu den Personen gehört, die die RAF in
den letzten Monaten verstärkt haben. Im September 1984
erlässt die Bundesanwaltschaft einen Haftbefehl wegen des
Verdachtes auf Mitgliedschaft in einer terroristischen Vereinigung.

Am 5. November 1984 wird in Maxdorf bei Ludwigshafen
ein Waffengeschäft überfallen. Die Täter werden im Umfeld der RAF gesucht. Darauf deuten die Fluchtwagen und
die Art, wie sie beschafft werden. Es handelt sich um so
genannte Doublettenfahrzeuge. Die Täter stehlen dabei die
»Kopie« eines Fahrzeugs, das sie zuvor ausfindig gemacht
haben – also einen Wagen gleichen Typs, gleicher Farbe und
Ausstattung. Sie versehen es mit gefälschten Nummern-
schildern des Originalfahrzeugs. Die Papiere werden ebenfalls gefälscht. Bei einer Kontrolle des gestohlenen Fahrzeugs werden die sauberen Daten des »Originalwagens« in
den Polizeicomputer eingegeben. Die Täter fallen so durchs
Fahndungsnetz.

Bei dem Überfall werden 22 Handfeuerwaffen und 3000
Schuss Munition erbeutet. Zum ersten Mal erscheinen nun
Fahndungsfotos von Wolfgang Grams in der Presse. Er gilt

als einer der Verdächtigen, als zum harten Kern der RAF gehörig. Doch eindeutige Beweise fehlen. Die Täter hinterlassen keinerlei verwertbare Spuren.

Angst, so berichtet Birgit Hogefeld heute, hat Wolfgang Grams in der Illegalität weniger empfunden als sie. Schon in den ersten Tagen des Untergrundes zeigt sich das. Er ist nach außen der Stärkere. Sie kann sich in manchen Momenten bei ihm anlehnen, muss aber oft erahnen, was er fühlt und meint. Gleichzeitig ist er durch seine ruhige Art der Gegenpol zu ihren oft spontanen Reaktionen. Die ständige Bedrohung durch eine Festnahme verstärkt das Gefühl, aufeinander angewiesen zu sein. Jedes Warten auf den anderen – und sei es auch nur nach einer kurzzeitigen Trennung – bekommt sofort eine existentielle Dimension. »Wenn einer von uns nur fünf Minuten zu spät kam, dann waren das für den Wartenden fünf Minuten

Wolfgang Grams:
zur Fahndung ausgeschrieben

Peinigung, die mit jeder weiteren Minute unerträglicher wurde. Immer war dieses Warten mit der Angst verbunden, dass dem anderen etwas passiert ist.« Mit den Jahren hätten sie gelernt, mit der Angst zu leben, so Birgit Hogefeld. Das Leben im Untergrund wird Teil eines Alltags.

Über diesen Alltag berichtet auch Matthias Dittmer, einer der frühen Wiesbadener Freunde. Er trifft die beiden in den Jahren 1992 und 1993 mehrfach. Dittmer erinnert sich an zahlreiche Mechanismen zum Überleben in der Illegalität.

Unter allen Umständen gilt es jeden auch nur zufälligen Blickkontakt zu vermeiden, besonders in Fußgängerzonen, Bahnhöfen, Restaurants: »Beim Bestellen wurde in die Speisekarte geschaut.« Das befremdet Dittmer im ersten Moment. »Ich lächel eben auch gerne mal jemand an – und freue mich, wenn ich ein Lächeln zurückgeschenkt bekomme. Das war für die vollkommen ausgeschlossen. Furchtbares Leben!« Kleidung und Äußeres sind so unauffällig wie möglich. So gibt sich Birgit Hogefeld bewusst »spießig unansehnlich«. »So eine Frau hätte ich auf der Straße nie angeschaut.«

Grams hat Spaß an der Verwandlung. Er befragt Matthias Dittmer nach seinen Erfahrungen als Schauspieler. »Was kann man mit Maske und Kostüm alles machen?« Grams habe einen Hang zum Spielen gehabt. Er habe es genossen, sich mit einem besonderen Gefühl für Feinheiten in der Gestik zu verändern – bis zu Details beim Reinigen der Brille aus Fensterglas. »Das hat er sehr sorgfältig gemacht, so, als ob sie ein ganz teures Stück wäre. Er hat poliert und poliert, hat sie aufgesetzt, um dann festzustellen, dass sie immer noch nicht sauber war – um sie dann noch mal zu putzen. Das war vielleicht das einzig Lustvolle am Gesucht-werden.«

Im Februar 1987 wird zum ersten Mal nach Wolfgang Grams und Birgit Hogefeld auch im Fernsehen gefahndet. Die »Tagesschau« bringt eine Suchmeldung. »Und nun bittet das Bundeskriminalamt um ihre Mitarbeit: Gesucht werden Wolfgang Werner Grams und Birgit Elisabeth Hogefeld. Sie sind dringend verdächtig, sich dem harten Kern der Rote Armee Fraktion angeschlossen zu haben. Grams ist 33 Jahre alt, 1,80 m groß und spricht hessischen Dialekt. Er hat blaugraue Augen und eine dunkle Hautveränderung neben der Nase ...«

14
Ums Überleben

Am Vorabend von Alfred Herrhausens 55. Geburtstag, am 29. Januar 1985, ernennt ihn der Aufsichtsrat zum neuen Vorstandssprecher der Deutschen Bank. Zusammen mit seinem Kollegen F. Wilhelm Christians wird er von Mai an das größte deutsche Kreditinstitut leiten. Ein Sprecher gilt im Vorstand als Primus inter pares, Erster unter Gleichen. Beschlüsse müssen im Vorstand einstimmig gefällt werden, Herrhausen und Christians sind damit in allen Entscheidungen von der Unterstützung der Kollegen abhängig. Auch nach außen haben die Sprecher keinerlei Privilegien gegenüber den anderen Vorstandsmitgliedern. Sie beziehen das gleiche Grundgehalt und haben auch keinen Anspruch auf ein größeres Büro. In vielen Gesprächen legt Alfred Herrhausen den Akzent auf »pares«. Er weiß, dass seine Fähigkeiten und sein Durchsetzungsvermögen ihn ohnehin zum »Primus« machen. Das drückt er en passant auch mit seiner Devise aus: »Führung muss man auch wollen.«

In den ersten Presseinterviews nach seiner Wahl setzt Herrhausen neue Akzente für die Politik der Deutschen Bank. »Problemlösungen gelingen nicht mehr auf nationaler Ebene, sondern nur noch im internationalen Kontext.« Die Deutsche Bank ist bislang in erster Linie eine Universalbank, mit Privat- und Firmenkundengeschäft als Hauptpfeilern. In den achtziger Jahren beginnen jedoch riesige Kapitalströme mit hoher Geschwindigkeit um den Globus zu fließen. Dieses Kapital ist selbst zu einer Ware geworden, und damit ist ein neuer Markt entstanden – der des Investmentbankings. Alfred Herrhausen ist davon überzeugt, dass künftig der eigentliche Gewinn in diesem Bereich erwirtschaftet werden wird. Doch noch steht die Deutsche Bank beim Investmentbanking im internationalen Vergleich auf

den hinteren Rängen. Das will Herrhausen ändern. Doch bereits hier zeigt sich, dass er in der Bank nicht nur Rückenwind bekommt. Die Ausrichtung auf das Investmentbanking sieht ein Kollege von Anfang an kritisch: »Herrhausens Linie war: ›Warum müssen wir risikoreiche Kredite für Unternehmen geben, wenn es viel einfacher geht? Wir sichern uns unsere Rendite, indem wir das Unternehmen an die Börse bringen – und dann hat der Aktionär das Risiko, der die Aktie kauft.‹ – Ich hab gesagt, ›Vorsicht, bei der nächsten Baisse bricht das alles zusammen‹. Das wollte Herrhausen damals nicht hören.«

Alfred Herrhausens Ziel, die Deutsche Bank erfolgreich zu führen, geht übergangslos in seinen politischen Visionen auf. Ganz oben auf der Tagesordnung steht bei ihm die Wiedervereinigung. Sehr viel früher als andere ist er davon überzeugt, dass der Fall der Mauer nur noch eine Frage der Zeit sei. Ein späterer Vorstandskollege erinnert sich, wie Herrhausen Anfang 1985 eines Morgens in sein Büro kommt. Aus dem Nichts heraus beginnt er, über das deutsch-deutsche Verhältnis zu sprechen. »›Sie werden sehen, wir alle erleben noch die Wiedervereinigung.‹ Herrhausen sagte das ohne Zusammenhang, aber mit einer völligen Gewissheit.«
Er engagiert sich für die wirtschaftlichen und kulturellen Beziehungen zur Sowjetunion und zu den anderen Ostblockstaaten. Durch die Vermittlung von Helmut Kohl trifft Herrhausen mit Michail Gorbatschow zusammen. Sie unterzeichnen mehrere Milliardenkredite, um die Wirtschafts- und Handelsbeziehungen zu intensivieren. Früh erkennt Herrhausen das wirtschaftspolitische Potential der Ostblockländer, das die Deutsche Industrie und das Deutsche Bankwesen bisher kaum nutzen. Mit der zunehmenden Krise der sozialistischen Staaten sieht er eine große Chance – »zum Nutzen beider Seiten«. Herrhausen glaubt, die einzige

Chance der Ostblockstaaten liege in der Demokratisierung und der (markt)wirtschaftlichen Öffnung. Er bietet dafür Wissen, Finanzpotential und den Einfluss der Deutschen Bank an.

Dass sich Herrhausen in die nationale wie internationale Politik einbringt, wird allerdings nicht von allen Beobachtern positiv bewertet. Kritiker sprechen von der »Allmacht« – und meinen damit vor allem die Vernetzung der Deutschen Bank mit der deutschen Industrie. Durch ihre großen Aktienpakete, die sie bei einer Reihe bedeutender deutscher Konzerne hält, spricht die Deutsche Bank auf den Hauptversammlungen entscheidend mit. Die Deutschbanker sitzen in mehr als 400 Aufsichts- und Verwaltungsräten. Daher rührt der Vorwurf, dieses Insiderwissen auf Seiten der Bank bringe die gesamte deutsche Industrie in deren Abhängigkeit. Oft ist die Deutsche Bank nicht nur Aktionär sondern auch Hausbank eines Unternehmens – und damit Hauptkreditgeber. Von Kritikern wird diese Kumulation verschiedener Aufgaben moniert, die die Macht der Bank in zwiespältigem Licht erscheinen lasse. In der deutschen Industrie gehe nichts mehr ohne die Deutsche Bank – und damit nichts ohne Alfred Herrhausen. Er hat den Vorsitz in acht wichtigen Aufsichtsräten, unter anderem in dem von Daimler-Benz. Ihm wird vorgeworfen, dass er selbstverständlich diesen Aufsichtsratsvorsitz vom größten deutschen Automobilkonzern von seinem Amtsvorgänger Wilfried Guth übernommen habe. Er hätte mit seiner Amtsübernahme ein Zeichen setzen und sich von diesem Vorsitz trennen sollen.

Darauf lässt sich Herrhausen nicht ein. Er will jetzt als Aufsichtsratsvorsitzender unmittelbar auf Personalentscheidungen Einfluss nehmen und darüber den Kurs der Daimler-Benz AG mitbestimmen. Davon wird er in den nächsten Jahren ausgiebig Gebrauch machen. »Wo wir beteiligt sind, da beteiligen wir uns auch am Geschehen«, ist seine Devise.

Schließlich soll der Aktienbesitz Geld abwerfen. In Interviews betont er andererseits immer wieder, dass das Wohl der Aktionäre nur ein Aspekt seiner Verpflichtung sei. Dieser sei unmittelbar verbunden mit der Verantwortung für das Unternehmen, für seine Mitarbeiter und mit einer gesamtgesellschaftlichen Verpflichtung. Mit dem Argument der »Diversifikation von Verantwortung« wehrt er sich gegen den Vorwurf des Machtmissbrauchs. Kritikern unterstellt er, einen »Popanz aufzubauen«. Angesichts des europäischen Binnenmarktes oder gar des Weltmaßstabes sei die Deutsche Bank alles andere als »omnipotent«. Ein Machtentzug bei der Deutschen Bank bedeute einen Machtzuwachs für die ausländischen Institute.

Vor allem bei jüngeren Mitarbeitern erwirbt sich Alfred Herrhausen mit der offensiven Klarheit, mit der er seinen Kritikern begegnet, viele Sympathien. Einer von ihnen ist der damalige Leiter der Abteilung »Controlling und Konzernentwicklung«, Thomas R. Fischer. »Herrhausen hat uns einen Weg gewiesen, wie man die Diskussion über die Macht der Banken mit Anstand, mit der Betonung auf Honorigkeit, durchstehen kann. Man muss sich nicht ducken und verstecken, sondern: ›Ja, wir haben Macht! Schaut auf uns, wie wir damit umgehen!‹ Das hat uns Stolz gegeben. Das war auf einmal mehr als ein Job. ›Ich arbeite für die Deutsche Bank. Wir verdienen nicht nur viel Geld, wir tun das auch noch honorig.‹ Und wir reden drüber. Das war neu. Wir sind nicht verhuscht und verschämt, verstecken uns, aus welchen Gründen auch immer. Irgendwie war es vorbei mit dem schlechten Gewissen. Und dafür war er sicherlich ein Protagonist.«

Trotz mancher Kritik ist die Außenwirkung des neuen Sprechers der Bank phänomenal. Herrhausen nimmt Rhetorikkurse, verbessert Aussprache, Betonung, Körperhaltung und Atmung beim Reden. Das verleiht ihm zusätzliche Sicherheit. »Wenn andere nach Hause gegangen sind, dann hat er die Lehrer kommen lassen«, erinnert sich einer seiner Personenschützer.

Alle öffentlichkeitswirksamen Veranstaltungen der Bank nützt er als Plattform, um nicht nur über die banküblichen Themen wie Unternehmensgewinne und Firmenentwicklung zu sprechen. Herrhausen versucht, in seinen Vorträgen dem eigenen Anspruch gerecht zu werden, zu den »eigentlichen Fragen« vorzudringen. 1988 hält er in Kempten im Allgäu eine Rede vor jungen Mitarbeitern der Bank.

»Machen Sie sich klar: Niemals hat sich die Menschheit größeren Herausforderungen gegenübergesehen als heute: Perestroika und Glasnost … die Erstarkung des pazifischen Beckens einschließlich China und Indien, die Nord-Süd-Problematik, die technologische Revolution, die ökologische Frage. Und dies alles zur gleichen Zeit. Für aktive Menschen, die etwas bewirken wollen, ist es eine Lust zu leben. Diese Lust wünsche ich Ihnen.«

Herrhausen fällt durch eine betonte Unkonventionalität auf. Er bekämpft Privilegien, schafft den Anspruch verdienter Kollegen auf besondere Aufsichtsratsmandate ab. Er stellt scheinbar unverrückbare Regeln in Frage, etwa wer wen als Erstes zu grüßen hat. Bei einem Empfang mit Managerkollegen wird Champagner gereicht. Herrhausen fragt den Kellner nach einer Flasche Bier, ohne Glas, und verlässt die Runde der Manager, um mit seinen Personenschützern anzustoßen. Das macht ihn bei seinen »Ballermännern« beliebt, seine Kollegen reagieren mit Unverständnis. Die Tatsache, dass er es nicht nötig hat, mit ihnen zu reden, wird ihm als Arroganz und Abgehobenheit angekreidet. »Bei Leuten, die einen Dünkel haben, da wird Alfred Herrhausen ganz einsilbig. Er kann nicht aus gesellschaftlichen Gründen Nichtigkeiten plätschern«, erinnert sich ein guter Freund.

Auch im bankinternen Machtspiel um den Posten des Sprechers beginnt Herrhausen früh, seine Kollegen zu provozieren. Schon nach wenigen Monaten der Doppelsprecherschaft macht er keinen Hehl daraus, dass er die Doppelsprecherlösung nur als Übergang sieht. Bereits Anfang 1986 tritt er offen als Verfechter des »Ein-Mann-an-der-Spitze-Prinzips« auf.

Damit ist der Machtkampf mit F. Wilhelm Christians eröffnet. Christians verkörpert in vielem den Antitypus zu Herrhausen. Er gilt als der Bedächtigere, der Entscheidungen lange auf dem diplomatischen Parkett sondiert, vorbereitet und dann erst durchsetzt. Alfred Herrhausen ist, wie es ein Freund einmal nennt, »verantwortungssüchtig«. Er will gestalten, will verändern – und das in kürzester Zeit. Es ist nicht seine Sache, eine Entscheidung lange vorzubereiten. In diesem Sinne geht er völlig unstrategisch vor. Wenn er von einer Idee überzeugt ist, muss sie direkt umgesetzt werden. Ein Vorstandsmitglied hat dafür folgendes Bild gefunden: »Zwei Rennpferde mit unterschiedlichem Rhythmus, mit unterschiedlichen Tempi, die gemeinsam einen Karren ziehen sollen – das kann nur schief gehen. Alfred Herrhausen war ein Besessener, wenn er etwas erreichen wollte. Er wollte die Nummer eins sein in der Nummer eins. Alfred Herrhausen war der Typ des Primus.« Viele seiner Kollegen sehen genau darin eine Gefahr. »Die Tragik war«, so Christians, »dass Herrhausen durch die Auszeichnung, was er konnte, immer verführt wurde, zum Nächsten zu greifen. Er wollte immer höher, er wollte immer weiter. Dem reichte die Bank nicht mehr aus.«

Das Geschäftsjahr 1985 ist außerordentlich gut für die Deutsche Bank. Durch den Kauf des maroden Flick-Konzerns und seinen Wiederverkauf erwirtschaftet sie allein einen Reingewinn von einer knappen Milliarde Mark. Das gute Ergebnis stellt Alfred Herrhausen nicht zufrieden. Er sieht sich in der Rolle des strategischen Visionärs. Er will Dinge anschieben – um die Details sollen sich andere kümmern. Herrhausen strebt an, die Deutsche Bank nach innen und außen wettbewerbsfähig zu machen – in einem enormen Tempo. Er sieht die traditionellen Geschäftsfelder einer Universalbank bedroht. Handelskonzerne verkaufen inzwischen neben Spülmaschinen und Stereoanlagen über Tochterunternehmen Anlageprodukte zu günstigen Konditionen. Dazu entsteht den Banken in den Versicherungsunternehmen eine massive Konkurrenz. Durch offensives Marketing zum Vorsorgesparen werben sie den Universalbanken Kunden ab. Herrhausen geht in die Gegenoffensive. In kürzester Zeit will er eine Lebensversicherung entweder zukaufen oder neu gründen. Zusätzlich denkt er über die Gründung einer Bausparkasse nach. Er sieht die Deutsche Bank in der Rolle eines umfassenden Finanzdienstleisters, dem Kunden soll ein komplettes Angebot geboten werden.

Herrhausen will die anstehenden Entscheidungsprozesse weiter beschleunigen – und trifft damit auf das Unverständnis mancher Kollegen. Thomas R. Fischer: »Viele haben nicht verstanden, warum er diese Unruhe hatte.« Einige Mitarbeiter sprechen von einem »Getriebensein« ihres Chefs. Wenn Alfred Herrhausen von etwas überzeugt ist, dann braucht er ebenbürtige Partner, um sich umstimmen zu lassen. Das setzt voraus, dass sein Gegenüber schnell und präzise argumentieren kann. Matthias Mosler, einer seiner Assistenten, erinnert sich an häufige »Gemetzel« bei Mitarbeitern, die Herrhausens Ansprüchen nicht genügen. »Er hatte«, so Mosler, »einen Instinkt, jemanden, der nicht so brillant war, auseinander zu nehmen.« Alfred Herrhausen lässt oft nur sein eigenes Gedankenmodell gelten. Ihm genügt es nicht, zu beweisen, dass er Recht hat. Als Anhänger des Philosophen Karl Popper und in streng logische Argumentationsketten verliebt, will er seinem Gegenüber nachweisen, dass dieser falsch denkt. »Wer Herrhausens intellektuellen Ansprüchen nicht genügte, konnte nach dem Gespräch nur noch seine Knochen zusammensuchen. Das war manchmal wie ein Ritual.«

Unter Druck stehen auch Herrhausens engste Mitarbeiter. Seine Sekretärin Almut Pinckert: »Die Dinge, die wir machten, mussten von vorne bis hinten stimmen, flüssig vorgetragen werden, und sie mussten schlüssig zu Ende gedacht sein. Es musste also etwas vorliegen, mit dem er was anfangen konnte. Und das geht nicht in acht Stunden.« Pinckerts Arbeitstag beginnt morgens um acht und endet meist eine Stunde, nachdem ihr Chef gegen halb acht das Haus verlassen hat. Zuhause ist ihr Arbeitstag jedoch nicht beendet. Oft fällt ihr noch ein, was nicht oder nicht zur vollen Zufriedenheit des Chefs erledigt worden ist. Aufgrund der Vielfalt der Arbeitsfelder, die nicht nur die Bank betreffen, ist es erforderlich, sich am späteren Abend in neue Themenbereiche einzuarbeiten. »Dann plumpste man ins Bett, und es fiel einem doch noch dieses oder jenes ein, dann wurde eine Notiz gemacht, am nächsten Morgen ging's weiter. Also irgendwie verschieben sich die Bedürfnisse, wenn sie nicht gar aufhören.« Trotz der großen Belastung arbeitet sie gern für Alfred Herrhausen.

In der Bank, da ist Herrhausen keine Ausnahme, wird nicht gelobt. Es wird stillschweigend erwartet, dass der Betrieb reibungslos läuft. Das erfordert ein ständig eingeschaltetes Radar, um Fehlerquellen ausfindig zu machen, bevor sie dem Chef auffallen. Almut Pinckert: »Wenn was schief ging, dann wurde das gesagt. Wenn nichts gesagt wird, dann ist es halt gelaufen, sonst hätten wir ja was gehört. Und irgendwann hat man über andere dann mal mitbekommen, dass etwas gut gemacht wurde. So bescheiden wird man dann.« Für sie gibt es nur die Alternative: »Mitmarschieren oder aussteigen.«

Eines der Vorstandsmitglieder sieht einen ursächlichen Zusammenhang zwischen dem Druck, den Alfred Herrhausen nach außen weitergegeben hat, und dem hohen Anspruch an sich selbst. »Er wollte einem Idealbild entsprechen: des lauteren, logisch sprechenden Menschen, immer auf der Suche nach einer der Sache angemessenen optimalen Problemlösung. Das hat ihn extrem kontrolliert wirken lassen.« Hilmar Kopper ergänzt: »Alle, die mit ihm zusammenarbeiteten, hatten das Gefühl, hier fehlte irgendwo ein bisschen Zuwendung. Ein bisschen menschliche Wärme.« Doch nicht alle wollen sich damit abfinden. Tilo Berlin will Alfred Herrhausen aus seinem Korsett herausholen. »Ich hatte mir gewünscht, ihn produktiv zu verunsichern. Ich dachte, dass es genügt, in seiner Gegenwart lässig und betont leger zu sein. Dass er sieht, dass es auch anders geht. Und dass man auch dann erfolgreich sein kann.« Berlin ist gebürtiger Österreicher; er sieht einen Unterschied in der Mentalität zu Herrhausen: »Wir gehen immer erst vom Menschen aus, Sachthemen kommen erst danach.«

Auch für die engsten Mitarbeiter und sogar für Vorstandskollegen ist es schwer, überhaupt einen Termin bei Herrhausen zu bekommen. »Die Vorgeschichte so einer Begegnung mit Herrhausen war natürlich erst mal eine Reihe von Telefonaten mit seinem Sekretariat, bevor man die 15 Minuten hatte. Obwohl man genau wusste, es war wichtig.« Ein Vorstandsmitglied erinnert sich, dass Alfred Herrhausen schon »nach kurzer Zeit glaubte, er sollte eigentlich etwas anderes tun und sich nicht langatmige Ausführungen seiner Kollegen anhören. Die sollten mal schneller machen.« Mal trommelt er mit den Fingern auf dem Tisch, mal geht er bei den Ausführungen seiner Gesprächspartner seine Post durch. »Das ging zack, zack und auf Wiedersehen.« Bei vielen entsteht der Eindruck, wie ein Laufbursche abgefertigt zu werden.

Fachwissen vom Getriebe der Bank hat den Sprecher nicht wirklich interessiert. Herrhausen vermittelt, dass er »die Erbsenzähler des Bankgeschäfts« allenfalls respektiert. »Bei Herrhausen hat gegenüber dem angeblichen Mittelmaß grenzenloser Hochmut geherrscht.«

Die meisten Vorstandskollegen haben mit Herrhausen kaum ein privates Wort gewechselt. »Man konnte im Vorstand leben, ohne sich für Herrhausen zu interessieren. Das ging, weil er auch nicht so indiskret war, sich in unseren persönlichen Dunstkreis reinzubegeben mit kritischen Fragen oder so was«, so ein Kollege.

Bei Besuchern, die nicht aus dem hauseigenen Bankmilieu kommen, nimmt sich Alfred Herrhausen dagegen sehr viel mehr Zeit. Dort gibt es nicht diese engen Terminvorgaben. Er bekennt sich dazu, dass ein Schwerpunkt seiner Arbeit die Außenrepräsentanz der Deutschen Bank darstellt. So wird er Mitgründer der privaten Universität Witten-Herdecke, deren Schwerpunkt die Ausbildung junger Unternehmer ist. Auch anderweitig engagiert er sich für seine alte Heimatregion. Er ist einer der Motoren des Initiativkreises Ruhrgebiet, der sich als Taktgeber für die wirtschaftliche Neustrukturierung des angeschlagenen Reviers sieht. Dazu kommen zahllose Einladungen zu Vorträgen im In- und Ausland. All diese Verpflichtungen sorgen dafür, dass Alfred Herrhausen nur einen Teil seiner Arbeitszeit in der Bank verbringt. Das sorgt schon sehr bald für Verärgerung im eigenen Haus. Ein Vorstandsmitglied: »Das ist ihm übel genommen worden von Menschen in der Bank, gar keine Frage. Die haben gesagt, das tut er nur für sich selbst. Das sind seine großen Solo-Performances auf der Bühne dort draußen.«

Auf dem Gebiet des alltäglichen Bankgeschäftes hat Alfred Herrhausen auch als Vorstandssprecher zahlreiche Defizite. Seine Kollegen registrieren das mit einer gewissen Genugtuung. Ein Vorstandskollege erinnert sich, wie Herrhausen von einer Sitzung der »Bank in Liechtenstein« zurückkommt. Er sitzt dort im Stiftungsbeirat. Nach der Bilanzsumme habe die Bank in Liechtenstein ein großes Ergebnis, verkündet Herrhausen. »Dieses Ergebnis«, so erwidert ihm sein Kollege, »entspricht nicht einmal der Bilanzsumme der

Filialdirektion Neu-Ulm.« Er weiß, wovon er spricht. Er hatte diesen Direktorenposten jahrelang inne: »Herrhausen war empfindlich, was diese Kränkungen anging, auch wenn er es nicht zeigte.« Nach außen betont Herrhausen, dass er es als Chance empfindet, nicht im handwerklichen Einmaleins der Bank gefangen zu bleiben. Die damit einhergehende Borniertheit blockiere langfristiges, strategisches Denken. Das wiederum sieht er als sein Revier an.

Um Zukunftsoptionen für die Bank zu entwickeln, lässt Alfred Herrhausen die Abteilung »Konzernentwicklung« einrichten. Chef dieser Abteilung wird Thomas R. Fischer. Ihm eilt der Ruf eines brillanten und schnellen Denkers voraus. Er ist als Deutsch-Kanadier mit angloamerikanischer Lebenserfahrung gleichzeitig der Prototyp des international versierten Bankers. Dazu kommt eine unkonventionelle Note, die der formal eher korrekte Herrhausen besonders anziehend findet: Fischer ist ein Verfechter des offenen Zweikampfes – im wörtlichen Sinne. Er ist aktiver Boxer und trägt ständig eine Waffe. Einen Vorgesetzten, der gegen einen von ihm favorisierten Vorschlag ist, fordert er zum Duell heraus: »Wählen Sie die Waffengattung«, sagt er zu seinem Kontrahenten. Sie verständigen sich aufs Armdrücken. Fischer gewinnt – und damit auch Fischers Vorschlag.

Herrhausen muss sich im Vorstand bereits für die Einrichtung der Abteilung Konzernentwicklung rechtfertigen. Er weiß, dass es Widerstand gibt gegen Begriffe wie Controlling und Strategie. Der Bankbetrieb hat in den Augen mancher Kollegen etwas Mystisches. Das Institut, so hat es sich seit dem früheren Sprecher Abs eingebürgert, lebt von der Genialität der Führung. Man kann den Ablauf nicht rational und objektivierbar planen. Mit diesen fundamentalen Glaubensgrundsätzen des Vorstandes bricht Herrhausen. Er versucht zu überzeugen, dass in einer Zeit

zunehmender Globalisierung die Bank Visionen und Strategien entwickeln müsse, um im Wettbewerb bestehen zu
können.

Die Konzernentwicklung wird so etwas wie der »think
tank« Herrhausens. Der damalige Abteilungsleiter: »Man
stellt ihm Fragen, er reflektiert die Frage, zerlegt sie analy-
tisch so, dass er sie synthetisch beantworten kann. Ich glaube, dass er an die Kraft und die Regeln des offenen Diskurs
glaubte: Dein Argument – mein Argument, meins ist besser
– widerleg's … Du kannst es nicht widerlegen – dann musst
du's annehmen. Er war für jeden, der eine Freude hat an
einem guten Duktus und an einem klaren Verstand, ein
Ohrenschmaus und eine Augenweide. Das hatte eine zele-
brierte Ästhetik.« Wie sehr Alfred Herrhausen seiner Abteilung Konzernentwicklung zugewandt ist, bleibt den Kollegen im Vorstand nicht verborgen. »Er hat versucht, ein Team
zu bilden, in das er Gedanken reinwarf und das ihm als
Resonanzboden diente. Und die kamen auch dauernd mit
Ideen an. – Wenn Herrhausen nicht dabei war, nannten wir
das im Vorstand despektierlich: ›Da hat ihm sein Kinder-
garten wieder was erzählt‹«, so ein Vorstandsmitglied.

Schwerpunkt der Auseinandersetzung in den Debatten
zwischen Fischer und Herrhausen ist die Internationalisierung der Bank. »Wenn er darüber sprach, mit wem er
uns vergleicht, da kamen eben nicht mehr die Dresdner, die
Commerzbank und die anderen vor. Das war der Unterschied. Da kamen die vor, die er in seiner internationalen
Perspektive sah. Die große Vergleichsgruppe, das waren
eben die in der Welt. Herrhausen hat überlegt, ob wir nicht
eine mindestens europäische, wenn nicht sogar globale
Brille aufsetzen können.« Er ist davon überzeugt, dass die
Deutsche Bank für diesen Wettbewerb gerüstet ist. Im Gespräch mit Fischer konkretisierte Herrhausen seine Vorstellungen: »Wir sollten unsere Limits nicht an unseren recht-
lichen und geographischen Grenzen finden. Wir können

mehr, und wir sind ihnen gewachsen – intellektuell, emotional, in jeder Beziehung. … Das ist für junge, ehrgeizige Menschen, die eine Heimat brauchen, eine gute Nachricht.« Die junge Garde identifiziert sich nahezu bedingungslos mit Herrhausen und seinem Kurs.

Im Zusammenhang mit der Internationalisierung beschäftigt Herrhausen die Idee, eine amerikanische Bank aufzukaufen. Wenn, dann sollte es aber nicht irgendeine sein, sondern »The Bank of America«.

»Allein dieser Name hatte für Herrhausen schon den Klang von etwas Großartigem«, erinnert sich Tilo Berlin. Er übernimmt die Aufgabe, eine Expertise über die Machbarkeit zu erstellen. Sehr bald zeigt sich, dass die Deutsche Bank von so einem Vorhaben restlos überfordert ist. Die finanziellen Ressourcen sind ausreichend, aber wer sollte eine Bank wie diese von deutscher Seite aus kontrollieren? Berlin schreibt in seiner Expertise, dass der Bank das geeignete Führungspersonal fehle. Herrhausen lässt sich von diesem Argument beeindrucken und nimmt von seinem Plan – vorerst – Abstand. »Wir bräuchten zehn Fischers – dann wäre das Problem gelöst«, soll er einmal gesagt haben.

Die guten Kontakte zu Berlin und zu anderen bedingungslos loyalen Mitarbeitern nützt Alfred Herrhausen nicht dazu aus, sich innerhalb der Bank eine Hausmacht zu schaffen. Ein Netz von Unterstützern hätte ihm mittel- und langfristig bei der Durchsetzung seiner Ideen behilflich sein können. Er hält dies nicht für notwendig und setzt stattdessen auf die Überzeugungskraft des richtigen Arguments. Manche seiner Kollegen deuten dieses unstrategische Denken als großen Fehler. »In so einem schwerfälligen Tanker wie der Deutschen Bank muss man sich auf allen Ebenen Mitarbeiter aufbauen, die für einen ins Feuer gehen«, sagt einer seiner Kollegen. »Das geht durch einen gut gesteuerten Protektionismus. Man verschafft einem Kreis von loyalen Mitarbeitern gute Positionen. Das produziert Dankbarkeit – und Abhängigkeit.«

Alfred Herrhausen trennt Berufs- und Privatleben wie kein anderer in der Bank. »Bei einem runden Geburtstag wie dem fünfzigsten laden andere Vorstandsmitglieder die Liste der ›Who is who‹-Repräsentanten mit Anhang zum Festbankett in die Alte Oper in Frankfurt ein. So etwas ist ihm ein Graus. Alfred Herrhausen hat sich bei Geburtstagen am liebsten auf einen kleinen Kreis zu Hause beschränkt: seine Ehefrau, seine Tochter Anna, die Haushälterin Sylvia und – wen sonst – mich, seinen Fahrer Jakob Nix.« In diesem Umfeld kann Herrhausen das berufliche Korsett ablegen. Es ist für ihn sehr wichtig, nach Hause zu kommen. Manchmal fährt er am späten Abend noch Hunderte von Kilometern, um in Bad Homburg zu übernachten. Die Rastlosigkeit des häufigen Reisens, verstärkt durch eine ständige eigene innere Unruhe, verlangt einen Gegenpol. Seine zweite Ehe ist ein Ruhepunkt für ihn. Mit Traudl Herrhausens emotionaler Wachheit, ihrer Neugierde und ihrem intuitiven Charme hat sie manche Rigidität und Erfahrungsnorm bei ihrem Mann einfach unterlaufen. Gegenüber einem Gesprächspartner sagt Alfred Herrhausen einmal: »Sie hat mir das Leben weit gemacht.« Ein guter Freund von beiden fasst es so zusammen: »Ohne die Traudl hätte es diesen Alfred Herrhausen nie gegeben. Die freundschaftliche offene Begegnung mit Menschen – das hat die Traudl mit bewirkt. Die Lebendigkeit in den Begegnungen wurde ein Lebenselixier für ihn. Er war alles andere als ein dressierter Apparatschik, der sich nur am Schreibtisch wohl fühlte.«

Sehr viel Zeit bleibt Herrhausen mit seiner Familie indes nicht. Morgens bricht er nach einem kurzen gemeinsamen Frühstück um halb neun auf. Wenn er in Frankfurt keine

Abendtermine hat, kommt er um halb acht nach Hause. Auch an den Wochenenden hat er ein festes Programm. Zunächst eine längere Strecke auf dem Rennrad durch den Taunus, danach zieht er sich an den Schreibtisch zurück. Anna, seine zweite Tochter, erlebt ihren Vater als von ihrem Alltag abgekoppelt. Er ist nie auf Elternabenden oder bei Wandertagen dabei wie andere Eltern. Dennoch bleibt bei Anna ein tiefes Gefühl, vom Vater angenommen und geliebt zu sein. »Wenn er dann zu Hause war am Wochenende, dann hat er immer sehr ausgeglichen gewirkt. Ich hab ferngesehen oder bin mit Freunden durchs Haus gerannt – und das hat ihn gar nicht gestört. Ich glaub, dass das ihm gefallen hat. Dass er sich wohl gefühlt hat, ein bisschen drin zu sein irgendwie in dem Familienleben.«

Selten kommt es auch zu Treffen mit Bettina, der Tochter aus erster Ehe. Jakob Nix erinnert sich, dass sein Boss sich darauf wochenlang gefreut hat. Bettina Herrhausen: »Längst stand zu viel zwischen uns, als dass es zu einer echten Begegnung hätte kommen können. Ich erinnere mich an ein Treffen in einem Hotel bei Münster, wo mein Vater anschließend auch übernachtete. Während er sich kurz im Zimmer frisch machte, stand ich mit Herrn Nix in der Hotelhalle, und wir unterhielten uns. Als ich später den Abend Revue passieren ließ, hatte ich das Gefühl, menschliche Nähe und Unbefangenheit nur in diesen zehn Minuten mit Herrn Nix empfunden zu haben. Wobei ich das nicht nur meinem Vater anlasten möchte; zu ambivalent war ich selbst immer noch ihm gegenüber, und zu viel gab es längst, das er nie von mir hätte wissen dürfen.«

Erst kurz vor der Ermordung von Alfred Herrhausen wird es eine Begegnung geben, die anders verläuft. Bettina Herrhausen: »Ich hatte mir zum 30. Geburtstag gewünscht, einmal ein paar Tage mit ihm allein zu verbringen. Wir trafen uns im August 1989 für zweieinhalb Tage am Kalterer See. Erstmals kamen wir beide etwas hinter unseren Mauern hervor. Einmal haben wir uns heftigst gestritten, wobei mich sehr berührt hat, dass mein Vater seine Hilflosigkeit in der Auseinandersetzung eingeräumt hat und mir sogar mit meinem Vorwurf Recht gab, seine neue Familie habe viel mehr von ihm, als meine Mutter und ich je gehabt hätten. Am Tag vor der Abreise kam dann Herr Nix, um ihn zurückzufahren. Wie damals in Münster standen wir eine Weile im Gespräch zusammen, worauf mein Vater anschließend zu mir meinte: ›Um Herrn Nix brauchen wir uns aber nicht zu kümmern.‹ Ich glaube, er hat schmerzhaft gespürt, dass zwischen uns noch immer eine solche natürliche Herzlichkeit fehlte. Und doch hat damals – trotz der Kürze der Zeit – etwas angefangen, was dann wenige Monate später mit seinem gewaltsamen Tod ein abruptes Ende fand.«

Nicht nur bei seiner Tochter Bettina bemüht sich Alfred Herrhausen um einen offenen und intensiven Kontakt. Je schwieriger sein Kampf mit Mitarbeitern und Kollegen wird, desto größer wird die Bedeutung einiger Freunde. Mit einem von ihnen, einem freien Kunstberater, bespricht er aus kritischer Distanz auch das Geschehen in der Bank. Er weiß, dass Herrhausens Vorliebe gewisse Fragen philosophisch anzugehen, in der Bank eher belächelt wird. Er zitiert in diesem Zusammenhang einen Ausspruch von Hilmar Kopper, der sich über Herrhausens Bewunderung von Karl Popper so äußerte: »Brauch ich Popper? Bin ich Kopper.« Der Freund kann mit der philosophischen Leidenschaft von Alfred Herrhausen mehr anfangen. »Für Alfred Herrhausen ist in der Sprache das Denken angelegt. Die Gespräche mit ihm waren eine Art von Begegnung, in der man sich steigern konnte. Mir sind Gedanken gekommen, die ich vorher noch nie hatte. Eine Begegnung mit ihm war ein Fest des Denkens.« Herrhausen habe die Kunst des Gesprächs wie kein anderer verstanden.

Auch die Freundschaft zu Helmut Kohl hat für Alfred Herrhausen eine Bedeutung. Er vermeidet es jedoch, über die Kontakte mit Helmut Kohl in der Öffentlichkeit zu sprechen. Zu sehr ist die Freundschaft ein Symbol für einen Schulterschluss zwischen der Macht der Bank und der Politik geworden.

Allgemein bekannte Tatsache ist, dass der Bundeskanzler von Wirtschaftsfragen nicht allzu viel versteht und deshalb auf Ratgeber angewiesen ist. Herrhausens Ratschläge schätzt er hoch, setzt sie aber selten um. Das liegt zum Teil an einer langen und zähen Lobbyarbeit, die Helmut Kohl wie kein anderer versteht. Manches ehrgeizige Vorhaben findet sich am Ende durch Kompromisse bis zur Unkenntlichkeit verändert im Bundestag zur Beschlussfassung wieder.

Die politische Gremienarbeit setzt eine Geduld voraus, die Alfred Herrhausen fremd ist. Für ihn gehen viele Gesetzesvorhaben, wie etwa die Steuerreform, zu zögernd voran. Nach außen schützt er seinen Freund Helmut Kohl dennoch gegen die oft heftigen Angriffe aus den Wirtschaftsverbänden – unter anderem wird der Reformstau in der Bundesrepublik angemahnt.

Einen Schwerpunkt der Gespräche zwischen Herrhausen und Kohl bilden neben der Deutschlandpolitik Fragen der internationalen wirtschaftlichen Entwicklung. Helmut Kohl: »Alfred Herrhausen hat eben nicht nur wie die meisten an seine eigene Amtszeit gedacht. Insofern war er ein großer Unternehmer. Denn ein wirklicher Unternehmer hat Ähnlichkeit mit dem Bauern. Er denkt an die Enkel, nicht an den persönlichen Enkel, sondern auch den Enkel im Amte. Wird es weitergehen?«

Lange Jahre verdient die Deutsche Bank mit Großkrediten an Drittwelt- und Schwellenländer große Summen. In den siebziger Jahren werden Milliardenbeträge aus den Erdöl exportierenden Ländern bei europäischen und amerikanischen Banken angelegt. In Form von exportverbundenen Krediten wird dieses Geld wiederum den Entwicklungsländern angeboten. Das unterstützt die deutsche Exportindustrie und beschert der Deutschen Bank erneut hohe Umsätze. Die Zinsmargen der Dritt-Welt-Kredite liegen – aufgrund des größeren Risikos – höher als bei anderen Krediten. Auch für die Zusammenarbeit mit den ärmsten Ländern der Welt gelten für Alfred Herrhausen die gleichen Geschäftsziele wie für jeden anderen Wirtschaftszweig der Deutschen Bank: »Wir sind nicht für karitative Akte da, sondern um Geld zu verdienen.« Damit scheint es Mitte der achtziger Jahre vorbei zu sein.

In den frühen achtziger Jahren drängt sich bei den jährlichen Treffen der Weltbank und des Internationalen Weltwährungsfonds ein Thema ins Zentrum der Debatten: die zunehmende Schuldenlast von 15 hoch verschuldeten Ländern in Lateinamerika und Afrika. In diesen Staaten sind 270 Milliarden US-Dollar an Schulden aufgelaufen. Ihre jährlichen Steuereinnahmen liegen oft unter den Beträgen, die zur Schuldentilgung dienen. Um die Zahlungsunfähigkeit dieser Staaten abzuwenden, reagieren die Gläubigerländer mit den immer gleichen Mitteln: Regierungen und Banken pumpen neue Kredite in die Schuldnerländer; gelegentlich werden auch die fälligen Kredite verlängert. Damit ist zwar kurzfristig die Liquidität dieser Länder gesichert, aber zugleich erhöht sich die Schuldenlast dramatisch – was die Fähigkeit zur Rückzahlung verringert. Hinzu kommt die marode politische Struktur vieler Entwicklungsländer. Häufig werden die Entwicklungshilfegelder in groß angelegte Rüstungsprogramme anstatt in wirtschaftliche oder soziale Projekte investiert. Für viele Regierungsmitglieder dieser Länder ist es außerdem üblich, mit den zweckgebundenen Finanzmitteln zunächst ihre eigenen Familienmitglieder und den Kreis ihrer Unterstützer zu versorgen. Zahlreiche Kredite landen als »Fluchtgeld« direkt wieder in den Geberländern – privat angelegt von Regierungsmitgliedern auf Schweizer Nummernkonten.

Der IWF sucht mit drastischen Sparprogrammen das Haushaltsdefizit dieser hoch verschuldeten Länder zu reduzieren. So sollen Investoren angelockt werden. Doch diese Maßnahmen wirken sich, wenn überhaupt, allenfalls langfristig aus. Die Kürzungsprogramme haben meist kurz- und mittelfristig gravierende sozialpolitische Konsequenzen. Die Verelendung breiter Bevölkerungsteile, eine rückläufige Alphabetisierungsquote und eine Verschlechterung der Gesundheitsversorgung sind die unmittelbaren Folgen. Und trotz aller Einflussversuche nimmt die Schuldenlast dieser Länder in den Jahren zwischen 1982 und 1986 um fast zehn Prozent auf 290 Milliarden Dollar zu – und immer mehr Länder stehen unmittelbar vor dem Staatsbankrott.

Noch ist Alfred Herrhausen ein Verfechter der traditionellen Haltung der Banken. Ein Schuldenerlass kommt für ihn grundsätzlich »als gefährliches Präjudiz« nicht in Frage. Er setzt auf Sanierungen. Würde man einem Land die Schulden erlassen, gäbe es für andere Länder keinerlei Anreiz mehr, sich aus eigener Anstrengung von der Schuldenlast zu befreien. Damit liegt er auf der Linie der grauen Eminenz der Deutschen Bank, Hermann Josef Abs, der einen Schuldenverzicht grundsätzlich ablehnt.

Im September 1987 erhält Alfred Herrhausen eine Einladung des mexikanischen Präsidenten Miguel de la Madrid Hurtado. Für diese Begegnung unterbricht er seinen Aufenthalt auf der Weltbanktagung in Washington. Thema der mehrstündigen Unterredung mit dem mexikanischen Präsidenten ist die Schuldenkrise: »Ich setzte Herrhausen unsere Situation auseinander, dass die Regierungen der verschuldeten Länder wie Mexiko ohne Erleichterungen nicht länger durchhalten würden. Ich sagte ihm, es lohnt sich, die Verschuldeten am Leben zu halten, denn ein toter Verschuldeter kann nicht zurückzahlen.«

Die drastische Schilderung der mexikanischen Situation macht auf Alfred Herrhausen offenbar einen tiefen Eindruck. Später wird er sagen, dass es für beide Seiten wirtschaftlich vernünftig sei, einen gemeinsamen Lösungsweg zu finden – jenseits des Beharrens auf volle Rückzahlung von Krediten, die ohnehin nur noch auf dem Papier stehen.

Einen Tag später macht er auf der Weltbanktagung einen überraschenden Vorstoß. Auf der Pressekonferenz der Deutschen Bank schlägt er den Gläubigern vor, ganz oder teilweise auf die Rückzahlung solcher Schulden zu verzichten: »Mir ist durch den Kopf gegangen, dass wir hier einen anderen Lösungsansatz wählen müssen. Und dass es wohl nicht zu vermeiden ist, dass Banken gewisse Opfer bringen, um diesen Ländern zu helfen. Von Anbeginn an gab es zwei mögliche Opfer der Krise: die Gläubigerbanken und die Schuldner. Die gibt es immer noch. Aber die Stärke der Banken ist größer, die der Schuldner geringer geworden.« Keiner der in Washington anwesenden Deutschbanker ist in diesen Vorstoß eingeweiht. Die neben Alfred Herrhausen sitzenden F. Wilhelm Christians und Rolf E. Breuer sind genauso überrascht wie die Journalisten. »Er wollte einen originären Triumph landen, der auf ihn allein zurückfällt«, so sein Co-Sprecher.

Auf alle Fälle macht Herrhausen zum ersten Mal einen Lösungsvorschlag, der allen gängigen Vorstellungen widerspricht. Ein Vorstandsmitglied: »Die Reaktion kam, wie sie kommen musste: Sie traf in voller Wucht den Äußernden.« Hilmar Kopper ergänzt: »Das war eine typisch intellektuelle Bemerkung von Herrhausen, also zu sagen, wenn man das alles theoretisch durchgeht, kann man auch ein Problem beseitigen, indem man den Ursprung des Problems nicht mehr weiter bestehen lässt.«

Die anwesenden Journalisten greifen diese Thesen auf. Herrhausen ist für Forderungsverzicht gegenüber den hoch verschuldeten Ländern, heißt es in den Überschriften. Das

heizt die Debatte an. Vor allem die amerikanischen Banken
setzen sich vehement gegen Herrhausens Vorschläge zur
Wehr. Verzicht bedeutete Abschreibung und damit eine
Minderung der Erträge. Im Gegensatz zu den deutschen
Banken besitzen die amerikanischen Institute nicht die
Möglichkeit, abgeschriebene Kredite steuerlich geltend zu
machen. Und die amerikanischen Banken sind drei- bis fünf-
mal so stark engagiert wie die deutschen. Allein von den
Verbindlichkeiten der acht am höchsten verschuldeten Länder entfallen über 35 Prozent auf amerikanische Institute.
Nur sechs Prozent der Kredite sind bei deutschen Banken
aufgenommen worden. Die Risiken der US-Banken sind
damit sehr hoch. Dazu ergibt sich eine schlechte Risiko-
streuung. Bei Ausfall der Rückzahlungen drohen in den
USA ganze Banken zusammenzubrechen.

Zu seinem Fahrer sagt Herrhausen nach der Ankunft in
Frankfurt: »Ich musste da ganz schnell weg, sonst wäre ich
gelyncht worden. Die Luft war bleihaltig.«

Augustinus, mit dem Herrhausen in diesen Monaten häufig über die Schuldenprobleme spricht, glaubt nach dem
Treffen mit dem mexikanischen Präsidenten einen Paradig-
menwechsel bei seinem Freund beobachtet zu haben: »Er
kam als ein anderer aus Mexiko zurück. Mit einem Argument hat ihn der mexikanische Präsident auf ein neues
Gleis gesetzt: ›Überlegen Sie sich, was passieren würde,
wenn Sie in Ihrem Land von den Menschen verlangen würden, in Armut zu leben – und ihnen die Hilfe, die sie brauchen, verweigern würden.‹«

In der nationalen und internationalen Presse wird der
mögliche Schuldenerlass ausführlich behandelt. Mehrere
Vorstandsmitglieder anderer Banken sprechen offen von
»einer Schnapsidee«. Alfred Herrhausen wird wegen der
humanitären Implikationen seines Vorstoßes als »Softie«
belächelt. Die Deutsche Bank hält sich nach außen zurück.
Intern brodelt es. Zum ersten Mal hat es ein Sprecher der

Bank gewagt, einem von Abs aufgestellten Grundsatz zu widersprechen. Thema der ersten Vorstandssitzung nach der Washingtoner Pressekonferenz ist natürlich Herrhausens Vorstoß. »Wir haben ihn gefragt, wie man so was überhaupt vorschlagen kann.« Zunächst macht Herrhausen einen Teilrückzieher, er sei falsch zitiert worden. In einem Fernsehinterview spricht er von einem bedauerlichen Missverständnis. Doch jeder, der Alfred Herrhausen kennt, weiß, dass er nie zweideutig formuliert. Das zeigen dann auch seine öffentlichen Äußerungen in den nächsten Monaten. Herrhausen argumentiert, dass man im Inland ebenfalls auf Forderungen verzichtet, um eine verschuldete Firma zu retten. »Das ist nicht nur akademisch richtig, wir tun's ja auch bei anderen Schuldnern. Fortwährend. Und die werden hinterher auch wieder kreditwürdig.«
In einem Vortrag legt er seine Position dar:

»Ist ein Aderlass der Gläubigerbanken nötig? Die Antwort lautet: ja; denn die Solvenzkrise der Schuldner bedarf zu ihrer Lösung auch der Schuldenerleichterung. Ist ein Entgegenkommen der Banken gerechtfertigt? Die Antwort lautet: ja; denn eine mit diesem Entgegenkommen möglich gemachte Wiedergesundung ihrer Kreditnehmer ist langfristig auch im Gläubigerinteresse. In dem Maße, in dem die Schuldnerländer wieder kreditwürdig werden, erlangen sie auch die Marktqualität zurück, was viele zukünftige geschäftliche Möglichkeiten eröffnet.«
(»Denken – Ordnen – Gestalten«, S. 286)

Abs widerspricht Herrhausen nicht offen. Er agiert hinter dem Rücken seines Vorstandssprechers und trifft sich zu diesem Zweck mit Vorsitzenden der Frankfurter »banking community«, um sich für Herrhausens Vorstoß zu entschuldigen. Der junge Mann sei etwas eifrig, soll er in seinem trockenen und süffisanten Duktus von sich gegeben haben.

Abs geht es darum, zusammen mit den anderen Banken
eine Front gegen Herrhausen zu bilden. Für den ehemaligen Sprecher ist es ein »moral hazard« (ein moralisches
Risiko), einen Begriff wie Schuldenerlass überhaupt in den
Mund zu nehmen. Damit würden laufende Entschuldungs-
verhandlungen unterlaufen; die Schuldnerländer würden
nun allesamt auf das Hintertürchen eines (Teil)-Erlasses
zusteuern wollen.

Herrhausen erfährt, dass seine Kompetenz als Banker in
Frage gestellt wird. Noch mehr verletzt ihn, dass Abs nicht
mit offenem Visier kämpft. Alfred Herrhausen sei, so ein
Kollege, kein Odysseus, der mit List und Tücke etwas
durchsetzen wollte. Direkt und geradeaus habe er sein Ziel
angesteuert. Gerade deshalb sei er so enttäuscht gewesen,
wenn sein Gegenüber diesem Fair Play nicht folgt.

Seine Vorstandskollegen sehen, dass Herrhausen mit dem
Rücken zur Wand steht. Hilmar Kopper: »Es hat ihm eine
wahnsinnige Unterstützung der damals schon in die Jahre
und in die Funktionen kommenden Achtundsechziger eingetragen. Die waren alle für Schuldenverzicht. Es war ja
nicht ihr Geld, das war das Geld der bösen Banken. Das
konnte man ruhig vernichten. Das haben sie eben davon,
dass sie den Brasilianern Kredit geben.« Aber der Zu-
spruch dieser »falschen Freunde« desavouiert Herrhausen
in der »banking community« umso mehr.

Nicht alle Beobachter sehen bei Herrhausens Politik in
der Schuldenfrage einen Geläuterten am Werk, der rein
humanitären Zielen folgt. Man unterstellt ihm, über die
rasche Entschuldung der Drittweltländer das amerikanische Bankensystem schwächen zu wollen und so den Einstieg der Deutschen Bank in den amerikanischen Markt
vorzubereiten.

Über Helmut Kohl versucht Herrhausen Druck auf die
amerikanische Regierung auszuüben und fordert immer
wieder, für amerikanische Banken dieselben steuerlichen

Bedingungen zu schaffen wie für die deutschen. Nur dann sei es möglich, die Schuldenkrise gemeinsam zu meistern. Doch Herrhausen weiß, dass er mit diesen Forderungen selbst bei seinem Freund Kohl auf Granit beißt. Der Bundeskanzler kann und will diese Themen gegenüber der amerikanischen Regierung nicht ansprechen, um das deutsch-amerikanische Verhältnis nicht zu belasten.

Ein ehemaliges Vorstandsmitglied der Deutschen Bank zweifelt rückblickend noch immer an Herrhausens Haltung in der Schuldenfrage und seinem Vorgehen: »Seine Einlassungen hatten immer einen moralischen Impetus für sich, das konnte ihm niemand bestreiten. Aber wie realistisch war das? War das wirklich zu Ende durchdacht? … Das Motiv ist ehrenwert und anerkannt, aber nicht immer ist aus Gutgemeintem auch Gutes geworden. Die Geschichte belegt, wie viel Unheil entstehen kann, wenn man es ganz besonders gut meint und vor allem glaubt, es besser meinen zu dürfen und zu können als die Betroffenen. Da ist eine gewisse Art von Bevormundung enthalten; die ist gefährlich.«

Augustinus ist davon überzeugt, dass es sich bei diesen Konflikten nicht nur um eine punktuelle Auseinandersetzung zwischen ihm und seinen Vorstandskollegen handelt. Er meint, sein Freund habe vielmehr mit der Schuldenfrage die Systemfrage an sich gestellt: »Es kann nicht sein, dass einige wenige aus der Wirtschaft sehr hohen Profit ziehen, und viele andere dabei unter die Räder kommen. Das war nicht seine Vorstellung von einer geordneten Welt. Die fatale Schwierigkeit bestand darin, dass es zu viele gegeben hat, denen es ausschließlich um ihre eigenen Renditen ging.«

Anfang Oktober 1987 zieht sich Herrhausen in sein Ferienhaus im Bregenzer Wald zurück. Traudl Herrhausen erinnert sich, dass ihr Mann sehr bedrückt war. »Er saß da auf dem Bett und hat sich die Bergschuhe angezogen und war so niedergeschlagen. Er hat einfach Menschen vermisst, die mitgezogen sind. Die das aufgenommen haben, was er wollte… – Nicht immer diese Bedenkenträger. Die hat er gehasst. Ich glaube, dass er sich einfach zunehmend auch einsam gefühlt hat.« Er stellt sich zum ersten Mal die Frage, ob und in welcher Form er in der Bank weiter tätig sein kann und will. Augustinus: »Und natürlich ist jemand, der so wach war wie er, dann sofort von der Frage umzingelt: Decke ich möglicherweise, wenn ich bleibe, etwas, was ich nicht decken will? Nicht decken kann? Und vielleicht auch nicht decken darf?« Traudl Herrhausen sieht ihren Mann in einer existentiellen Krise: »Mein Mann hat damals gesagt: ›Ich weiß nicht, ob ich das beruflich überlebe.‹«

15 »Zerstörung, Angriff, Unterminierung des Schweinesystems«

Seit 1985 hängt in jedem Postamt, jedem Bahnhof, jeder Bank, jeder Behörde das Fahndungsplakat mit dem Foto von Wolfgang Grams und den Fotos anderer mutmaßlicher RAF-Mitglieder – versehen mit der Warnung: »Vorsicht Schusswaffengebrauch«.

Auch Albert Eisenach sieht das Plakat: »Ich hab gedacht, der und eine Waffe – die muss man dem sofort abnehmen. Das darf nicht wahr sein.«

Jahrelang erhalten die Eltern keine Nachrichten von Wolfgang oder Hinweise zu seinem Verbleib. Doch manchmal, zu besonderen Geburtstagen oder an Weihnachten, läutet das Telefon. Sobald Ruth oder Werner Grams abheben, ist die Leitung tot. Sie deuten es als Zeichen, dass ihr Sohn noch lebt und an sie denkt. Die fortwährende Sehnsucht führt dazu, dass Ruth Grams glaubt, ihrem Sohn zu begegnen. »Ich bin mal zum Fleischer gegangen. Da kommt mir ein Mann entgegen: der hat dieselbe Glatze und den Bart. Ich hatte panische Angst. Ich war sicher, selbst verfolgt zu werden. Wenn ich ihn anspreche, dann hätten sie ihn gleich. Ich bin einfach vorbeigegangen.«

Besonders drastisch erfahren Ruth und Werner Grams bei einer Kur in Bayern, was es heißt, Angehöriger eines möglichen RAF-Terroristen zu sein. In allen Cafés, Restaurants, Geschäften, Bushaltestellen, der Kurhalle und dem Schwimmbad hängen die Fahndungsplakate aus; sie wurden nach Auskunft des Zimmervermieters der Eltern erst mit ihrem Eintreffen angeschlagen. Ruth Grams ist sicher, »dass das BKA wusste, dass wir da hinfahren. Die haben uns ja regelmäßig überwacht. Sogar unser Hausmüll wurde von denen studiert und ausgewertet.«

Anfang 1985 veröffentlichen die RAF und die französische
Terrororganisation »Action Directe« ein gemeinsames
Papier. Darin geben sie ihren Zusammenschluss bekannt
und propagieren eine westeuropäische Guerilla als Antwort auf eine »Phase imperialistischer Strategie, die westeu-
ropäischen Staaten zur homogenen Struktur zusammenzu-
schweißen, zum harten Block, der vollkommen in den Kern
imperialistischer Macht … integriert ist«. Erklärter Gegner
sind NATO und Europäische Gemeinschaft, denen Action
Directe und RAF den Krieg erklären. Zunächst wird dieses
Papier von den Polizeibehörden als nicht ernst zu nehmende
Absichtserklärung abgetan. Doch 14 Tage nach dem Be-
kanntwerden des Schreibens verübt die Action Directe ein
Attentat auf den französischen General Audran. Er ist als
Abteilungsleiter im französischen Verteidigungsministerium
unter anderem für staatliche Waffenexporte zuständig. Der
Bekennerbrief wird zweisprachig verfasst. Eine Woche spä-
ter wird erneut ein Anschlag verübt – diesmal in München.
Am Morgen des 1. Februar 1985 dringen ein Mann und eine
Frau in das Haus von Ernst Zimmermann ein. Er ist Vor-
sitzender der Geschäftsführung der Motoren- und Turbinenunion (MTU) und Präsident des Bundesverbandes der
Deutschen Luftfahrt-, Raumfahrt- und Ausrüstungsindus-
trie. MTU stellt die Triebwerke für das Tornado-Kampf-
flugzeug und die Motoren für den Leopard-Panzer her.
Daneben baut die MTU den zivilen Anteil der Produktion
zielstrebig aus. Sie ist Lieferant für die Airbusindustrie und
die amerikanische Boeing. Die beiden Täter überwältigen
Zimmermann und seine Frau und fesseln sie. Ingrid Zimmermann kleben sie ein Heftpflaster auf den Mund. Dann
schleppen sie ihren Mann ins Schlafzimmer. Dort setzen sie
ihn auf einen Stuhl und ermorden ihn durch einen Schuss in
den Hinterkopf.
   Zunächst werden die mutmaßlichen RAF-Mitglieder Barbara Meyer und Werner Lotze mit dem Anschlag in Ver-

bindung gebracht. Doch dann muss das BKA eingestehen, dass es in diesem – wie in den folgenden Fällen – nicht möglich ist, die Anschläge Tätern zuzuordnen. Wie sich Anfang der neunziger Jahre bestätigt, ist Werner Lotze bereits zehn Jahre früher in die DDR übergesiedelt und arbeitet unter neuem Namen im Braunkohlerevier in der Niederlausitz. Auch Barbara Meyer wird nach ihrer Festnahme 1996 nicht mehr mit diesem Anschlag in Verbindung gebracht.

Am 7. August 1985 schlägt die RAF erneut zu. Um einen Bombenanschlag auf die Frankfurter US-Airbase vorzubereiten, glaubt die Gruppe, sich den Ausweis eines Soldaten der US-Luftwaffe beschaffen zu müssen. Mehrere Diebstahlversuche schlagen fehl. Mitglieder der RAF locken daraufhin den damals 20-jährigen GI Edward Pimental aus einer Disco in Wiesbaden. Im Wiesbadener Stadtwald wird er durch einen Genickschuss ermordet. Mit dem von ihm entwendeten Ausweis fährt ein RAF-Terrorist einen mit 50 Kilogramm Sprengstoff beladenen VW-Passat am Morgen des 8. August 1985 auf die Frankfurter Airbase. Dort explodiert der mit Metallsplittern versetzte Sprengsatz. Zwei Menschen sterben sofort, elf werden schwer verletzt. Im Bekennerschreiben der RAF heißt es, die US-Airbase »ist eine Drehscheibe für Kriege in der 3. Welt von Westeuropa aus. Konkret läuft der Transport von US-Interventionstruppen und ihrem militärischen Gerät in den Mittleren/Nahen Osten und nach Afrika darüber.« Den Mord an Pimental rechtfertigt die RAF so: »Wir haben Edward Pimental erschossen, den Spezialisten für Flugabwehr, Freiwilliger bei der US-Army und seit drei Monaten in der BRD, der seinen früheren Job an den Nagel gehängt hat, weil er leichter und lockerer Kohle machen wollte … Für uns sind US-Soldaten nicht Täter und Opfer zugleich, wir haben nicht den verklärten, sozialarbeiterischen Blick auf sie.«

In linken Medien wie der taz wird die Ermordung Pimentals rundweg abgelehnt. »Alles wäre besser als so weitermachen«, schreibt Karl-Dietrich Wolff und spricht von einer »mörderischen Dummheit der RAF«. Andere bezeichnen die Haltung der RAF-Terroristen als »faschistische Henkersmentalität«. Zwar räumt die RAF in einer Erklärung vom Januar 1986 ein, dass es »in der konkreten Situation ein Fehler« gewesen sei, den GI zu erschießen. Gleichzeitig glaubt sie aber, sich nicht weiter rechtfertigen zu müssen: »Wir gehören dieser Gesellschaft nur insoweit an, als wir sie bekämpfen.«

Die RAF nimmt in Kauf, dass sie vom überwiegenden Teil der Bevölkerung als eine Gruppe wahnsinniger Krimineller wahrgenommen wird und dass sie weder die Mittel noch die Ziele ihrer »Politik« vermitteln kann. Birgit Hogefeld 1996 in einer Prozesserklärung: »Unser Verhältnis zum Großteil der Bevölkerung war hier äußerst ambivalent – dafür gab es in unserer Anfangszeit gerade in Deutschland gute Gründe. Wie hätten denn wir … deren Eltern fast allesamt Nazitäter oder Mitläufer gewesen sind, auch nur auf die Idee kommen können, dass hier in diesem Land – in dem zu dieser Zeit naturbedingt die übergroße Mehrzahl der erwachsenen Bevölkerung aus der Geschichte kam und sich ihr Leben lang aus der Verantwortung gestohlen hat – mit diesen Menschen revolutionäre Umwälzungen durchzukämpfen sein könnten? Alle Utopien von einem anderen Leben, einer anderen Gesellschaftsausrichtung, konnten nur in einem Weg begründet sein, bei dem diese Generation rechts liegen gelassen wird.«

Für Ruth Grams ist es seit Abtauchen ihres Sohnes eine »schlimme Situation, wenn ein Attentat passiert ist. Das war für mich so was von Angst, dass er irgendwie auch dabei sein könnte. Das war für mich furchtbar. Wir haben selbstverständlich alle Nachrichten uns angesehen. Das ist klar. Und wenn alles gut gegangen ist, dann ist uns ein Stein vom Herzen gefallen. Da hab ich immer gehofft, er ist sonstwo, aber nicht dabei. Gehofft, immer gehofft.«

Die ehemaligen Freunde tun sich sehr schwer damit, die Ermordung Pimentals mit der RAF – und vor allem mit Grams und Hogefeld in Verbindung zu bringen. Tage nach dem Attentat hoffen sie noch, dass es sich »um eine Aktion des Staatsschutzes gehandelt hat, die nur der RAF in die Schuhe geschoben werden sollte«. Als diese Version nicht mehr aufrechterhalten werden kann, verliert nicht nur Ulli Heep den Boden unter den Füßen. Einer der früheren Freunde enthält sich jeder Bewertung. Er geht davon aus, dass »die in der RAF schon wissen, was und warum sie etwas tun«. Er bejaht die Attentate »als Nadelstich, als Bremsklotz eines ungehindert wuchernden kapitalistischen Systems«. In Zusammenhang mit den Anschlägen dieser Jahre spricht er von einer »notwendigen Schuld«. Niemand aus der RAF habe es sich leicht gemacht, Menschen umzubringen.

In der Schlusserklärung ihres Prozesses 1996 distanziert sich Birgit Hogefeld von früheren Zielen, nennt die Ermordung Edward Pimentals »grauenhaft und zutiefst unmenschlich – anders kann ich das nicht bezeichnen … Wir waren denen, die wir bekämpfen wollten, in dieser Hinsicht sehr ähnlich und sind ihnen wohl immer ähnlicher geworden. … In unserem Weltbild waren Widersprüche, eben die Facettenhaftigkeit, sowohl auf unserer Seite wie der Gegenseite ausgeblendet.« In einem Interview mit dem »Spiegel« sagt sie, dass sie die Realität im Untergrund in nur sehr gefilterter Form erlebt habe. Auf die Frage nach der breiten gesellschaftlichen Missbilligung der RAF antwortet sie: »Man nimmt die Gesellschaft nur noch in wohl gefilterten Ausschnitten wahr. Authentisches kommt nur noch indirekt, zum Beispiel über Kontaktpersonen, an einen heran – und deren Vorstellungen waren natürlich alles andere als repräsentativ, weder für die Gesellschaft noch für die Linke. Das hat sicher manche Fehleinschätzung erst möglich gemacht.«

Trotz der zunehmenden linken Kritik an der RAF bombt

sie weiter. Das nächste Opfer ist wiederum ein Vertreter »aus dem militärisch-industriellen Komplex«. Am 9. Juli 1986 wird auf Karl Heinz Beckurts, Siemens-Vorstandsmitglied und Kernphysiker, ein Sprengstoffattentat ausgeführt. Er stirbt zusammen mit seinem Fahrer Eckhard Groppler nur wenige Meter von seinem Haus entfernt am Münchner Stadtrand. Beckurts war ein entschiedener Verfechter der Kernenergie. Er forderte die geplante Wiederaufbereitungsanlage in Wackersdorf, da die Bundesrepublik sonst Gefahr laufe, den Anschluss an die internationale Atomindustrie zu verpassen.

Der Anschlag auf Beckurts ähnelt bereits in vielen Details dem Anschlag auf Alfred Herrhausen drei Jahre später. Der 50 Kilogramm schwere Sprengsatz war auf einem Fahrradanhänger deponiert. Die Zündung erfolgte über ein 50 Meter langes Kabel.

Das Bekennerschreiben zur Ermordung des Siemens-Managers enthält eine historische Argumentationslinie, die Parallelen zwischen Drittem Reich und bundesrepublikanischer Gegenwart behauptet, denn, so heißt es, »Siemens hat schon Hitler mit an die Macht geschoben – wie sie 1930 gesagt haben: als ›Bollwerk gegen den Kommunismus‹ – und Fabriken neben den KZs hier, in Polen, der Tschechoslowakei ... gebaut«.

In ihrem Schreiben bemüht sich die RAF, auch Themen anzusprechen, die in der Friedensbewegung und linken Gruppen diskutiert werden. Beckurts wird mit »Geheimverhandlungen« um das SDI des amerikanischen Präsidenten Reagan in Verbindung gebracht. Bei SDI handelte es sich um ein satellitengestütztes System zur Abwehr von Interkontinentalraketen, gegen das auch die Friedensbewegung demonstriert, weil sie darin einen weiteren Schritt zur Aufrüstung sieht. Doch die Friedensmarschierer distanzieren sich scharf von der »unerwünschten Solidarität« durch die RAF. Auch einen Schulterschluss mit der Anti-Atom-

Bewegung und mit Dritte-Welt-Gruppen erhofft sich die RAF von der Ermordung Karl Heinz Beckurts'. So spricht sie im Bekennerschreiben explizit die Schuldenkrise an – ein Thema, auf das sie drei Jahre später bei der Ermordung von Alfred Herrhausen zurückkommen wird: »Die in immer kürzeren Abständen sich verschärfenden, zyklischen ökonomischen Krisen, Rückgang der Industrieproduktion und Massenarbeitslosigkeit in den Zentren, Krisen des internationalen Finanzsystems, haben zur tiefsten Erosion des Kapitalsystems geführt. Das Scheitern des Regimes der internationalen Wirtschaftsbeziehungen ist unumkehrbar.«

Für Birgit Hogefeld und Wolfgang Grams bleibt auch im Untergrund die Auseinandersetzung mit den Wurzeln des Nationalsozialismus ein Thema. Sie fahren gemeinsam nach Hadamar, wo in der Nazizeit planmäßig Behinderte vergast wurden. Sie bleiben einen ganzen Tag auf dem inzwischen zu einer Gedenkstätte ausgebauten Gelände. »Das war für mich eine innere Notwendigkeit. Das konnte ich mit Wolfgang teilen. Aus diesen Erfahrungen bezogen wir letztendlich die Kraft, weiterzumachen.«

Auf die Frage nach ihren mittelfristigen, in drei, fünf, zehn Jahren zu verwirklichenden gesellschaftlichen Zielen, sagt Birgit Hogefeld 1998, dass sie durchaus eine Vision von einer anderen, »paradiesischen« Welt hatten, doch den Weg dorthin hätten sie nicht benennen können. Bezugspunkt ihres Handelns sei vielmehr die Negation gewesen, der Widerstand gegen »das imperialistische Rollback«. »Wir wollen uns den Vorwurf nicht noch einmal machen, alles erkannt und nichts getan zu haben. Das hieß: »(Zer)störung, Angriff, Unterminierung des Schweinesystems.«

Am 10. Oktober 1986 kommt der Ministerialdirektor im Auswärtigen Amt, Gerold von Braunmühl, spät von der Arbeit nach Hause. Als er vor seinem Bonner Haus aus dem Taxi steigt, tritt eine kleine, untersetzte Gestalt auf ihn zu, zieht eine Waffe und schießt. Der von zwei Kugeln in den Oberkörper getroffene von Braunmühl flüchtet auf die andere Straßenseite hinter ein parkendes Fahrzeug. Ein zweiter Vermummter taucht auf, feuert ebenfalls. Gerold von Braunmühl fällt vornüber zu Boden. Einer der Täter läuft auf ihn zu und schießt ihm aus nächster Nähe in den Kopf. In dem Bekennerbrief der RAF heißt es: »Heute haben wir mit dem Kommando Ingrid Schubert den Ge-heimdiplomaten Braunmühl, politischer Direktor im Außen-ministerium und eine der zentralen Figuren in der For-mierung westeuropäischer Politik im imperialistischen Gesamtsystem, erschossen.« Die RAF schreibt weiter, dass von Braunmühl die Europäische Gemeinschaft militärisch sauber halten wolle, um auf diese Weise »die imperialisti-sche Vernichtungsstrategie auf politischer Ebene besser forcieren zu können«. Mit diesen »Erkenntnissen« – unter dem Anschein eines Ermittlungsergebnisses – rechtfertigt die RAF den Mord. Dies wollen die Angehörigen von Gerold von Braunmühl nicht unbeantwortet lassen.

Vier Wochen nach dem Anschlag schreiben sie einen offe-nen Brief – »An die Mörder unseres Bruders«: »Eure Spra-che ist Beton, fest barrikadiert gegen kritisches Denken, gegen Gefühle und gegen jede Wirklichkeit, die sich ihren erstarrten Begriffen nicht fügen will. Sie gibt dem, der spricht, immer Recht. … Wie legitimiert ihr das, was ihr tut? Macht es Euch keine Schwierigkeiten zu erklären, wie eine zwanzig- oder zweihundertköpfige Gruppe, die sich kom-munistisch nennt, das macht, als ›internationales Proletariat zu denken und zu handeln‹? Dass der Prozess der Front hier und jetzt nicht massenhaft verläuft, ist Euch nicht ent-gangen. Auf die Zustimmung der Menschen, für die Ihr denken und handeln wollt, habt Ihr verzichtet. Wer gibt Euch das Recht zu morden? … Glaubt Ihr wirklich, jeman-den davon überzeugen zu können, dass Ihr ausgerechnet mit dem Mord an unserem Bruder den ›strategischen Plan der imperialistischen Bourgeoisie, Weltherrschaft zu erreichen, in seinen konkreten aktuellen Projekten angegriffen‹ habt …?« – Das Angebot zum Dialog wurde von der RAF nie aufgegriffen.

Bis zum nächsten Attentatsversuch vergehen kaum zwei Jahre. Am 20. September 1988 scheitert ein Anschlag auf Hans Tietmeyer, Staatssekretär im Bundesfinanzministerium. Bei der Anfahrt auf Bonn sollte er in seinem Fahrzeug erschossen werden. Tietmeyer und sein Fahrer überleben, weil sich, wie die RAF erklärt, »das Maschinengewehr verklemmt« habe.

Auch bei diesem Anschlag finden die Ermittler keine verwertbaren Spuren, die sie einem Täter eindeutig zuordnen können. Die RAF der »Dritten Generation« hat offenbar aus den Fehlern ihrer Vorgänger gelernt. Ihre Mitglieder hinterlassen keine Fingerabdrücke und fahren keine auffälligen Wagen mehr. Ihr Material bewahrt die RAF in Depots auf, weit entfernt von irgendwelchen Wohnungen. Auch ein weiterer Schwachpunkt wird vermieden. Bei den Vorgängern packten regelmäßig Aussteiger aus und belasteten in der Hoffnung auf eine milde Strafe ihre Mitkämpfer. Die RAF hat offenbar inzwischen eine kleine, überschaubare Kommandoeinheit, die sich konsequent gegenüber den Unterstützern abschottet.

Das Umfeld der RAF gliedert sich in mehrere Untergruppen. Am weitesten entfernt vom Kern der RAF ist die Gruppe der Unterstützer, zu denen Wolfgang Grams selbst jahrelang gehört hatte.

Neben dieser Gruppe agieren die »illegal Militanten«. Sie sollen beispielsweise durch Brand- und Sprengstoffanschläge auf NATO-Einrichtungen und andere Objekte aus dem »militärisch-industriellen Komplex« das Bedrohungspotential der RAF erweitern. Einziger Unterschied zu den Attentaten der RAF ist, dass Personen bei den Anschlägen nicht zu Schaden kommen sollen. Die Mitglieder der »Militanten« sind nicht bewaffnet. Kriminalistische Untersuchungen zeigen, dass Kommandoebene und Militante logistisch eng zusammenarbeiten.

Eine weitere Gruppe besteht aus denjenigen, die schon abgetaucht sind, bei denen aber offen ist, ob sie diesen Weg auf Dauer durchhalten. Sie stoßen zunächst auf einen über Kuriere vermittelten Verbindungsmann der RAF – Wolfgang Grams. Die Gespräche mit ihm finden in regelmäßigen Abständen statt. Grams unterstützt die Bewerber dabei, die erste Zeit im Untergrund zu bewältigen; er hinterfragt und kontrolliert sie aber auch gleichzeitig. Für Wolfgang Grams ist es wichtig herauszufinden, ob der Bewerber auf lange Sicht ein Risikofaktor für die RAF sein könnte – und damit für eine »Rekrutierung« nicht in Frage kommt. Grams erwartet, dass das mögliche RAF-Mitglied zunächst lernt, sich ohne Probleme in der Illegalität zu bewegen. Dazu gehört, mit Legende und Decknamen souverän umzugehen und das richtige Verhalten in Krisensituationen an den Tag zu legen – etwa, wenn der Bewerber sich verfolgt glaubt. Ganz bewusst wird ihm in den ersten Monaten niemand zur Seite gestellt. Er soll und muss lernen, mit sich allein klarzukommen. Hin und wieder erhalten diese Personen kleinere Aufträge, bei denen sie ihre Zuverlässigkeit beweisen sollen. Bewähren sie sich, werden sie mit »illegalen Militanten« zusammengebracht. Jetzt agieren sie in kleinen konspirativen Gruppen. Jeder kennt den anderen nur mit Decknamen. Von der RAF selbst bekommt kein Bewerber unmittelbar etwas mit. Wolfgang Grams gilt als jemand, der den Zugang zur RAF, aber auch zu den Militanten, sehr restriktiv handhabt. Er warnt davor, möglicherweise aus eigener Erfahrung, den Untergrund zu romantisieren. Viele Bewerber sind auf Dauer den Belastungen des Untergrunds nicht gewachsen. Sie verplappern sich mit ihrem richtigen Namen oder machen andere Fehler, die für den Rest der Gruppe gefährlich sein können.

Grams und andere RAF-Mitglieder sorgen in diesem Fall dafür, dass sie Hilfe zum Ausstieg erhalten. Entweder stellen sie sich der Polizei oder sie tauchen in einem anderen Land ab.

Alle Auskundschaftungen und Vorbereitungen für ein Attentat werden, so vermuten die Ermittlungsbehörden, weitgehend vom Umfeld übernommen. Diese Personen leben »legal« in einer Wohnung, in der sie auch gemeldet sind. Oft haben sie sogar einen festen Arbeitsplatz. Sie werden also in ihrer Freizeit bzw. in ihrem Urlaub aktiv. Um das Radar der Sicherheitsbehörden zu unterfliegen, sind sie nie juristisch im radikalen Spektrum auffällig geworden.

Das scheint auch bei dem Attentat auf Alfred Herrhausen der Fall gewesen zu sein. Der Mord am 30. November 1989 wird – wie die Ermittler nachträglich rekonstruieren – lange und intensiv von mindestens zehn Personen vorbereitet. Neben dem Auskundschaften der Fahr- und Lebensgewohnheiten Herrhausens gehört dazu die Vorbereitung des Anschlages am Seedammweg in Bad Homburg sowie auch die technische und logistische Verfeinerung der Sprengtechnik. Die RAF will sich offenbar nicht mehr den Vorwurf machen lassen, »Unschuldige« wie Fahrer und Sicherheitsleute mit auf dem Gewissen zu haben. Dafür muss sie die Zielgenauigkeit des Sprengsatzes verbessern.

16
Entmachtung

1985 wird in Tübingen eine von der RAF genutzte Wohnung enttarnt. Es ist das erste und einzige Mal, dass von Wolfgang Grams während seiner Zeit im Untergrund Fingerabdrücke entdeckt werden. Bei der Durchsuchung einer anderen konspirativen Wohnung in der Frankfurter Bergerstraße ein Jahr zuvor entdecken die Ermittler Karteikästen – mit Namen von potentiellen Anschlagsopfern. Neben Karl Heinz Beckurts und Ernst Zimmermann steht Alfred Herrhausen oben auf der Liste. Er wird daraufhin vom BKA in Gefährdungsstufe zwei eingeordnet. Sie sieht eine punktuelle Überwachung des Wohnortes sowie Personenschutz zu besonderen Anlässen vor. Von der Deutschen Bank erhält Alfred Herrhausen jetzt ständig ein zusätzliches Begleitfahrzeug mit zwei Personenschützern.

Zunächst belastet und irritiert Alfred Herrhausen das »große Aufgebot«. Von offizieller Stelle erfährt er nichts über die Neuerungen zu seiner persönlichen Sicherheit. Erst die Personenschützer weisen ihn darauf hin, dass er eine der am meisten gefährdeten Personen in Deutschland ist. »Er [Herrhausen] hat mir gezeigt, dass er wie jeder andere auch am Leben hängt. Deshalb hat es ihn so irritiert, dass keiner mit ihm darüber spricht.« In Gesprächen über seine eigene Gefährdung thematisiert Herrhausen immer wieder seine Sorge um Frau und Tochter sowie um die Personenschützer. »Er hat gesagt, im Falle eines Falles sollten wir uns nicht dazwischenwerfen. Er hatte Sorge, dass uns was passiert. Er hat immer gesagt, ich bin ein älterer Mann, ihr seid jung.«

Nach jedem Attentat der RAF werten Herrhausens Personenschützer den Ablauf des Anschlags aus und erarbeiten neue Vorschläge zur Sicherung ihres Chefs. Nach der

Erschießung von Ernst Zimmermann »sollten die Familie und andere Bezugspersonen in das Konzept integriert werden«, so ein Personenschützer, »um ein ähnliches Vorgehen der Terroristen von vornherein auszuschließen«. Nach dem Attentat auf Gerold von Braunmühl fordern die Personenschützer ein »Vorauskommando«, das am Ziel bereits vor Herrhausen eintrifft und ihn dort sichert. Diese Vorschläge werden jedoch nur zögernd aufgegriffen. Zunächst heißt es, das sei »im Konzept nicht vorgesehen«. Die Bewacher wenden sich an Alfred Herrhausen, kritisieren ihre eigene Abteilungsleitung dafür, dass nur »gewurschtelt, gemacht und getan wird, aber nichts Hand und Fuß« habe. Herrhausen erkundigt sich daraufhin bei dem für die Sicherheit zuständigen Abteilungsleiter nach dem Konzept für seine Sicherheit – er muss feststellen, dass »sie keines haben«. Später sei ihm dann eine Seite mit ein paar Instruktionen »für die Brieftasche« überreicht worden, was Alfred Herrhausen, so einer der Personenschützer »wortlos und ohne den Abteilungsleiter anzuschauen, eingesteckt habe«. Nur durch eine direkte Intervention Herrhausens wird das von seinen Bewachern angeregte Konzept schließlich teilweise verwirklicht. Dennoch machen sich die Personenschützer bis heute Vorwürfe: »Eigentlich hätte man noch viel mehr durchsetzen müssen.«

Die Spannungen zwischen den Personenschützern und ihren Vorgesetzten haben strukturelle Ursachen. Die Abteilungsleitung besteht aus ehemaligen Bundeswehroffizieren und Grenzschützern, die gewohnt sind, dass ihre Entscheidungen wie Befehle befolgt werden. Die Personenschützer vor Ort wissen es jedoch aus praktischer Erfahrung oft besser. Gelegentlich unterlaufen sie die in ihren Augen praxisfernen Vorgaben – oder sie widersprechen offen. Mit dieser Form der »Befehlsverweigerung« kommen die Vorgesetzten nicht klar und verweigern sich jedem produktiven Dialog. Hinzu kommt, dass die gesamte Sicherungsgruppe so etwas wie »artfremdes Eiweiß« innerhalb des Bankbetriebes darstellt. Ausbildung und Auftreten der Personenschützer vermitteln nicht den »Stallgeruch«. Andererseits haben die für die Sicherheit zuständigen Mitarbeiter durch die Nähe zum Vorstand eine hierarchisch schwer einzuordnende Position. Sie genießen Privilegien, wie das Absteigen in teuren Hotels, die andere Mitarbeiter nicht erhalten.

Der ungeklärte Status der Personenschützer führt zu zahlreichen Behinderungen ihrer Arbeit. Die Forderung nach Begleitfahrzeugen, die von Motorleistung und Ausrüstung dem Fahrzeug entsprechen, in dem die zu schützende Person sitzt, löst eine große Irritation aus. Monatelang geschieht überhaupt nichts. Schließlich handeln die Bewacher auf eigene Faust, machen einen gepanzerten, alten Mercedes 500 ausfindig, von einem ehemaligen Vorstandsmitglied ausgemustert. Der Antrag der Personenschützer führt zu heftigen internen Querelen. Wie kann es angehen, dass einem Direktor nur ein Mercedes 300 zusteht, die nachrangigen Personenschützer aber ein teureres Fahrzeug erhalten sollen?

Begleitet werden die Sicherheitsmaßnahmen der Bank von den Maßnahmen der staatlichen Sicherheitsbehörden. Nach jedem Anschlag der RAF werden sie kurzfristig erhöht, um sie dann nach einigen Monaten wieder zu reduzieren. Das ist für die Personenschützer unverständlich. Jeder habe gewusst, dass unmittelbar nach einem Anschlag kein zweiter erfolge. Wenn die Täter nach einer Pause mit neuen Vorbereitungen beginnen, sind die staatlichen Maßnahmen längst nicht mehr adäquat. Es scheint wichtiger, die Öffentlichkeit zu beruhigen, als bedrohte Personen optimal zu schützen. Alfred Herrhausen sieht die Bedrohung fatalistisch: »Wenn sie wollen, dann kriegen sie mich ohnehin.«

Aus Altersgründen wird F. Wilhelm Christians im Mai 1988 aus dem Vorstand ausscheiden, im Januar muss der Vorstand über die Nachfolge befinden. Die drei Jahre der Vorstandssprecherschaft an der Seite seines ehemaligen Mentors Christians sind für Alfred Herrhausen unbefriedigend verlaufen. Die beiden Co-Sprecher hatten zu vielen Fragen des Bankgeschäfts unterschiedliche Einschätzungen gehabt. Alfred Herrhausen ist der dezidierten Ansicht, dass nur ein Sprecher die Bank prägen kann. Seine Haltung wird vorab nicht in den Sitzungen debattiert, die Vorstandskollegen müssen sie aus der Presse erfahren. Im Vorstand ist von Erpressung die Rede. »Die Diktion von ihm passte uns nicht. Das war eben nicht unser Stil. Das hat uns sehr unsicher gemacht, ob das der richtige Mann für uns ist«, urteilt sein Kollege Eckart van Hooven. Die Front gegen Herrhausen ist breit.

Ein guter Freund aus der Schweiz ist in diesen Tagen in Bad Homburg zu Gast. Er beschreibt Herrhausen an dem Abend vor der entscheidenden Vorstandssitzung als besonders wortkarg und angespannt. Spätabends spricht er Alfred Herrhausen auf die Wahl am nächsten Tag an: »Wenn du nicht gewählt wirst, dann wirst du alles hinschmeißen? In die Reihe der einfachen Vorstandsmitglieder zurücktreten, das wird nicht gehen.« – »So ist es«, ist die Antwort.

Zwei Nächte tagt der Vorstand. Es gibt immer wieder Abstimmungen mit wechselnden Mehrheiten. Doch die gebotene Einstimmigkeit für Herrhausen wird nicht erzielt. Er droht mit Rücktritt. Bei van Hooven läuft er damit auf. »Dann müssen Sie gehen, Herr Herrhausen.« Auch andere wie Hilmar Kopper und Ulrich Weiss lassen sich von Herrhausens Drohungen nicht einschüchtern. »Da waren wir als Vorstand viel zu selbstbewusst«, erinnert sich van Hooven.

Noch einmal vertagt der Vorstand sich. Herrhausen telefoniert mit Christians, der ihm rät aufzugeben. »Man kann diese Bank nicht gegen den Widerstand von Kollegen führen, die sich von Anbeginn gegen den eigenen Sprecher stellen.«

Doch Herrhausen weicht von seinem Ziel nicht ab. In einer langen, zermürbenden Sitzung am folgenden Tag setzt er sich durch. Er wird alleiniger Sprecher der Deutschen Bank. Doch für den nicht einstimmig gefassten Beschluss bezahlt er einen hohen Preis. Sein Aufgabengebiet bleibt relativ eng begrenzt, er ist lediglich für die Bereiche Strategie, Presse- und Öffentlichkeitsarbeit sowie die Beteiligungen der Deutschen Bank zuständig. Keiner der wichtigen Auslandsbereiche wird ihm zugewiesen, auch für Personal wäre Herrhausen gerne verantwortlich, doch er wagt es nicht einmal mehr, diese Forderung einzubringen. »Das wäre auch unklug gewesen, dann hätte jeder von uns gesagt, da fängt die Diktatur an«, so van Hooven.

Damit gewinnt Herrhausen keinen unmittelbaren Einfluss auf das eigentliche operative Kerngeschäft der Bank, das die anteilsmäßig größten Gewinne abwirft. Die dafür hauptsächlich verantwortlichen Vorstandsmitglieder sind Hilmar Kopper, der für das Emissions- und Konsortialgeschäft, und Rolf E. Breuer, der für das Aktiengeschäft zuständig ist. »Herrhausen blieb gar nichts anderes übrig, als seinen Einfluss über Medien und Presse geltend zu machen. Intern hatte er wenig zu sagen«, so ein früherer Assistent. Das beunruhigt Alfred Herrhausen nicht weiter. Er ist voller Pläne und sicher, sie umsetzen zu können.

Als das Abstimmungsergebnis bekannt wird, organisieren Almut Pinckert und einige Mitarbeiter für ihren Chef einen kleinen Empfang. »Wir haben eine Flasche Schampus geöffnet und ihm im Spalier Hände schüttelnd gratuliert.« Aber Herrhausen ist nicht in Feierstimmung. Er weiß, es kommt »viel auf uns zu, und das wird nicht leicht«.

Der Druck, unter dem Alfred Herrhausen arbeitet, erhöht sich nach seiner Wahl zum alleinigen Sprecher um ein Vielfaches. In Gesprächen mit Mitarbeitern und Freunden sagt

Herrhausen immer wieder: »Es gibt noch so viel zu tun und – ich habe nicht mehr viel Zeit.« Ein ehemaliges Vorstandsmitglied: »Es gehört wohl dazu, wenn man seine Truppen in Schwung bringen will, dass man diesen ›sense of urgency‹ und ›sense of awareness‹ erzeugt. Und da muss man überzeichnen, sonst bewegt man nichts.« Die damit verbundene Ungeduld und schnelle Reizbarkeit bekommen alle zu spüren, auch Jakob Nix: »Mein Boss ist zunehmend penibler geworden mit der Zeiteinteilung.« Wenn Alfred Herrhausen nach der Ankunftszeit fragt, dann muss sein Fahrer sich auf genaue Angaben festlegen, Abweichungen von mehr als fünf Minuten werden von seinem Chef angemahnt.

Herrhausen plant nicht weniger als eine Imagekorrektur der Deutschen Bank. Sie soll als »freundliche Bank« wahrgenommen werden, und das bedeutet, dass sie sich von dem Stigma des Elitären befreien muss. Herrhausen selbst will mit gutem Beispiel vorangehen. Wird er durch einen Beschwerdebrief eines ganz normalen Kunden auf einen Missstand aufmerksam, so macht er diese Angelegenheit zur Chefsache. Herrhausen vermutet, dass es sich in vielen Fällen um strukturelle Probleme handelt, deshalb beauftragt er einen Assistenten, den Beschwerden auf den Grund zu gehen und Abhilfe zu schaffen. Er ist sich auch nicht zu schade für eine persönliche Entschuldigung, auch wenn er für den Missstand nicht verantwortlich ist. Das ist sein punktueller Beitrag zur hierarchiefreien und freundlicheren Kommunikation. In Einzelfällen greift er in die Kreditvergabe einer Filiale direkt ein. Einmal wendet sich eine Frau brieflich an ihn. Ihr Mann ist durch einen Verkehrsunfall vorübergehend erwerbsunfähig. Die Familie kann deshalb den Kredit für das neu erworbene Eigenheim nicht zurückzahlen. Alfred Herrhausen sorgt über einen Brief an den zuständigen Kreditsachbearbeiter für eine Reduktion der Tilgungsraten und für eine längere Laufzeit des Kredits.

Für diese »Robin Hood«-Attitude wird er von manchen Mitarbeitern als »hoffnungslos naiv« belächelt. Alfred Herrhausen gewöhnt sich an, diese Eingriffe deshalb mehr im Stillen durchzuführen.

Auf der Hauptversammlung der Bank im Mai 1989 spricht er das Image- und damit das Akzeptanzproblem der deutschen Banken unverblümt an:

»Leider schaffen viele äußerliche Eindrücke in der Öffentlichkeit ja immer noch eher Distanz zu unserem Gewerbe als Nähe: die großen Verwaltungsgebäude, vor denen man steht, ohne recht zu wissen, was sich eigentlich in ihnen abspielt; die vermeintliche Überlegenheit derer, die mit dem Geld umgehen; dieses so gebräuchliche, aber dennoch nicht fassbare Produkt selbst; das Abstrakte, das eine dem Laien oft unverständliche Fachsprache noch unterstreicht; die Globalität unserer Geschäfte, die keine nationalen Grenzen mehr kennen; die angebliche Macht, mit der wir wirken … Diese Distanz gilt es zu überwinden, wenn wir unsere Ziele erreichen wollen. In einer Gesellschaft, die zunehmend emanzipierter wird, sind wir auf Akzeptanz angewiesen … Die Deutsche Bank kann sich nicht allein darauf beschränken oder konzentrieren, gute Geschäfte zu machen. Sie muss, weil sie eine bestimmte Grösse hat, eine bestimmte Autorität, eine bestimmte Position hier und draußen in der Welt, gesellschaftliche Verantwortung übernehmen. Wir müssen eine Art von ethischer Verpflichtung akzeptieren. Handlung muss durch Haltung begründet sein.«

Neben der Veränderung des äußeren Bildes der Bank geht es Herrhausen ebenso um eine verbesserte interne Kommunikation. Er holt Gertrud Höhler, die Paderborner Germanistikprofessorin und renommierte Unternehmensberaterin, in die Bank. Sie soll Vorschläge erarbeiten, wie die in seinen

Augen verkrustete Kommunikation, die als Einbahnstraße von oben nach unten verläuft und damit für Kritik und Vorschläge von unten nicht offen ist, verbessert werden kann.

Auf Anregung von Gertrud Höhler ruft Herrhausen eine Veranstaltung ins Leben – »DB-Intern«. Jede Hauptfiliale soll einmal im Jahr zu einer Informations- und Diskussionsrunde einladen. In München findet am 16. Mai 1989 die erste Veranstaltung dieser Art statt. Herrhausen und Höhler stellen DB-Intern unter die Maxime der hierarchiefreien Kommunikation. Unter der Überschrift »Die Deutsche Bank auf dem Weg in die Zukunft« sollen Mitarbeiter aus allen Bereichen der Bank die Gelegenheit haben, offene und kritische Fragen an Alfred Herrhausen und ein weiteres Vorstandsmitglied zu stellen.

Die Veranstaltung ist sehr gut besucht. Alfred Herrhausen legt in einem Einführungsvortrag seine Forderung dar: »Wir müssen unseren Mitmenschen sagen, was wir denken. Wir wollen das tun, was wir sagen. Es soll unsere Handlung identisch sein mit unserer Haltung.« Die anschließende Debatte ist lebhaft, Herrhausen antwortet auf Fragen und Anregungen in seiner überzeugenden Mischung aus fachlicher Präzision und sprachlicher Gewandtheit. Für ihn ist DB-Intern ein gewaltiger Erfolg. Er will diesen Veranstaltungstypus zu einem festen Bestandteil der Unternehmenskultur machen. Innerhalb eines Monats soll die nächste Debatte folgen.

Doch die Ernüchterung folgt bald. Ihm wird zugetragen, dass die »hierarchiefreie Diskussion« gesteuert war. DB-Intern war eine inszenierte Farce – und der alleinige Vorstandssprecher war ihr Hauptdarsteller. Keine der Fragen war spontan gestellt; sie waren vielmehr vom Veranstalter, der Münchner Hauptfiliale, vorformuliert, abgesprochen und im Einzelfall zensiert worden. Herrhausen ist schockiert, fühlt sich zur »Marionette« degradiert. Er spricht mit den dafür Verantwortlichen. Er erinnert an seine Einführungsrede: »Eine Demokratie ist eine Staatsform, die nur dann existieren kann, wenn die Demokraten sie tragen.« Die Antwort der Münchner Filialdirektion: Dieses Procedere sei doch in der Bank und den meisten anderen Unternehmen »usus«. Ergo: Er solle sich nicht so haben.

Herrhausen sagt daraufhin alle weiteren DB-Intern-Veranstaltungen ab. Gegenüber einem Freund meint er, dass es in Zeiten von Perestroika und Glasnost auf einem Parteitag der KPdSU mehr Rede- und Gedankenfreiheit gibt als in der Deutschen Bank. Er beginnt an der Reformierbarkeit des Unternehmens zu zweifeln. »Ich habe morgens beim Betreten der Bank das Gefühl, dass mich ein gigantischer Airbag langsam erstickt.«

Willkommener Anlass, die postulierte Transparenz im Umgang mit wirtschaftlicher und gesellschaftlicher Macht

zu beweisen, wird für Herrhausen die Rettung des angeschlagenen Handelshauses Klöckner, dessen Hausbank die
Deutsche Bank ist. Das traditionsreiche Haus hatte nach
Fehlspekulationen im Rohölhandel Verluste erlitten, die
das Eigenkapital bei weitem überstiegen. Zur Rettung des
Unternehmens und zur Vermeidung von Kettenreaktionen
mit Folgen für Zehntausende von Arbeitsplätzen beschließt
die Bank, den Handelskonzern im Ganzen zu übernehmen,
mit neuem Eigenkapital von 400 Millionen DM auszustat-
ten und damit auch alle Risiken der gesamten offenen
Handelspositionen zu übernehmen.

Alfred Herrhausen ist durch seine guten Medienkontakte
der Erste, der zum Stand der Rettung des Klöcknerkon-
zerns gefragt wird. Er benennt ungeschützt öffentlich die
offenen risikoreichen Positionen von Klöckner im Rohöl-
markt. Für den die Sanierung betreibenden Vorstandskollegen Ulrich Cartellieri ist dies ein Schlag. Die Märkte kennen nun die bisher nur vermuteten Klöcknerpositionen und
können sich darauf einrichten – das Schlimmste, was einem
stark exponierten Marktteilnehmer passieren kann.

Darüber gibt es eine harte Aussprache zwischen beiden
Vorstandsmitgliedern. Es fällt Alfred Herrhausen schwer
zu akzeptieren, dass »rein markttechnische Gesichtspunkte«
gegenüber seinem hehren Feldzug für mehr Transparenz
überhaupt eine Rolle spielen könnten. Herrhausen ist nicht
gewillt, trotz solcher gefährlichen Folgen, vom Gebot der
Transparenz abzulassen. Nur wenige glauben, dass er auch
andere in der Bank von seiner Haltung überzeugen kann:
»Wenn man von außen moralisch angegriffen wird, dann
muss man sich zutrauen, seine Gegner zu verstehen. Wie
denken die? Wo kommen die her?«

Für die Deutsche Bank geht diese riskante Auffangaktion
dennoch profitabel aus. Sie saniert Klöckner erfolgreich
und verkauft das Unternehmen unwidersprochenen Presse-
meldungen zufolge für mehr als eine Milliarde DM.

Alfred Herrhausen nimmt noch weitere kritische Positionen zur Verantwortung der Bank ernst. Er greift die Frage auf, nach welchen ethischen Kriterien Kredite vergeben werden – auch für Waffenlieferungen. Zahlreiche Großkredite sind nach Umweltschutz- und Menschenrechtskriterien fragwürdig. Üblicherweise wird innerhalb der Bank argumentiert:»Wenn wir es nicht machen, macht es die Konkurrenz – also machen wir's.« Damit will sich Herrhausen nicht mehr abfinden.

Tatsächlich wird Jahre nach seinem Tod ein Katalog erarbeitet, der die ethischen Kriterien festschreibt, die für die Kreditvergabe Voraussetzung sind. Doch der damit verbundene Aufwand ist vielen in der Bank eher hinderlich, schränkt er doch die potentiell erzielbare Rendite ein. Bei einer in Karlsruhe abgehaltenen Veranstaltung »Offen Gesagt« soll ein Vorstandsmitglied den Eindruck erweckt haben, dass diese Richtlinien lediglich der Außendarstellung der Bank dienen. Sinngemäß soll er, so einer der damals Anwesenden, darauf hingewiesen haben, was der eigentliche Zweck dieser Schrift sei: Sie soll aus dem Schrank geholt werden, wenn die Kreditaufsicht da ist, und gezeigt werden. Danach könne sie wieder in den Schrank zurückgestellt werden.

Außer an undurchsichtigen Großkrediten stört sich Herrhausen am Insiderhandel mit Aktien. Es kommt immer wieder vor, dass Mitarbeiter unmittelbar nach bedeutenden Kaufaufträgen auch selbst diese Aktien kaufen – in der Hoffnung, dass der Kurs in die Höhe schnellt. »Auf diese Weise wurde mancher Mitarbeiter dieser Abteilung schnell und bequem reich«, erinnert sich Matthias Mosler. Wenn Alfred Herrhausen davon erfährt, soll er sich darüber maßlos empört haben. Diese Form der persönlichen Bereicherung verachtet er. »Auch in diesem Sinne war er der Zeit voraus und ein Vorbild«, so Matthias Mosler.

Einer von Herrhausens engeren Mitarbeitern sieht im unbedingten Idealismus seines Vorgesetzten dessen größte Schwäche: »Man kann in diesem Haus nicht honorig und gleichzeitig erfolgreich sein. Anders ausgedrückt: Man muss sich die Finger schmutzig machen. Macht macht schmutzig.« Die Bank funktioniere nach einem mephistophelischen System der Verführung durch Bestechung. Die Bank habe längst eine Struktur angenommen, in der sich jeder das nimmt, was er nehmen kann. Loyalität gegenüber der Bank zählt nicht mehr, nur noch Effizienz, die durch ein großzügiges Bonussystem in Form von Aktienoptionen belohnt wird. Dieses Bonussystem steht für nichts anderes als Selbstbereicherung. Innerhalb der letzten Jahre hat sich das Grundgehalt der Vorstandsmitglieder der Deutschen Bank verachtfacht. Aus einer Million sind acht Millionen Euro geworden. Der Mitarbeiter: »Wir haben uns angepasst an die Gehälter der amerikanischen Investmentbanker. Das ist ein kleiner Nebeneffekt der Fusion mit einer amerikanischen Bank. Um gute Leute im international hart umkämpften Wettbewerb zu gewinnen und zu halten, muss man mitziehen. Die Sache hat aber noch eine andere Seite: Gesellschaftliche Verantwortung, Transparenz – das sind altmodische Begriffe aus der Ära Herrhausen. Das System ist durch und durch korrupt. Alle wissen es, alle machen weiter, mit immer größerer Beschleunigung. Dass das Ganze auf einen Untergang zusteuert, ist vielen bewusst.«

Seit 1985 ist Alfred Herrhausen Aufsichtsratsvorsitzender von Daimler-Benz. Nach seinem Leitsatz »Macht muss man auch wollen« nützt er seinen Einfluss bei der Umgestaltung des Automobilkonzerns zu einem integrierten Technologiekonzern. Gegen manchen Widerstand beruft er dazu 1987 Edzard Reuter an die Spitze des Konzerns, der bereits in den Jahren zuvor verantwortlich ist für zahlreiche Zukäufe und Beteiligungen. Um »seinem Mann« den Job zu besorgen, drängt Herrhausen den bisherigen Vorstandsvorsitzenden Werner Breitschwerdt zum Rücktritt. Reuter ist in der Deutschen Bank nicht unumstritten. Wilfried Guth, damals noch Aufsichtsratsvorsitzender der Deutschen Bank, versucht, Herrhausen von seiner Entscheidung für Reuter abzubringen. Guths Skepsis bezieht sich auch auf das Gespann Reuter – Herrhausen. In seinen Augen stehen beide für den Typus des Überfliegers. Guth ist davon überzeugt, dass die beiden kein gutes Führungsduo für den Daimler-Benz-Konzern abgeben. Herrhausen lässt sich nicht beirren und setzt Edzard Reuter durch. Die »Zeit« sieht in Herrhausen nun den »eigentlichen Chef« von Daimler-Benz, der den Konzern steuere.

Erklärtes Ziel von Edzard Reuter ist es, neue Geschäftsfelder im Bereich der Hochtechnologie aufzubauen, die einerseits die technische Führungsposition beim Automobilbau sichern, andererseits aber für die Zukunft auch eigenständige neue Wachstumsfelder eröffnen sollten. Unter seiner Verantwortung hatte die Daimler-Benz AG bereits die Mehrheitsbeteiligungen an der MTU (Maschinen- und Turbinenunion) und dem Luft- und Raumfahrtunternehmen Dornier GmbH erworben. Beide Unternehmen sind auch im Bereich der Rüstung tätig. Mit Herrhausens ausdrücklicher Unterstützung folgt der Einstieg bei der AEG. Nun sollte im Rahmen der langfristig angelegten Konzernstrategie eine weitere Übernahme erfolgen.

Im April 1988 beginnt Edzard Reuter mit der Bundesregierung Verhandlungen über die Beteiligung des Automobilkonzerns am Rüstungs- und Luftfahrtunternehmen Messerschmidt-Bölkow-Blohm (MBB). Die Mehrheit der MBB-Anteile liegt bei der öffentlichen Hand.

Diese Verhandlungen beschäftigen Politik- und Wirtschaftsseiten der Zeitungen mehr als ein Jahr lang, denn Daimler-Benz droht, zusammen mit Dornier, der MTU, AEG und

MBB, zum mit Abstand größten deutschen Rüstungsunternehmen zu werden.

Befürworter der Fusion verweisen auf die USA, wo es keine Berührungsängste gebe mit großen Luft- und Raumfahrtkonzernen, die auch Rüstungsgüter produzierten. Das Bundeskartellamt stellt sich auf die Seite der Kritiker und verbietet den Firmenzusammenschluss, weil er einen Konzern von marktbeherrschender Stellung hervorbringe. Einzig dem Bundeswirtschaftsminister Martin Bangemann (FDP) steht laut Gesetz das Recht zu, sich nach Rücksprache mit Bundeskanzler Kohl im Rahmen einer »Ministerverfügung« über den Beschluss des Kartellamtes hinwegsetzen.

Edzard Reuter weiß, dass er durchaus Chancen hat, das Projekt gegen die breite Front der Gegner durchzusetzen. Zunächst muss er Alfred Herrhausen sicher auf seiner Seite wissen. Der stellt sich zunächst auch öffentlich hinter Reuter. Doch mit der Allianz des größten deutschen Kreditinstituts und des grössten deutschen Industriekonzerns kommt die öffentliche Debatte um die Macht des neuen Rüstungsgiganten erst richtig in Schwung. Im August 1988 bezeichnet der »Spiegel« in einer Titelgeschichte den »Rüstungsriesen Daimler-Benz« als die »Waffenschmiede der Nation«. Ein Foto des »Mercedesfreundes Hitler« illustriert den Beitrag, in dem der Verdacht geäußert wird, Daimler wolle nach gut 40 Jahren Schonfrist dort wieder anknüpfen, wo das Unternehmen 1945 gestoppt geworden war. En passant erhält die – nicht nur von der RAF propagierte – Unterstellung eines Kontinuums zwischen Drittem Reich und Gegenwart neue Nahrung.

Der Begriff des militärisch-industriellen Komplexes macht nun die Runde. Auch Mitglieder der SPD-Bundestagsfraktion warnen davor. Damit findet diese Formulierung, die von Lenin stammt und immer wieder in den Bekennerbriefen der RAF aufgetaucht war, Eingang in den allgemeinen Sprachgebrauch.

Herrhausen wird in der Öffentlichkeit zu einem der Hauptdrahtzieher der Fusionspläne stilisiert. F. Wilhelm Christians spricht von einer »beispiellosen Hetzkampagne« gegen den Vorstandssprecher und die Deutsche Bank. Demonstranten verteilen Flugblätter, die Alfred Herrhausen hinter einem Fadenkreuz zeigen. Christians nimmt sich vor, Herrhausen »aus der Schusslinie zu bringen«.

Einige Vorstandskollegen sind gegen die Fusionspläne und bitten Christians, sich einzuschalten und zu vermitteln. Es heißt, mit dem Herrhausen könne man nicht mehr reden. Sie halten es inzwischen für einen großen Fehler, nicht verhindert zu haben, dass Herrhausen alleiniger Sprecher wurde.

Christians trifft ihn zu einem Gespräch unter vier Augen. Er schlägt vor, dass Alfred Herrhausen den Aufsichtsratsvorsitz von Daimler-Benz niederlegt. Dadurch würde die breite Front der Bankkritiker aufgebrochen. Auch einen Nachfolger im Aufsichtsratsvorsitz bei Daimler-Benz hat Christians schon ausgeguckt: den mittelständischen Unternehmer Tyll Necker, der der Deutschen Bank verbunden ist.

Insofern ist vom ehemaligen Co-Sprecher alles zu Ende gedacht. Nur Herrhausen spielt nicht mit: »Er hat zwei Sekunden überlegt, dann den Rücken durchgestreckt. Da wusste ich, dass ich verloren habe.« Christians wirft sich heute vor, »Herrhausen gegenüber zu nett gewesen zu sein: Das war eine Sprache, die er nicht verstand.«

Auch Edzard Reuter spürt den Druck, unter dem Alfred Herrhausen innerhalb der Bank steht. Die ursprünglich vorbehaltlose Unterstützung weicht einem Zögern. Herrhausen leidet offenbar persönlich darunter, dass Teile der Öffentlichkeit die Bank und ihren Sprecher wegen der angeblich beherrschenden Position bei Daimler-Benz in ihre »Schmähungen« einbezieht.

Wochenlang ringt Herrhausen mit sich. Ein Gegenargument wiegt für ihn besonders schwer. Wie kein anderer glaubt er an eine Wiedervereinigung der beiden deutschen Staaten in absehbarer Zeit. Doch diese ist nur in einem Klima der Entspannung möglich, die eine Reduzierung der Rüstungsetats bedinge. Deshalb hat er Skrupel, die Automobil- und Rüstungsproduktion zusammenzuführen. Nach außen und gegenüber dem Vorstand zeigt er seine Zweifel nicht: Die Deutsche Bank müsse den Kurs von Reuter decken.

Im Herbst 1988 soll der Vorstand der Deutschen Bank über die Fusionspläne entscheiden. Ein Meinungsbild zeigt Alfred Herrhausen auf verlorenem Posten, es scheint, als ob er sich dem Druck der Kollegen beugen werde. Er unterbricht die Vorstandssitzung und teilt Reuter mit, dass die Bank das Projekt nicht unterstütze. Wenn er es dennoch durchziehen wolle, trenne sich die Deutsche Bank mittelfristig von ihren Daimler-Benz-Anteilen. Reuter ist davon wenig beeindruckt. Er antwortet Herrhausen, dass er ungebrochen für die Fusion eintrete und mit MBB, den Anteilseignern und der Bundesregierung weiter verhandeln werde.

Trotz der vorläufigen Abstimmungsniederlage im eigenen Vorstand bleibt Alfred Herrhausen bei seiner Unterstützung der Fusion und stellt sich der öffentlichen Kritik mit »offenem Visier«. In mehreren Interviews geht er auf die Bedenken der Fusionsgegner ein. Dem Vorwurf, hier werde ein Rüstungsgigant entstehen, tritt er entgegen. Daimler-Benz, so Alfred Herrhausen, werde auch in Zukunft ein ziviles Unternehmen bleiben und keine militärisch bedingte Änderung der Unternehmensstruktur erleben. Der militärische sei im Vergleich zum zivilen Bereich mit zehn Prozent klein und werde klein bleiben. Er hoffe überhaupt, dass die Rüstungsindustrie insgesamt nicht wachse, sondern schrumpfe. »Dies ist auch die politische Intention, sonst würden wir nicht über Abrüstung zu reden haben.«

In bankinternen Debatten nimmt er eine ambivalente Haltung ein und fällt damit Edzard Reuter zweimal in den Rücken. Dem FDP-Vorsitzenden Graf Lambsdorff signalisiert er, nicht verstimmt zu sein, wenn die Fusion keine Ministererlaubnis erhalte. Dann trägt er im Daimler-Aufsichtsrat mit Reuter nicht abgesprochene Strategien vor. Herrhausen schlägt vor, dass Daimler-Benz von sich aus den Rückzug aus den verteidigungstechnischen Bereichen nicht nur von MBB, sondern auch von Dornier und der AEG anbieten soll. Edzard Reuter ist empört – sowohl über das Vorgehen wie über die Inhalte von Herrhausens Vorstoß. Ein freiwilliger Rückzug aus dem Rüstungssektor des Konzerns sei unternehmerisch unverantwortlich. Durch einen engagiert argumentierenden Brief und den Gedanken der europäischen Kooperation in der Rüstungsindustrie bringt Reuter Herrhausen doch noch auf seine Seite. Reuter verspricht, nach der nationalen Bündelung der Luft- und Raumfahrttechnologien die europäische Einbindung voranzutreiben.

Herrhausen versucht seinen Vorstand mit neuen Argumenten von der Reuter'schen Linie zu überzeugen. Die Voraussetzungen sind schlecht, nachdem der Fusionsplan bereits einmal abgelehnt worden ist. Doch in der entscheidenden Sitzung gelingt ihm ein kleines Wunder: Seine Kollegen votieren für die Fusion. »Der Vorstand hatte nach dieser Entscheidung nicht ein besonders frohes Gefühl, um es mal sehr milde auszudrücken – eher das Bewusstsein, wir haben uns hier auf etwas eingelassen, wo wir nach wie vor größte Bedenken hegen.« Ausschlaggebend für das »Ja« ist die Frage, ob die Deutsche Bank bereit ist, dem größten Industriekonzern der Bundesrepublik öffentlich die Gefolgschaft zu versagen. Sie ist es nicht.

Dass seine Kollegen in der Bank ihm das Leben auch jenseits dieser Entscheidung nicht leicht machen, ist ein öffentliches Geheimnis. In einem Interview des »Spiegel« wird Alfred Herrhausen damit konfrontiert, dass viele Bankerkollegen darauf warten, dass »der Überflieger eine Bauchlandung hinlegt«. Alfred Herrhausen antwortet auf diese Frage ungewohnt defensiv: »Damit muss ich leben. Ich bin kein Überflieger. Ich bin ein Mensch, der weiß, wie Menschen sind. Adenauer hat einmal gesagt: Nehmen Sie die Menschen so, wie sie sind. Es gibt keine anderen.«

Wie sehr Alfred Herrhausen dieser zuletzt doch gewonnene Machtkampf mit seinen Kollegen zugesetzt hat, zeigen seine Phantasien vom Ausstieg aus der Deutschen Bank. Edzard Reuter erinnert sich, Alfred Herrhausen habe mehrfach mit erkennbarer Beunruhigung in der Stimme erwähnt, dass er überlege, in nicht allzu ferner Zeit aus dem Vorstand der Deutschen Bank auszuscheiden, um eine Professur zu übernehmen.

Die letzte Frage des zitierten »Spiegel«-Interviews ist eher eine Feststellung zum Leben von Alfred Herrhausen: »Das Leben ist gefährlich, wir wissen das.« Antwort von Alfred Herrhausen: »Das Leben ist lebensgefährlich, aber es ist auch schön.« Der ehemalige Leiter der Abteilung Konzernentwicklung und Controlling fragt sich heute noch, wie Alfred Herrhausen zum konkreten Ziel der RAF wurde. »Was war es denn nun wirklich, was einen Wirtschaftsführer, einen Bankier zu einem politischen Gegner werden ließ? In kühler, rückschauender Analyse ist nicht auszuschließen, dass die Debatte über die Fusion ihn noch mal als Repräsentanten des Systems akzentuiert hat. Möglicherweise haben diese Auseinandersetzungen ihn in die Mitte des Fadenkreuzes katapultiert. Tragisch dann, wenn man weiß, wie sehr er drum gerungen hat; tragisch, wenn man weiß, wie kritisch eigentlich das Verhältnis war zwischen ihm, dem Repräsentanten, und dem, was er repräsentieren sollte oder wollte.«

Alfred Herrhausen wird den Vollzug der Fusion nicht mehr erleben. Im Dezember 1989, eine Woche nach seiner Ermordung, erteilt der Bundeswirtschaftsminister die Genehmigung für die Fusion von MBB und Daimler-Benz.

Nach der Fusionsdebatte bleibt Alfred Herrhausen im Fokus der Medien. Er ist ein gern gesehener Talkshowgast. Mehrfach ist er auf den Titelblättern unterschiedlicher Magazine abgebildet. Auch für die internationale Presse ist er ein geschätzter Gesprächspartner. In amerikanischen Fernsehinterviews erscheint Herrhausen gelöster als in deutschen. Offenbar kontrolliert er im Ausland nicht jede Nuance seiner Formulierungen und ist nicht darauf konzentriert, um jeden Preis die Aura der Unnahbarkeit zu wahren. So sorgt Herrhausen mit seinen Auftritten »für eine Retusche des Porträts vom hässlichen Deutschen«, wie eine amerikanische Zeitung einmal schreibt.

Seine starke Kontrolliertheit bei deutschen Gesprächen und Interviews resultiert daraus, dass jede Antwort zum Geschoss gegen ihn werden kann – und das vor allem im eigenen Haus. Herrhausens Medienpräsenz stößt den Vorstandskollegen unangenehm auf. »Der Vorstand hatte es überhaupt nicht nötig, sich in der Öffentlichkeit zu profilieren. Es gab ein ungeschriebenes Gesetz: ›Da, wo die Deutsche Bank auftritt, hat das Umfeld Pause.‹ Das hat uns bis dato unglaublich ruhig durch die Lande ziehen lassen«, so sein Vorstandskollege van Hooven.

Um dem Vorwurf der medialen Omnipräsenz zu begegnen, listet Herrhausen alle Interviewanfragen auf und bittet seine Kollegen, die Anfragen mit ihm gemeinsam abzuarbeiten. Es ist aber kaum einer bereit, den Sprecher in Interviews zu vertreten. Auch die Medien wollen nur den einen – und davor kapitulieren die Kollegen in einsichtiger Selbstbeschränkung. Sie möchten nicht als »zweite Wahl« verwertet werden.

Durch den fehlgeschlagenen Versuch, seine Kollegen in

die Interviews einzubeziehen, verstärkt Alfred Herrhausen ungewollt bei ihnen das Empfinden eigener Unzulänglichkeit. Das produziert zusätzliche Distanz zum Sprecher. Herrhausen habe nur sich und seine ehrgeizigen Ziele im Auge gehabt, werfen ihm seine Vorstandskollegen vor. Die Leute in der Bank fühlen sich missbraucht – als Steigbügelhalter eines selbst ernannten Visionärs, der sich um sie und die tatsächlichen Probleme der Bank nicht mehr kümmert. F. Wilhelm Christians: »Er bot den Medien Überschriften und Schlagworte. Das hat ihn auf die Dauer zu einer Selbsteinschätzung gebracht – Na, ich brauch nur zu rufen, dann kommen sie alle. Und dann kommt etwas, was den Hochtalentierten in Hybris verfallen lässt.«

Den Höhepunkt der Kritik an Alfred Herrhausen löst ein großer Artikel in einem Wirtschaftsmagazin aus. Der Text über den Sprecher ist mit Fotos illustriert, die ihn vor einem großen Tresor der Deutschen Bank zeigen. Herrhausen scheint sich der Wirkung dieser Bilder überhaupt nicht bewusst zu sein. Dass sein Auftreten das Klischee des »Kapitalisten« bedient, ist für ihn unvorstellbar. Er ist davon überzeugt, dass sein Auftritt als Element der von ihm geforderten Glasnostdebatte verstanden werde.

Das Cover ist das Gesprächsthema Nummer eins in der Bank. Ein Vorstandsmitglied: »Es gab das Gefühl einer gewissen Peinlichkeit. Es war fast shocking. Man stellte sich nicht zur Schau, vor allen Dingen nicht neben einer geöffneten Tresortür. Das ist nicht Deutsche-Bank-like.«

Der »Spiegel« greift die Verbindung von Geld und Macht auf und bezeichnet Alfred Herrhausen auf dem Titel als »Der Herr des Geldes«. Herrhausen selbst trägt auch zu seiner Stilisierung bei. In einem Interview bringt er sich in die Nähe zu Ludwig XIV. und dessen Ausspruch, »l'état c'est moi«, der Staat bin ich. In Herrhausens Variation liest es sich so: »Die Macht der Banken, das ist die Macht der Bankiers, und das bin ich. Geld regiert die Welt, von Fugger bis hin zu J. P. Morgan. Mein Name reiht sich ein.«

Auch loyale Mitarbeiter wie Tilo Berlin vermissen, bei aller Begeisterung für Herrhausen, bisweilen die Erdung beim Chef. »Wenn jemand gewöhnt ist, dass ihm alles gelingt, der muss abheben. Herrhausen verspürte einen Hang zum Grenzenlosen.« Tilo Berlin wünscht sich, Alfred Herrhausen auf den Boden des Machbaren herunterholen zu können. »Es ist schwer zu ertragen, wenn man zusehen muss, wie sich so ein talentierter Mensch selbst im Wege steht.« Herrhausen erhält in diesen Wochen von Kollegen den Beinamen »Ikarus«. Andere gehen noch einen Schritt weiter. Manche Mitarbeiter nennen ihren Vorstandssprecher »Herrgott«.

Letztendlich, so die These einiger Kollegen, sei Herrhausen für seinen Tod selbst verantwortlich. Die mediale Dauerpräsenz habe von ihm in der Bank niemand verlangt. Das sei gewissermaßen sein Privatvergnügen zur Befriedigung seiner Eitelkeiten gewesen. Deshalb sei auch sein Tod ein »privates Risiko« gewesen.

Alfred Herrhausen ist bewusst, dass sein Gefährdungsgrad sich erhöht, immer häufiger spricht er von einer »begrenzten Zeitspanne«. Damit meint er nicht die ihm bis zu Pensionierung verbleibenden Jahre in der Bank; er spielt auf seinen Tod an. Traudl Herrhausen erinnert sich, wie ihr Mann einmal scheinbar ohne jeden Zusammenhang meinte, dass er nicht alt werden würde.

Bereits Ende der siebziger Jahre schmerzt Alfred Herrhausen nach längerem Sitzen oder Stehen die Hüfte. Ursache ist eine Arthrose des Hüftgelenks. Er beginnt leicht zu hinken. Daher meidet er Empfänge, Museumsbesuche und Stadtbummel. Doch trotz massiver Beeinträchtigungen zögert Herrhausen einen Operationstermin über Jahre hinaus. Er kann seine Abneigung gegen einen Aufenthalt im

Krankenhaus nicht überwinden. Stattdessen schluckt er Schmerztabletten. Alfred Herrhausen fragt sich, was in der Bank passiere, wenn er drei oder vier Wochen körperlich nicht auf der Höhe sei. Er hat Angst, dass es hinter vorgehaltener Hand heiße: »Einer, der wie ein Krüppel auf Krücken daherkommt, ist als Sprecher für die Bank unzumutbar.«

Ein alarmierendes Röntgenbild gibt schließlich den Anstoß zur Operation. In der Woche nach Weihnachten 1988 erhält Alfred Herrhausen ein künstliches Hüftgelenk. Der Eingriff verläuft erfolgreich. Danach fällt Alfred Herrhausen in eine tiefe Depression. Er kommt nicht damit zurecht, versehrt zu sein und nichts dagegen unternehmen zu können. Mit seinem Freund Paul Brand spricht er über seine Angst, aus dem Krankenzimmer nie mehr herauszukommen: »Das könnte mein Ende sein.«

Paul Brand zögert nicht lange, packt seinen Koffer und fährt zur Rehaklinik in der Lüneburger Heide. Er mietet sich in einer nahe gelegenen Pension ein. Die Nachmittage und Abende verbringen die Freunde gemeinsam. Im Nebenzimmer sitzen die Personenschützer. Mit Hilfe eines Spiegels überwachen sie den Flur und Teile des Zimmers von Alfred Herrhausen.

Während die Ärzte von einer mindestens sechs Wochen dauernden Genesung sprechen, will Alfred Herrhausen sich selbst und anderen beweisen, dass er bereits nach der Hälfte der Zeit ohne Krücken gehen kann. Zum Festvortrag bei der Frankfurter Gesellschaft für Handel, Industrie und Wissenschaft in der dritten Januarwoche will er ohne Krücken laufen. Paul Brand: »Er hat das Reha-Programm durchgezogen wie eine Prüfungsaufgabe und alles doppelt und dreifach erfüllt.« Herrhausen bekämpft seine Schmerzen, beißt die Zähne zusammen. Nach dem krankengymnastischen Programm macht er allein weitere Übungen. Einer der Personenschützer: »Wir sind mit ihm die

Runden gegangen. Wir sollten darauf achten, dass er nicht hinkt. Seine Haltung war: ›Ich muss es schaffen, also schaffe ich es auch.‹ Er hat sich selbst gequält. Ihm sind die Tränen in den Augen gestanden.« Das Training lohnt sich. Alfred Herrhausen lässt seine Krücken in der Klinik zurück. Mit scheinbar geringer Anstrengung geht er in Frankfurt zum Rednerpult. Äußerlich gibt er keinerlei »Angriffsfläche«. Umso mehr ist dafür seine Rede für viele im Auditorium eine Provokation.

»Befinden sich unsere Denkmuster mit der Wirklichkeit in Übereinstimmung? … Die Vorstellung der Moderne, wir könnten ständig sich erweiternde ökonomische Optionen – gekoppelt mit wirtschaftlichem Wachstum – und unaufhaltsam zunehmender Naturbeherrschung problem- und fugenlos verbinden mit einer einschränkungsfreien Emanzipation von verpflichtenden sozialen Verantwortungen im Sinne gleichsam totaler Selbstverwirklichung der Individuen, hat sich als verhängnisvoller Irrtum herausgestellt. Er war und ist Anlass für viele Irrwege, die wir gegangen sind und immer noch gehen. Dem liegt in zahlreichen Fällen fehlerhaftes Denken zugrunde. Als solches bezeichne ich ein Denken, das im Widerspruch steht zu der jeweiligen Realität, mit der es sich befasst. Und dies hat mit einem elementaren psychologischen Sachverhalt zu tun, der mit der ständig größer werdenden Differenzierung unserer Lebensverhältnisse immer mehr an schädlicher Bedeutung gewinnt, mit der Tatsache nämlich, dass die meisten Menschen es sich gleichsam als ›Überlebensmethode‹ ›einfach‹ machen wollen. Unsere Welt ist aber vielfach – Musil spricht gar von Wirrsal –, was ja immer etwas Labyrinthisches zum Ausdruck bringt; sie ist ungemein komplex, vernetzt und schwierig geworden, und es bedarf oftmals großer intellektueller Anstrengungen, um sie zu begreifen, was ja die Voraussetzung ist, sie zu gestalten.«

Im Weiteren geht Herrhausen der Frage nach, wo aus falscher Bequemlichkeit oder aus Ignoranz Denken und Realität nicht in Einklang gebracht würden. Er wirft den Politikern vor, sich zu sehr am Wählerverhalten zu orientieren. Sie konzentrierten sich oft auf das kommunale, regionale und nationale Geschehen – und verlören darüber eine internationale Perspektive. Alfred Herrhausen wünscht sich Politiker von intellektueller Wahrhaftigkeit, moralischem Pflichtgefühl und Konsequenz – die unabhängig von Aufträgen und Weisungen ihrer Klientel entschieden. Der Politiker solle das Verhältnis zum Zeitgeist umdrehen: er solle ihn beeinflussen, verändern und gestalten, um seinem Gewissen Raum zu schaffen. Die Zuhörer wissen nur zu gut, dass Alfred Herrhausen hier zwar von Politikern spricht, aber sie selbst meint: Führungskräfte aus Banken und Industrie. Sie fühlen sich angesprochen, wenn er von mangelnder Flexibilität und Besitzstandsdenken spricht, das die (welt)-politische Verantwortung nicht wahrnimmt. Dass der Begriff des Gewissens im Angesicht von reinem Karriere- und Renditedenken ein Fremdkörper ist, wissen sie genauso gut wie Herrhausen selbst.

»Ingeborg Bachmann hat einmal gesagt: ›Die Wahrheit ist dem Menschen zumutbar.‹ Ich glaube, sie hat Recht. Wer sagt, was er denkt – richtig, fehlerfrei denkt –, und tut, was er sagt, und dann auch ist, was er tut, hat bei vielen Adressaten Erfolg, für die persönliche Glaubwürdigkeit ihren Stellenwert noch besitzt.«

Die Rede verstärkt das Image von Alfred Herrhausen als arrogantem Oberlehrer. »Er weiß, wie richtig gedacht wird, und die anderen müssen das eben erst beigebracht bekommen«, so ein Vorstandsmitglied. Spätestens hier wird die Kritik an der Rede zu einer Kritik an der Person Herrhausen. Noch Wochen nach dem Vortrag werden Mitarbeiter der Deutschen Bank mit süffisantem Lächeln von Kollegen anderer Institute darauf angesprochen, ob sie denn inzwischen gelernt hätten, richtig zu denken. Die

Reaktionen auf seinen Vortrag legen den täglich sich vertiefenden Riss zwischen Alfred Herrhausen und der Bank offen, ein Riss, der nicht zuletzt dadurch entsteht, dass der Vorstandssprecher sein eigenes Institut für hochgradig renovierungsbedürftig hält.

Nach Herrhausens Ansicht lauert eine große Gefahr in den zu hohen Kosten, die die Bank selbst produziert. Angesichts der international verschärften Konkurrenzlage drohe die Deutsche Bank auf mittlere Sicht den Anschluss zu verlieren. Deshalb müsse die Bank gleichzeitig expandieren und sich im Innern neu strukturieren.

»Als ich 1970 in die Bank eintrat, waren wir in keinem anderen Land vertreten. Vor zehn Jahren, also 1979, war unter den ersten zehn Banken keine japanische. Heute sind die ersten zehn Japaner. … Ein Unternehmen muss wachsen, wenn es erfolgreich sein will. Es ist besser zu agieren als zu reagieren.«

Nach Umsatz steht die Deutsche Bank 1988 international auf Platz 20 – mit fallender Tendenz. Herrhausen sieht den Ausweg im offenen Expansionskurs: »Wachstum lässt sich nur auf Kosten anderer – bereits etablierter Großbanken – erzielen.« Ein Vorstandsmitglied: »Ich glaube nicht, dass Herrhausen damals schon ein fertiges Konzept hatte, im Sinne von: ›In Land A brauchen wir Bank B, und dann versuchen wir, sie zu akquirieren.‹ Das war eher das Nutzen von Gelegenheiten, und die Philosophie wurde hinterher dazu erfunden.« Herrhausen lässt Banken in Spanien und Italien kaufen. In Frankreich versucht er, durch ein dichteres Filialnetz die Deutsche Bank stärker präsent zu machen. Das Hauptaugenmerk gilt jedoch dem Investmentbanking. Dafür sucht er eine Bank in London oder New York.

Herrhausen glaubt nicht, das für internationales Investmentbanking im großen Stil benötigte Personal in Deutschland zu finden – und in Europa allenfalls in London. Zusammen mit Hilmar Kopper, der im Vorstand für den

Einstieg ins Investmentbanking zuständig ist, findet er bald einen Übernahmekandidaten, die Morgan Grenfell Investment Bank in London. Sie ist eine der führenden Banken auf diesem Gebiet in Großbritannien. Thomas R. Fischer und Tilo Berlin erstellen die Expertise zur Kaufoption von Morgan Grenfell und sprechen sich gegen die Übernahme der Londoner Investmentbank aus. Sie fürchten, dass der Deutschen Bank das Führungspersonal fehle, um Morgan Grenfell zu leiten und zu kontrollieren. Herrhausen gibt das Gutachten an Fischer und Berlin mit einem kurzen Vermerk zurück: »Wir machen es trotzdem.« Er widerspricht jedoch Fischer und Berlin inhaltlich nicht. Herrhausen weiß, dass er die Deutsche Bank radikal umkrempeln muss, um sie auf eine solche Übernahme vorzubereiten.

Ihn treibt die Frage um, wie die Deutsche Bank für die Herausforderungen der Globalisierung und den sich verschärfenden internationalen Wettbewerb ihre innere Struktur verändern muss, um international mithalten zu können. Auf diesem Feld wird Alfred Herrhausen einen entscheidenden Kampf mit dem Vorstand austragen – und verlieren.

Die im Frühjahr 1989 vorgelegten Ergebniszahlen der Deutschen Bank sind ungewöhnlich gut. Die meisten Vorstandskollegen können den düsteren Langzeitprognosen Herrhausens nicht folgen. Vor allem sehen sie nicht den dringenden Handlungsbedarf, von dem er immer wieder spricht. »Alfred Herrhausen hatte bei aller Zukunftsbetonung nicht nur diese Momente von Selbstkritik, sondern schlimmer: eines Zweifels an der Richtigkeit des eigenen Tuns, aber auch des Tuns der anderen in der Bank. Sie teilen sich auch dem Umfeld mit. Das löst dann nicht die Motivation aus, die man braucht, wenn man erfolgreich sein will.«

Weil seine Reformpläne innerhalb der Bank wenig Unterstützung erfahren, sucht er sich außerhalb Argumentationshilfe. Bei der Unternehmensberatung McKinsey gibt er ein

groß angelegtes Strukturgutachten in Auftrag. Für seine
Kollegen ist das allein schon ein Affront. »Wir wissen selbst,
was man in der Bank ändern muss. Da brauchen wir niemand von außen.« Ein weiteres Problem für seine Kollegen
ist ihre Ausgrenzung. F. Wilhelm Christians: »Er hat sich ab
diesem Moment sehr verändert. Er ist zunehmend rück-
sichtsloser geworden.« Der ehemalige Co-Sprecher des
Vorstandes und Anwärter für die Position des Aufsichtsratsvorsitzenden, Christians, erfährt nur zufällig über seine
Ehefrau von Herrhausens Vorhaben, die Bank im Inneren
strukturell zu reformieren. Als Herrhausen einmal »Tisch-
herr« von Frau Christians ist, erklärt er ihr, dass es mit dem
langsamen Trott, der bislang in der Bank geherrscht habe,
nun bald vorbei sein werde. Es werde nichts mehr so bleiben wie bisher.

Die Ergebnisse der McKinsey-Studie trägt Herrhausen
Mitte 1989 im Vorstand vor. Bislang 17 weitgehend eigenständig arbeitende Hauptfilialen sollen auf sieben reduziert
und in ihrem Handlungsspielraum stark beschränkt werden.
Ein großer Teil der Verantwortung soll in die Vorstands-
etage der Frankfurter Hauptverwaltung verlagert werden.
Die Umstrukturierung sieht eine vertikale Spartengliede-
rung vor in Firmenbanking, Privatkundengeschäft sowie
Wertpapier- und Investmentbanking. Die Hauptfilialen sollen nach dem Umbau ihren Status als Universalbank und
Profitcenter verlieren; ein Vorstandsmitglied soll für ihre
Kontrolle verantwortlich zeichnen. Ziel dieser Straffung ist
eine deutliche Kostenreduzierung. Gleichzeitig soll eine
unternehmerische Ergebnisverantwortung vom Kreditbera-
ter in der Filiale bis zum Vorstand eingeführt werden.

Um die Deutsche Bank durch Übernahmen britischer
oder amerikanischer Institute zu internationalisieren, muss
sie gewaltige Finanzmittel aufbringen. McKinsey schlägt
vor, dass sie sich deshalb mittelfristig von einem Teil ihrer
Industriebeteiligungen trennt. Das würde für zahlreiche

Vorstandsmitglieder und Generaldirektoren einen Verzicht auf Aufsichtsratsmandate – und damit einen Verlust an Einfluss, Prestige und Einkommen bedeuten. Vorstandskollege Rolf E. Breuer: »Es gab Widerstände in der ganzen Bank. Jeder war überrascht von der Krassheit des angestrebten Strukturwandels. Und jeder fragt sich natürlich in so einem Moment: ›Was bedeutet das für mich?‹ Viele mussten sich darüber im Klaren sein, dass der Wandel auch die ganz persönliche Position betreffen würde.«

Herrhausens radikaler Umgestaltungsplan alarmiert auch das mittlere und untere Management. Eine große Verunsicherung zahlreicher Mitarbeiter der Bank ist die Folge; nicht wenige fürchten, ihren Arbeitsplatz, auf dem sie jahrelang zum Teil erfolgreich tätig waren, zu verlieren oder im Sinne einer »sozialverträglichen Lösung« in irgendeinen anderen Bereich versetzt zu werden. »Das war der Grund für immense emotionale Widerstände.«

Die Rationalisierung in Deutschland bei gleichzeitiger Internationalisierung bedeutet für zahlreiche Mitarbeiter der Deutschen Bank, ins Ausland gehen zu müssen – oder zumindest in einem neuen Bereich mit ausländischen Kollegen zusammenzuarbeiten. Damit würde nicht nur Englisch zur Verkehrssprache, angelsächsische Arbeits- und Lebenshaltungen zögen in den Alltag der Deutschbanker ein. Auch dagegen regt sich Widerstand. Rolf E. Breuer fasst die wesentlichen Gründe dafür zusammen: »Scheu vor Neuem, auch Aversion gegen zu Modernistisches, ein auf provinziellen Denkweisen aufbauender Fremdenhass, Hass gegen das, was aus dem angelsächsischen, angloamerikanischen Wirtschaftskreis hier importiert werden sollte.« Ein anderes Vorstandsmitglied ergänzt: »Es gab fast eine kleine, ich will nicht sagen Revolution, aber Rebellion.« Herrhausen spricht vom »Zwergenaufstand der Bedenkenträger«, den er bekämpfen müsse. Das Problem sei dabei, so formuliert er gegenüber einem Freund, dass nicht mit offenem Visier gekämpft werde. Manche seiner Kollegen säßen »mit der Faust in der Tasche da – bis die Knöchel weiß werden«.

Herrhausen wirbt auf vielen Ebenen für sein Reformprogramm. Dabei bestätigt sich allerdings, dass er keine einflussreiche Lobby hat, die mit ihm für das Vorhaben kämpft. Am härtesten ringt er mit den 130 Direktoren unterhalb der Vorstandsebene. Das sind diejenigen, die die Reform vor Ort umsetzen müssen.

Diese Gruppe des mittleren und höheren Managements hat Alfred Herrhausen auch schon bei früheren Gelegenheiten nicht erreicht. Auf den Versammlungen redete er mit seinen Themen »Brauchen wir Eliten« und zur »Internationalisierung der Märkte« über den Filialleiterhorizont mancher Direktoren hinweg. Aus der Einsicht, das Auditorium nicht zu erreichen, wechselte Alfred Herrhausen manchmal abrupt den Stil seiner Rede. Er verlor sich in kleinen Details – im Glauben, sich auf die Ebene seiner Zuhörer zu begeben. Auch jetzt hat Alfred Herrhausen große Probleme, seine Ideen zu vermitteln. Die meisten Angesprochenen, so seine Bilanz, wollten oder könnten ihn nicht verstehen und opponierten deshalb.

Ein Vorstandsmitglied: »Es gab auch keine Veranlassung, ihm da zu helfen. Er hat nicht kapiert, was wir jeden Tag vorne am Schalter machen, das interessierte ihn auch gar nicht.«

Die Diskussion über die Strukturreform ist für Herrhausen ein rationaler, intellektueller Diskurs. Er konzentriert sich auf Argumente zur Sache: Wenn etwas aus einer inneren logischen Stringenz überzeugend ist, dann muss man das tun. Er verweigert sich der Frage, warum die Strukturen innerhalb der Bank sich so zäh einer Reform widersetzen. Herrhausen nimmt nicht wahr, dass es für viele um die Verteidigung handfester eigener Interessen geht.

Der frühere Abteilungsleiter Konzernentwicklung: »Vielleicht hätte Herrhausen einmal Brecht lesen müssen, ›Das Leben des Galilei‹.« Eine Szene des Stücks sieht er als paradigmatisch für den damaligen Sprecher an. »Galilei hatte aufgrund seiner Forschungen die These öffentlich vertreten, dass die Erde um die Sonne kreist. Damit hat er das biblische Weltbild von der Erdzentrierung des Sonnensystems in Frage gestellt. Galilei wird von der Kirche zum Widerruf gezwungen. Sinngemäß argumentiert der Kardinal in einem Gespräch mit Galilei, es gehe nicht darum, ob das, was Galilei sage, *wahr* ist. Es gehe vielmehr darum, wem dieses Wissen *nützt*... – Herrhausen hatte etwas Heroisch-Naives, gepaart mit einer moralischen Rigidität. Seine Vorstellung von der Welt bildet sie nicht wirklich ab. In diesem Sinne war er ein Tor – ein Tor, der einen einnimmt.«

In einer Aufsichtsratssitzung trägt einer der Arbeitnehmervertreter den Unmut der Belegschaft vor. Die Mitarbeiter seien durch die zermürbende Debatte demotiviert, viele jüngere Kollegen wollten sich wegbewerben oder hätten es bereits getan. Bei den Älteren greife Resignation oder kalte Panik um sich. In den Debatten der Basis werde dem Vorstand Päpstlichkeit und Unfehlbarkeitsgebaren vorgehalten. Alfred Herrhausen reagiert zunehmend ungehalten auf diese Ausführungen. Christians, ebenfalls im Aufsichtsrat, greift nicht ein. Möglicherweise reizt diese Passivität Herrhausen noch mehr, erwartet er sich doch von seinem früheren Sprecherkollegen einen demonstrativen Schulterschluss. Er greift den Arbeitnehmervertreter massiv an. Er wirft ihm vor, er verkenne die Zeichen der Zeit und verschanze sich in kleinlichem Besitzstandsdenken. Herrhausen droht die Fassung zu verlieren und beendet die Debatte. Von seiner selbst postulierten Forderung nach einer hierarchiefreien offenen Diskussion scheint er nichts mehr wissen zu wollen. Vorstandsmitglied Hilmar Kopper:

»Es war zu viel auf einmal. Der Sprung war zu weit, und alle hatten Angst, mitzuspringen, weil sie Angst hatten, sie landen im Graben und mit ihnen die ganze Bank.« Ein anderes ehemaliges Vorstandsmitglied sagt: »Das war fast wie unter Mao.«

Auch enge Mitstreiter wenden sich von Alfred Herrhausen ab. Der ehemalige Abteilungsleiter Konzernentwicklung: »Man kann das Richtige im Blick haben und seine Leute überfordern dabei. Die, die wir hatten, waren die Besten im Lande. Und wenn es mit denen nur langsam ging, dann ging es, wenn es überhaupt ging, eben nur langsam.« Und genau damit wird Alfred Herrhausen nicht fertig. Ein Kollege ergänzt: »Und die erste Reaktion darauf ist natürlich dann immer, noch mehr Druck zu machen, noch mehr zu beschleunigen. Und das geht natürlich dann gar nicht gut.« Fast alle Mitarbeiter erleben Alfred Herrhausen infolge dieser Auseinandersetzungen derangiert und verzweifelt. »Er glaubte sich umgeben von Menschen, die dieses große Design nicht verstünden, weil sie sonst genau seinen Weg mitgehen müssten.«

Auch enge Mitarbeiter wie seine Sekretärin Almut Pinckert bekommen schwer Zugang zu ihm. »Er ging oft wort- und grußlos aus dem Büro. Selbst Gespräche über den Arbeitsablauf fanden nicht mehr statt.« Sie behilft sich mit Zettelchen, die sie ihm vorlegt. »Jeder hat unter dem Schweigen und unter diesem strengen Tempo gelitten. Er hatte eine Mauer um sich. Persönliche Worte gab es kaum mehr.« Der damalige Leiter der Abteilung Konzernentwicklung: »Das waren Erlebnisse, die mich sehr irritiert haben. Das war jetzt der Herr des Geldes, der mächtigste Mann in der Bank, und er fühlte sich völlig unverstanden – und einsam.«

Im September 1988 wird Alfred Herrhausen vom BKA der höchsten Gefährdungsstufe zugeordnet. Es heißt, dass bei ihm »mit einem Anschlag zu rechnen ist«. Damit steht ihm vom Bundeskriminalamt eine ständige persönliche Begleitung und ein permanenter Objektschutz zu. In seinem Fall übernehmen diese Aufgaben in Absprache mit der Polizei die Personenschützer der Deutschen Bank.

Zusätzlich soll das Sicherheitskonzept K 106 angewandt werden – zur »Durchführung von Fahndungsmaßnahmen im Umfeld möglicher Zielpersonen der RAF«. Die 106-Kräfte sollen, im Unterschied zu den Personenschützern, für potentielle Täter unerkannt bleiben. Sie arbeiten verdeckt, in unauffälligen Autos, auf Fahrrädern und Mopeds. Ihr vorrangiges Ziel ist die Festnahme terroristischer Gewalttäter. Dafür sollen von den Mobilen Einsatzkommandos die Abfahrt der gefährdeten Personen »in den Morgenstunden und nach Büroschluss observiert werden, um mögliche Attentäter schon bei der Vorbereitung zu entdecken.«

In einer Sicherheitsanalyse zur Wegstrecke zwischen dem Bad Homburger Wohnhaus und den Frankfurter Banktürmen ist die Taunustherme am Seedammweg ausdrücklich als Schwachstelle ausgewiesen. Hier ist die Straße von dichtem Buschwerk gesäumt, in dessen Schutz sich ein Attentat vorbereiten und durchführen ließe. Zu diesem Streckenabschnitt gibt es nur zwei Alternativen. Mögliche Attentäter können also damit rechnen, dass die Route über den Seedammweg immer wieder gewählt wird. Diese »Muss-Strecken« sollen deshalb täglich kontrolliert werden. Dabei sollen auch Baustellen und andere Veränderungen, etwa Trampelpfade durch Parkanlagen in der Nähe der Fahrtroute, registriert und gemeldet werden. Die Papierkörbe entlang dieser Streckenabschnitte sollen ständig nach versteckten Bomben durchsucht werden. Die Einsatzbeamten sind angewiesen, in den besonders gefährdeten Bereichen

Ansprechpartner zu finden: Hausmeister, Briefträger oder Forstbeamte, die alle verdächtigen Beobachtungen sofort weitermelden.

Im Vorfeld der Weltbanktagung in Berlin im September 1988 werden diese Vorsichtsmaßnahmen kurzfristig teilweise umgesetzt. Die Personenschützer erinnern sich, »dass sich etwa 14 Tage lang BKA-Beamte, Verfassungsschützer und MEK-Trupps rings um den Ellerhöhweg die Klinke in die Hand gegeben haben«. Herrhausen selbst erfährt davon nichts. Die Sicherheitsabteilung der Deutschen Bank bespricht mit ihm weder Gefährdungshinweise noch mögliche Verhaltensänderungen. Kurz vor der Abreise nach Berlin bittet er einen seiner Personenschützer, ihn aufzuklären. Der ist fassungslos und verweist ihn an seinen Chef. Nach mehrfachem Nachfragen erhält Alfred Herrhausen nun einige Instruktionen für die bevorstehende Weltbanktagung. »Ich habe eine Witterung von der Gefahr gehabt, die um ihn herum ist«, sagt ein guter Freund. Bereits seit längerem ist er um Herrhausens Sicherheit besorgt. Das gilt besonders dann, wenn er größere Auftritte hat – wie bei der Weltbanktagung 1988 in Berlin. Der Freund rät deshalb dringend davon ab, bei dieser Veranstaltung öffentlich aufzutreten.

Obwohl er kein Sicherheitsexperte ist, besorgt er sich ohne Herrhausens Wissen durch seine eigenen Bankkontakte alle Details über den Aufenthalt in Berlin. Aufgrund seiner Recherche sieht er ein besonderes Risiko bei der Unterbringung. Das Hotel Kempinski sei »unter Sicherheitsaspekten eine absolute Katastrophe«. Jeder als Kellner getarnte Terrorist könne sich dort problemlos Zutritt zu der Suite verschaffen. Er empfiehlt Herrhausen, eine Sicherheitsschleuse zu errichten. Erst nach der Kontrolle durch die Personenschützer solle ein Besucher oder das Hotelpersonal unmittelbar Zutritt zu ihm erhalten. Zusätzlich drängt Herrhausens Freund die Protokollabteilung des

Berliner Senats, öffentliche Auftritte mit dem Vorstandssprecher der Deutschen Bank einzuschränken oder ganz abzusagen. Darauf lässt sich weder die Protokollabteilung ein noch Herrhausen selbst. Ihm sind seine Anliegen zu wichtig, mit denen er sich seit der Washingtoner Weltbanktagung 1987 intensiv beschäftigt hat.

Herrhausen nutzt das Berliner Treffen, um nun konkrete Thesen zur Entschuldung der Dritten Welt vorzubringen, und verknüpft die Debatte mit der Diskussion über Ressourcenmanagement und Wachstumsgrenzen. Er schlägt vor, den Schuldenverzicht an Umweltschutzziele wie die Erhaltung der Regenwälder zu knüpfen. Bei so genannten »Debt for Nature Swap«, dem Austausch von »Schulden gegen Natur«, können Umweltschutzorganisationen aus Industrieländern als Käufer von Schuldtiteln der Länder der Dritten Welt auftreten. Der Schuldenerlass erfolgt gegen die Zusicherung, bestimmte Umweltschutzprojekte gemeinsam mit den Nichtregierungsinstitutionen der Geberländer durchzuführen.

Alfred Herrhausen fordert, den Kampf gegen die Vernichtung der Regenwälder zu einer transnationalen Aufgabe zu machen – in Form einer der UN unterstellten Treuhandorganisation. Es reiche nicht aus, »eine Konferenz nach der anderen stattfinden zu lassen, die ihrerseits die Eigenschaft habe, nur wieder zu beschließen, eine neue Konferenz stattfinden zu lassen. Wenn wir hier nicht konsequent vorgehen, werden wir den Erdball unbewohnbar machen.«

Einer der Höhepunkte dieser Weltbanktagung ist eine Einladung der Deutschen Bank in die Oper zu einem Auftritt des Stuttgarter Balletts. 1800 Repräsentanten der internationalen Finanzwelt sind geladen, der Aufführung von Jacques Offenbachs »Gaîté Parisienne« beizuwohnen. Zur gleichen Stunde kommt es zu einer großen Demonstration gegen die Politik der Weltbank und des IWF. Mehr als 80 000 Menschen gehen auf die Straße, vor der Oper kommt es zu tumultartigen Szenen. Nur mit massivem Polizeiaufgebot wird verhindert, dass die Demonstranten die Veranstaltung stürmen.

Auch Traudl Herrhausen reist in Begleitung eines Personenschützers nach Berlin, um dem Ballettabend beizuwohnen. Ein Personenschützer versucht, sie an Demonstranten vorbei in den Eingangsbereich der Oper zu bringen. Die Luxuslimousinen scheinen die Demonstranten besonders zu provozieren. »Kommt Zeit, kommt Rat, kommt Attentat!«, rufen Sprechchöre. Der Personenschützer erinnert sich, dass Traudl Herrhausen aufgewühlt reagiert: »Was haben die gegen uns?«

17

Trauer in einer Bank

Am 1. Februar 1989 treten die inhaftierten RAF-Mitglieder in einen mehrwöchigen Hungerstreik. Der politische Umgang mit diesem Hungerstreik wird mittelbar zur Entscheidung der RAF beitragen, Alfred Herrhausen zu ermorden.

Ziel ist die Zusammenlegung der RAF-Häftlinge in einem Gefängnis mit Kontaktmöglichkeit untereinander. Die zahlreichen Sonderhaftbedingungen sollen aufgehoben werden. Im Unterschied zu den früheren Streiks gelingt es diesmal, eine breitere Öffentlichkeit für die Frage zu interessieren, ob die Haftbedingungen »unmenschlich« seien. Dabei wird deutlich, dass die Modalitäten der Haft sich in den Bundesländern stark unterscheiden. Brigitte Mohnhaupt befindet sich seit über sechs Jahren isoliert in einer Zelle. Karl Heinz Dellwo hat bereits täglich vier Stunden Umschluss mit Lutz Taufer und Knut Folkerts. Post und Besuche aller Inhaftierten werden jedoch lückenlos überwacht. Das macht, wie Angehörige berichten, einen persönlichen Austausch nahezu unmöglich. Teilweise finden die Besuche auch in Zellen mit Trennscheibe statt.

Der Staatssekretär im Justizministerium, Klaus Kinkel, setzt sich für einen Kompromiss ein. Dazu gehört eine Zusammenlegung zu mehreren Kleingruppen. Er erhält unerwartete Rückendeckung vom Bundesamt für Verfassungsschutz. Auch dort wird eine Kompromisslösung nachdrücklich angeraten. Die Haftbedingungen seien, so erklären die Verfassungsschützer nach der Analyse ihrer vorliegenden Informationen, »der zentrale Punkt zur Lösung des Terrorismusproblems in der Bundesrepublik«. Durch die geschickte Vermarktung der These von den »unmenschlichen Haftbedingungen« und der »Isolationsfolter« sei es der RAF in den vergangenen Jahren immer wieder gelun-

gen, neue Mitglieder zu rekrutieren. Dem müsse durch eine
konstruktive Lösung, die ein Nachgeben nicht als Gesichtsverlust, sondern als großzügige Geste des Staates darstellt,
entgegengearbeitet werden. Die Forderung nach einer kollektiven Zusammenlegung scheitert am Widerstand der
unionsregierten Bundesländer. Dennoch gibt es partiell Zugeständnisse in Haftanstalten, die unter die Zuständigkeit
von SPD-Justizministern fallen.

Als Hauptakteur der inhaftierten Terroristen in Sachen
Hungerstreik gilt Helmut Pohl. Er koordiniert von Schwalmstadt aus die Aktionen mit den anderen RAF-Häftlingen.
Auf seine Veranlassung hin wird der Hungerstreik am
12. Mai überraschend abgebrochen. Am 10. November, gut
ein halbes Jahr danach, wendet er sich in einer Zeitschrift
für die Freunde und Angehörigen von RAF-Mitgliedern,
der so genannten Angehörigen-Info, an die Öffentlichkeit.
Es sei »nichts mehr offen, es tut sich nichts, wir sind mit
unserem Projekt nicht weitergekommen«, schreibt er und
kommt zu dem Schluss: »Wir müssen uns auf eine neue
Phase des Kampfes orientieren.« Für den Verfassungsschützer Gerhard Boeden ist diese Stellungnahme ein deutliches
Signal an die RAF draußen: »Ihr habt jetzt wieder freie
Hand.«

Dass das Scheitern der Forderungen nach einer Zusammenlegung eine Rolle bei der Fortsetzung der Attentate
spielt, räumt Birgit Hogefeld später ein: »Die Verbesserungen nach dem Hungerstreik waren minimal. Die ganze
nachfolgende Geschichte wäre vermutlich anders verlaufen, wenn die Staatsseite die Gefangenenfrage 1989 neu
bewertet und sich auf die Forderung nach Zusammenlegung in größeren Gruppen eingelassen hätte. Das war
doch nicht unerfüllbar.« Darauf fragt der Interviewer Gerd
Rosenkranz vom »Spiegel«: »Sie sagen, Herrhausen könnte
noch leben, wenn sich die Justizminister des Bundes und
der Länder damals auf die Zusammenlegung eingelassen

hätten?« Birgit Hogefeld: »Moment: Ich will als Ergebnis dieses Gesprächs keine Herrhausen-Anklage. Wenn ich hier von ›Wir‹ spreche, dann immer, weil mein Lebensweg seit über 20 Jahren mit dieser Gruppe verknüpft ist und ich mich für die gesamte Geschichte mit verantwortlich fühle. Aber es stimmt. Ich vermute, Herrhausen würde noch leben.«

F. Wilhelm Christians hat eine Vorahnung. »Dass das hinterher geschehen ist, zeigt mir nur, dass ich nicht Spinngeweben nachgelaufen bin.« Er macht sich Vorwürfe, weil er es war, der Alfred Herrhausen 1970 in die Bank geholt hat: »Ich hab gedacht, hättest du ihn nicht angesprochen für die Bank, dann wäre er woanders gelandet – und nicht in dieser Konstellation, wo er so verwundbar war.« Christians wirft sich vor, im entscheidenden Augenblick nicht mehr getan zu haben. Einmal versucht er es noch – bei einem Gespräch mit Alfred Herrhausen im Spätsommer 1989. Christians greift Herrhausens manchmal geäußerte Pläne auf, die Bank zugunsten einer Universitätslaufbahn zu verlassen. Er rät seinem früheren Co-Sprecher dringend, darüber nachzudenken. »Mit so einem Schritt haben Sie die Chance, wieder einmal zu sich selbst zu kommen... Wir brauchen Ihren Rat, Sie können punktuell weiter in der Bank tätig sein. Aber in der Hauptsache widmen Sie sich dem anderen Stoff.« Davon will Alfred Herrhausen jedoch nichts wissen.

Neben der Professur eröffnet sich dem Vorstandssprecher der Deutschen Bank eine weitere Alternative. Bereits im Sommer 1987 erhält er das Angebot auf eine führende Funktion in der Vaduzer »Bank in Liechtenstein«. Verlockend daran ist besonders die Nähe zur Heimat seiner Frau Traudl im Bregenzer Wald. Auf ihrem Berghaus oberhalb des Bodensees verbringen sie oft ihren Urlaub. Fast alle Jahresberichte für die Deutsche Bank entstehen hier. Alfred Herrhausen fühlt sich von der Familie seiner Frau und ihren

Freunden angenommen. Das Vorarlberger Berghaus ist für ihn das »eigentliche Zuhause«.

Traudl Herrhausen unterstützt die Überlegung, den Posten in Liechtenstein anzunehmen. »Das wäre ein vollkommen anderes Leben gewesen, beschaulich, familiär und nicht so gehetzt.« Doch Alfred Herrhausen schlägt das Angebot aus. Er will in der Deutschen Bank bleiben.

Seine Frau Traudl dachte nach dem Attentat immer wieder an diese Entscheidung zurück. Was wäre gewesen, wenn sie auf dieser Option bestanden hätte? Andererseits ist ihr klar, dass »ich nicht jemanden, der etwas zu sagen hat, einschränken kann – nur weil ich eine Phantasie von einer Gefahr habe«.

Am 27. Juli 1989 gibt Generalbundesanwalt Rebmann seine halbjährliche Pressekonferenz. Der alte Mahner vor der Bedrohung linksradikaler Gewalt bekennt erstmals, dass das Bedrohungspotential gesunken sei. Das letzte Attentat auf den Staatssekretär im Bundesfinanzministerium Hans Tietmeyer liegt zwar erst ein knappes Jahr zurück. Es ist jedoch nach Ansicht der Ermittler ausgesprochen dilettantisch ausgeführt worden. Ein weiterer Grund für die neue Einschätzung der RAF durch Rebmann ist die offensichtliche Distanz zwischen den inhaftierten und den noch freien RAF-Mitgliedern. Mehrfach hatten RAF-Häftlinge die Attentate 1986 kritisiert, wenn auch verhalten. Die RAF-interne Kritik bezeichnete die »neuen Aktionen« als sinnlos, da sie in der Bevölkerung nicht mehr vermittelbar seien. Das müssten »die, die draußen sind, endlich mal checken«. Generalbundesanwalt Rebmann meint, dass die einsitzenden RAF-Mitglieder sich zumindest strategisch von den draußen operierenden Einheiten der RAF lösen wollten.

Zeitgleich zu Rebmanns Pressekonferenz reduzieren BKA und hessisches Landeskriminalamt ihre Sicherungsmaßnahmen für Alfred Herrhausen – ohne Absprache mit dem

Sicherheitsdienst der Deutschen Bank. Die vorgesehenen Schutzvorkehrungen des Fahndungskonzeptes 106 werden allenfalls noch sporadisch durchgeführt. Den Landeskriminalämtern und den örtlichen Polizeidienststellen fehlt es an Personal. Die Mobilen Einsatzkommandos (MEK) behalten nur die gelegentlichen Kontrollen der Fahrtstrecken bei, mit besonderer Aufmerksamkeit auf die »Schwachstellen« des Anfahrtsweges. Etwa einmal wöchentlich passiert eine Streife des MEK den Seedammweg, unter anderem sieben Tage vor dem Attentat und am Morgen des Anschlages selber. Keinem der Beamten fällt etwas auf. Das ist besonders verwunderlich, da der Anschlag bereits Monate vorher vorbereitet wird und zahlreiche Zeugen die möglichen Attentäter dabei beobachten.

Die Personenschützer sehen sich ebenfalls als Teil einer beobachtenden Fahndung. Sie geben die Kennzeichen auffälliger Fahrzeuge an ihre Abteilung in der Bank weiter. Dazu gehören zwangsläufig auch die Zulassungsnummern ziviler Wagen von BKA, LKA und den mobilen Einsatzkommandos, die im »Operationsgebiet« unterwegs sind. Die Vorgesetzten in der Bank prüfen die Angaben der Personenschützer und geben mit dem Hinweis, welchem Dienst das verdächtige Fahrzeug zuzuordnen sei, eine Entwarnung. Etwa zwei Monate vor dem Attentat, so erinnert sich ein Personenschützer, erhalten sie beim »Gegenchecken« bei bestimmten Fahrzeugen auch nach mehrmaligem Nachfragen keinen Hinweis mehr, mit welcher staatlichen Dienststelle das Fahrzeug in Zusammenhang zu bringen sei. Die Abteilungsleitung beruhigt die Personenschützer mit dem lapidaren Hinweis, dass die notierten Kennzeichen »ok« wären und weitere Fragen nach dem Hintergrund nicht zu stellen seien.

Die nachweisbaren Arbeiten für das Attentat beginnen im Oktober 1989 – also mindestens sechs Wochen vor dem Anschlag. Mehrfach sind Zeugen Mitarbeiter eines »Vermessungstrupps« im Seedammweg aufgefallen. Etwa vier Wochen vor der Explosion entdeckt der Hausmeister der Taunustherme beim Laubrechen ein 30 Meter langes zweiadriges Kabel im Gebüsch. Er wickelt den Draht auf und zeigt ihn seinem Chef. Der glaubt, dass damit eine neue Anzeigentafel im nahe gelegenen Parkhaus mit Strom versorgt werden soll, damit ist die Angelegenheit für sie erledigt. Zwei Wochen später ist das Kabel wieder verlegt; diesmal fällt es einem anderen Zeugen auf.

Mehrfach beobachten verschiedene Zeugen in der Zeit ab Mitte November erneut Baukolonnen. Auch Jakob Nix und den Personenschützern fallen die Bautätigkeiten auf. Einer der Personenschützer meldet sie an seinen Vorgesetzten weiter. Sie gleichen die Information mit dem Ordnungsamt ab und erhalten als Rückmeldung ein »ok«. Vor nicht allzu langer Zeit war im Seedammweg eine Stahlplatte in die Straße eingelassen worden. Die erneuten Bauarbeiten werden von den Behörden damit in Verbindung gebracht.

Am Freitag, dem 24. November, so erinnert sich ein Zeuge, wird außerhalb der üblichen Zeiten am Seedammweg gearbeitet. Der Zeuge hatte sich kurz zuvor wegen einer anderen Angelegenheit über die Öffnungszeiten einer Behörde geärgert und ist erstaunt, dass um 16 Uhr angesichts des nahenden Wochenendes noch Bauarbeiter beschäftigt sind. Ihm fällt außerdem auf, dass diese Bauarbeiter keine Helme tragen. Und noch etwas ist für ihn merkwürdig: Sie arbeiten nicht mit dem üblichen technischen Hilfsgerät wie Trennschneidern und Presslufthämmern. Einer der Bauarbeiter klopft mit Hammer und Meißel die Straße auf.

Die Primitivität der Ausrüstung fällt auch dem Hausmeister der Taunustherme auf. Er spricht einen der Bauarbeiter darauf an. Sie antworten, dass sie im Rahmen einer Arbeitsbeschaffungsmaßnahme tätig seien – und da würde man nicht so gut ausgestattet.

Ein Passant nimmt ein paar Tage vor dem Attentat ein

Fahrrad auf dem Seedammweg mit einem großen Gepäckstück auf dem Gepäckträger wahr. An dieser Stelle des
Seedammwegs gibt es keine unmittelbaren Gebäude; die
Therme selbst liegt etwa 60 Meter versetzt und hat direkt
vor dem Eingang einen Fahrradständer. Der Zeuge wundert sich und bleibt beim Fahrrad stehen. Sein erster
Gedanke ist, dass das Fahrrad gestohlen sei oder dass
jemand sein Gepäck vergessen habe. Er überlegt, ob man
das Gepäckstück nicht sichern müsste, und will sich gerade
damit beschäftigen, als jemand etwa 30 Meter entfernt aus
einer Ausfahrt läuft. Der Zeuge wendet sich schnell vom
Fahrrad ab und geht weiter. Er will auf keinen Fall »als ver-
meintlicher Dieb dastehen«.

Heute weiß er, dass er kurz davor war, den Sprengstoff-
behälter der Attentäter zu entdecken. »Ich wusste ja, dass in
Bad Homburg sehr viele gefährdete Personen ihren
Wohnsitz haben. Wäre mir da etwas aufgefallen, wäre ich
selbstverständlich zur Polizei gegangen.«

Bereits im Frühsommer 1989 erreicht Alfred Herrhausen
ein konkreter Gefährdungshinweis durch das BKA. Auf der
Wiener Stadtautobahn wurde am 19. Mai 1989 ein Anschlag
mit »harmlosem Sprengstoff« ausgeführt. Ein LKW hatte
den Zündmechanismus ausgelöst. Die Ermittlungsbehörden
gehen von einem Probelauf für ein Attentat aus; andern-
falls wäre mit wesentlich mehr Sprengstoff gearbeitet worden. Die Wiener Zeitung »Kurier« wird am 15. Dezember
1989 einen deutschen Ermittler mit den Worten zitieren, die
»Herrhausen-Bombe sei im Ausland getestet worden«.

Dass die RAF sich schon länger mit Panzer brechenden
Waffen beschäftigt, ist dem BKA seit Sommer 1988 bekannt.
In einer konspirativen Wohnung der Brigate Rosse in Mai-
land findet die italienische Polizei Mitte Juni 1988 ein
Protokoll über Gespräche zwischen der RAF und ihren ita-
lienischen Kampfgenossen: »Zur Frage der Panzerung –

falls ihr den Versuch bis zum nächsten Treffen nicht gemacht habt, würden wir gerne alle notwendigen Informationen haben, um diesen Versuch machen zu können. Wir
haben gelesen, dass die IRA bei ihrem versuchten Anschlag
in Gibraltar gleichzeitig mit dem Sprengstoff großkalibrige
Munition zünden wollte, falls ihr einen ›Spezialisten‹ habt,
soll der mal sagen, ob das eventuell eine Möglichkeit/
Methode zur Panzerbrechung sein kann.«

BKA und LKA erhöhen die Sicherheitsmaßnahmen für
Herrhausen trotz dieser Information nicht wieder. Herrhausen selbst reicht den Gefährdungshinweis des BKA an
die für die Sicherheit zuständige Abteilung der Deutschen
Bank weiter. Er erhält keine Rückmeldung – außer dem allgemeinen Hinweis, dass für seine Sicherheit schon genügend getan werde. Michael Endres, das ab 1989 für die
Sicherheitsbelange zuständige Vorstandsmitglied: »Unser
Sicherheitskonzept war gut. Und es war ja auch so, dass wir
uns der Gefährdung insbesondere des Sprechers und des
Aufsichtsratsvorsitzenden sehr bewusst waren.« Aufgrund
der besonderen »Positionsgefährdung« hat Alfred Herrhausen neben dem Aufsichtsratsvorsitzenden Guth eine
gepanzerte Limousine erhalten. Auf den Fahrten begleiten
ihn inzwischen zwei Begleitfahrzeuge mit jeweils zwei Personenschützern. Alfred Herrhausen wird bei allen öffentlichen Veranstaltungen durch zwei oder mehr Bewacher
»abgedeckt«. Damit erhält er in der Tat besseren Schutz als
seine Kollegen. Auf zusätzliche Vorkehrungen verzichtet
die Innenleitung Sicherheitsbereich in Absprache mit den
verantwortlichen Vorstandskollegen. Weitere Maßnahmen
widersprächen dem Grundsatz des Primus inter pares. Van
Hooven: »Die Bedrohungen wurden von denen heftiger
empfunden, die nicht mehr Soldat waren. Wir haben uns
darüber nie besonders unterhalten, weil die Mehrheit von
uns das vom Krieg her kannte. Da fängt man nicht an verrückt zu spielen.«

Im September 1989 will Alfred Herrhausen zur Weltbanktagung nach Washington reisen – in Begleitung seiner Frau Traudl. Eine Freundin des Hauses soll auf Anna aufpassen. Vor der Abreise führt Alfred Herrhausen die Freundin ins Schlafzimmer und zeigt ihr, wo das Testament liegt, für den Fall des Falles, wie er sagt. Sie ist darüber sehr überrascht, weil er bei früheren Anlässen nie darüber gesprochen hat. Auch andere Mitarbeiter und Freunde bekommen mit, dass sich Herrhausen immer wieder mit einem möglichen vorzeitigen Ende beschäftigt.

Vor der Reise nach Washington trifft Alfred Herrhausen einen alten Freund aus Solinger Zeiten. Während einer Autofahrt vertraut er ihm unvermittelt an, dass es passieren könne, »dass sie mich abknallen«. Wen er mit »sie« gemeint habe, hätte Alfred Herrhausen, so die Erinnerung des Freundes, nicht präzisiert.

Nach der Rückkehr aus Washington mehren sich die Anzeichen, dass die RAF Alfred Herrhausen ins Visier nimmt. Sein Assistent Matthias Mosler erinnert sich an eine Begegnung mit Alfred Herrhausen, die ihm nachhaltig im Gedächtnis bleibt. Herrhausen erwähnt beiläufig, die Ermittlungsbehörden hätten herausgefunden, dass in der Umgegend des Ellerhöhwegs Doublettenfahrzeuge gesichtet worden seien – wie sie die RAF bei Anschlägen verwendet. Alfred Herrhausen bemerkt dazu lediglich, dass er sich Sorgen um seine Frau und um Anna mache. In den Folgewochen spürt Matthias Mosler, dass seinen Chef die wachsende Bedrohung nicht unberührt lässt. Wieder sind es beiläufig dahingesagte Halbsätze, die Ausdruck einer unbestimmten Todesahnung sein könnten. Matthias Mosler: »Einmal hab ich ihm einen neuen Aufsichtsratstermin mitgeteilt, der zwei Monate später stattfinden sollte. Seine Antwort war: ›Wenn ich das noch erlebe.‹«

Die Analyse des Bundeskriminalamts von Helmut Pohls Stellungnahme zu den Konsequenzen, die aus dem gescheiterten Hungerstreik zu ziehen seien (»eine neue Phase des Kampfes …«) liegt wenige Tage vor dem Anschlag auf Alfred Herrhausen vor. Das BKA geht von einer konkreten Gefahr neuer Anschläge aus. Auch diese Information wird Alfred Herrhausen in Form eines neuen Gefährdungshinweises übermittelt. »Einige Tage vor seinem Tod«, so Traudl Herrhausen, »hat er sich morgens beim Weggehen aus dem Haus noch einmal umgedreht. Die Bewachungsautos waren schon da. Er sagt zu mir: ›Wir haben wieder so eine Warnung bekommen, dass wir vermehrt aufpassen müssen.‹«

Auch wenn die Vorahnung zur Gewissheit wird, plant Alfred Herrhausen sein Leben weiter, als ob er nicht bedroht sei. Er nimmt ohne Wissen der Familie Klavierunterricht, um seine Tochter an Weihnachten mit einem gemeinsamen vierhändigen Klavierspiel überraschen zu können. In einem Fernsehinterview sagt er: »Angst im Sinne von lähmender Emotion, die mich hindert, etwas zu tun: Das kenne ich nicht.«

Dennoch bleibt die Frage, warum er angesichts der Hinweise auf einen Anschlag nicht versucht, noch etwas dagegen zu unternehmen – anstatt sehenden Auges die eigene Ermordung hinzunehmen. Warum lässt er nicht prüfen, was von dem Fahndungs- und Personenschutzkonzept K 106 noch übrig bleibt? Warum setzt er bei seinen Kollegen nicht durch, dass er weitere Schutzmaßnahmen erhält?

Offenbar hat Alfred Herrhausen nicht mehr die Kraft dazu, eigenständig noch mehr für seine Sicherheit zu unternehmen. Er weiß, dass ihn der perfektionierte Schutz von seinen Vorstandskollegen noch mehr entfernt.

Die Personenschützer, die für ihren Chef alles Erdenkliche getan haben, quälen sich heute noch mit Schuldgefühlen: »Was ich mir vorwerfen muss, ist, dass ich Missstände erkannt habe. Ich hab sie mitgetragen. Ich bin nicht intensiv genug gegen diese Missstände vorgegangen.« Aus dem Kreis der Mitarbeiter werden nachträglich die Bank und ihre Sicherheit selbst in die Pflicht genommen, weil auf der Leitungsebene auf die Gefährdung nicht explizit und sofort reagiert wurde.

Der offene Konflikt des Vorstandes um die Neustrukturierung der Deutschen Bank eskaliert in den Wochen vor dem Attentat. Das bindet alle Energien von Alfred Herrhausen. Die letzten Wochen vor seinem Tod sind von einer immer größer werdenden Lähmung gekennzeichnet. Zwei Tage vor dem Attentat wird Alfred Herrhausen die größte Niederlage in der Geschichte seiner Bankkarriere erleben.

Am Nachmittag des 28. November 1989, einem Dienstag, tritt der Vorstand der Deutschen Bank in München zu einer Sitzung zusammen. Herrhausen referiert die erfolgreiche Übernahme von Morgan Grenfell und verbindet sie mit der Forderung, John Craven, den bisherigen Leiter von Morgan Grenfell, in den Vorstand aufzunehmen. Van Hooven: »Ich sagte: ›Sind hier neue Methoden auf einmal eingerissen? Den kennen wir doch gar nicht. Wir suchen unsere Vorstandsmitglieder doch selber aus!‹« Seine Kollegen lassen Herrhausen auflaufen – mit dem lapidaren Hinweis, »diesen Craven erst mal anschauen zu wollen«.

Anschließend geht es um den schwelenden Dauerstreit, die Neustrukturierung. Trotz monatelanger Diskussion verweigert der Vorstand Herrhausen geschlossen die Gefolgschaft. Selbst enge Getreue stimmen gegen ihn. Die Bank sei nicht wirklich vorbereitet auf so einschneidende Strukturmaßnahmen. Alfred Herrhausen ist fassungslos. Er fragt noch einmal nach, ob dies das letzte Wort des Vorstandes sei. Dann gibt er bekannt, dass er zum 30. Januar 1990, seinem sechzigsten Geburtstag, vom Amt des Sprechers der Deutschen Bank zurücktreten wird. Anschließend bricht er die Sitzung vorzeitig ab – und verlässt den Raum.

Später trifft er einen guten Freund in der Münchener Innenstadt. Der erinnert sich, dass Alfred Herrhausen »gezittert hat, vor Wut und Demütigung, vor Empörung. Es war eine allerletzte Anspannung von Energie. Aber es war keine Reserve mehr da – gar nichts. Es war ein erschütternder Eindruck, ihn so zu erleben.« Für Alfred Herrhausen ist der Rücktritt unumkehrbar. »Mit diesem Vorstand bin ich am Ende. Eine weitere Zusammenarbeit ist unvorstellbar.« Der Freund analysiert für sich die Hintergründe dieser allerletzten Konfrontation: »Der Bessere hat sich die Guten zum Feind gemacht.« Und: »Ich hab' gedacht, dass ein überragend Begabter, dass er von einer Menge Mittelmäßigkeit dann doch erledigt werden kann. Wenn die konsequent genug sind. Da stand ein Mensch vor einem, der unter Einsatz seiner letzten Möglichkeiten angelangt war am Ende seines Lebens. Das war schon die Todesnähe, möchte ich sagen.«

Am nächsten Morgen fliegt Herrhausen nach Frankfurt. Er will sich auf ein Gespräch mit der russischen Delegation unter der Leitung des stellvertretenden Außenministers vorbereiten. In der Frankfurter Zentrale trifft ihn ein Vorstandskollege zufällig am Fahrstuhl. Er versucht, Alfred Herrhausen von seinem Rücktritt abzuhalten. »Das können Sie doch nicht ernst meinen.« Aber er lässt sich auf kein Gespräch ein.

Diesmal, so ist offensichtlich, setzt Alfred Herrhausen seinen Rücktritt nicht nur als taktisches Manöver ein. Wie sollte die Deutsche Bank nach außen vertreten, dass ein geistig und körperlich topfiter Vorstandssprecher, der erst eineinhalb Jahre im Amt ist, das Handtuch wirft? Dieser Schritt von Alfred Herrhausen wird die Deutsche Bank in Erklärungsnot bringen.

Am Abend vor seinem Tod, dem 29. November 1989, ist der stellvertretende sowjetische Ministerpräsident Silajew in der Bank zu Gast. Herrhausen empfängt ihn zusammen mit dem sowjetischen Botschafter. Silajew überbringt eine Einladung Michael Gorbatschows. Ein Kamerateam des

Hessischen Rundfunks filmt den offiziellen Teil der Begegnung. Die Bilder zeigen einen souveränen Herrhausen, der
die Gäste freundlich begrüßt. Es sind die letzten Bilder, die
es von Alfred Herrhausen gibt. Von Ermüdung oder Resignation keine Spur, nicht einmal die leiseste Andeutung. Er
begrüßt auch das Kamerateam mit einem Lächeln und
einem »Guten Abend«. Doch der Schein trügt. Almut Pinckert erinnert sich daran, dass Alfred Herrhausen wieder
einmal grußlos an ihr vorbeigeht. Sie hat keine Möglichkeit
mehr, sich von ihm zu verabschieden.

Am späten Abend kommt er nach Bad Homburg zurück.
Mit seiner Frau Traudl trinkt er in der Küche noch einen
Schnaps. Sie kommt auf die Auseinandersetzung mit dem
Vorstand zu sprechen. »Glaubst du denn nicht, dass du einfach zu schnell bist? Die anderen müssen eine Chance
haben mitzukommen.« Er antwortet: »Wenn sogar du das
nicht mitträgst, wenn sogar du zweifelst, wenn sogar du mich
verlässt, dann weiß ich nicht, wie das weitergehen soll.«

Am nächsten Morgen gegen halb neun bringt sie ihn
zum Auto. Die Personenschützer warten bereits. Sie umarmt ihn. »Alles wird gut«, sagt sie zu ihrem Mann und
klopft ihm noch einmal auf den Rücken. Sie erinnert
sich, dass er »irgendwie weg war und gesagt hat: ›Ja, ja,
wir werden sehen.‹« Dann setzen sich die drei Wagen in
Bewegung.

Bereits gegen 7 Uhr morgens, so rekonstruieren die Ermittlungsbehörden, stellen die Täter ein Fahrrad am Fahr-
bahnrand des Seedammwegs ab. Auf dem Gepäckträger
ist ein größeres Paket angebracht, das entfernt an einen
Schulranzen erinnert. Es enthält ca. 50 Kilogramm TNT.
Vermutlich stammt der Sprengstoff aus einem Einbruch
in einen belgischen Steinbruch aus dem Jahre 1984. Die
Bombe ist mit einer Art Trichter versehen, was die Spreng-
wirkung fokussieren soll.

Zeugen fallen an diesem Morgen junge Männer in Jogginganzügen auf, die mit Kopfhörern am Seedammweg hektisch auf- und ablaufen. Einer von ihnen macht sich an dem Fahrrad zu schaffen. An einem gegenüberliegenden Pfosten befestigen sie einen Reflektor mit einer Selenzelle. Die Bombe ist durch einen Klingeldraht mit der Lichtschranke verbunden. Ein weiterer Draht – den die Attentäter bereits verlegt hatten – verbindet die Lichtschranke mit einer Batterievorrichtung. Um 8.30 Uhr, so rekonstruieren die Ermittlungsbehörden später, muss ein weiterer Täter die Fahrzeugkolonne mit Alfred Herrhausen gesichtet haben. Über Funk alarmiert er seine Komplizen. Ein anderer Täter sperrt den Seedammweg am anderen Ende ab, damit kein Fahrzeug aus der Gegenrichtung die Lichtschranke auslösen kann. Nach der Durchfahrt des Vorausfahrzeuges der Kolonne wird die Lichtschranke an die Batterie angeschlossen, die Bombe ist damit aktiviert. Das gepanzerte Fahrzeug von Alfred Herrhausen unterbricht um 8.32 Uhr den Lichtstrahl und löst die Explosion aus.

Der Tod von Alfred Herrhausen reißt einen Krater ins Leben der Angehörigen und Freunde. Die Fassungslosigkeit und Trauer über den Verlust kommt immer wieder, die Zeit heilt keine Wunden.

Die Personenschützer brauchen Jahre, um über das Attentat hinwegzukommen. Einige nehmen therapeutische Hilfe in Anspruch, um überhaupt darüber sprechen zu können. Jakob Nix macht sich bis heute Vorwürfe, anstatt seines Chefs überlebt zu haben, hinterlässt »sein Boss doch zwei Kinder, die ihn noch dringend gebraucht hätten«.

Bettina Herrhausen dagegen hat lange darauf gewartet, dass sich bei ihr wirkliche Trauer einstellt. »Wenn ich ehrlich bin, würde ich heute um manchen Menschen mehr trauern, als ich es um meinen Vater je getan habe. In den Jahren danach bin ich manchmal gefragt worden, wie es für mich wäre, wenn die Täter gefasst würden. Irgendwie habe ich immer gehofft, dass das nie passiert. Denn dann hätte

Aus dem Bekennerbrief der RAF:

Am 30.11.1989 haben wir Alfred Herrhausen ... hingerichtet. Durch die Geschichte der Deutschen Bank zieht sich eine Blutspur zweier Weltkriege und millionenfacher Ausbeutung, und in dieser Kontinuität regierte Herrhausen an der Spitze dieses Machtzentrums der deutschen Wirtschaft, er war der mächtigste Wirtschaftsführer in Europa. Deutsche Bank, das ist quer durch Westeuropa und in weiten Teilen der Welt zum Symbol für die Macht und Herrschaft geworden, die überall frontal mit den fundamentalen Interessen der Menschen nach einem Leben in Würde und Selbstbestimmung zusammenstößt. Unter Herrhausens Regie hat sich die Deutsche Bank zur europaweit größten Bank aufgeschwungen und dominiert die wirtschaftliche und politische Entwicklung. Sie hat ihr Netz über ganz Westeuropa geworfen und steht an der Spitze der faschistischen Kapitalstruktur, gegen die sich jeder Widerstand durchsetzen muss ...

Herrhausens Pläne gegen die Länder in der Dritten Welt, die selbst in linksintellektuellen Kreisen als humanitäre Fortschrittskonzepte gepriesen werden, sind nichts anderes als der Versuch, die bestehenden Herrschafts- und Ausplünderungsverhältnisse längerfristig zu sichern ...

Die Akteure dieses Systems müssen wissen, dass ihre Verbrechen ihnen erbitterte Feinde geschaffen haben, dass es für sie keinen Platz geben wird in der Welt, an dem sie vor den Angriffen revolutionärer Guerillaeinheiten sicher sein können ...

man von mir Wut und Rachegefühle erwartet, und die habe
ich nicht empfunden. Für mich war ein Leben, in dem – mit
welcher Begründung auch immer – Mord Mittel zum
Zweck ist, in sich so völlig fehlgeleitet, dass ich einen solchen Menschen einfach nicht hassen konnte. Heute denke
ich, dass diese Sichtweise entscheidend dadurch geprägt
war, dass es nie eine wirklich tiefe emotionale Beziehung
zwischen mir und meinem Vater gegeben hat. Wenn ich in
die Vergangenheit spüre, bin ich traurig. Aber ich kann
nichts zurückholen oder heraufbeschwören, was in 30 Jahren bis zu seinem Tod nicht gewachsen ist.«

Wie wird der gewaltsame und plötzliche Tod in der Bank
verarbeitet? Viele Mitarbeiter trifft der Tod ins Mark. Sie
befinden sich über Wochen in einem Ausnahmezustand.
Umso sensibler reagieren sie auf Stimmungen in der Bank,
bei der die Trauer um den Verlust des ermordeten Sprecher
nicht im Vordergrund steht.

Am Tag nach der Trauerfeier wird der neue Vorstandssprecher der Deutschen Bank bekannt gegeben. Es ist
Hilmar Kopper. Devise der Entscheidung könnte auch hier
der Rat von Augustinus gewesen sein: »So schnell als möglich, so normal als möglich.« In der Deutschen Bank versucht man, zur Tagesordnung überzugehen. Einem Mitarbeiter wird von einem Vorstandsmitglied mitgeteilt, dass
sich im Prinzip mit dem Tod des Sprechers nichts verändern
werde: Herrhausen sei ja nur Erster unter Gleichen gewesen. Er habe als Sprecher nur verkündet, was die anderen
beschlossen hätten. Jetzt werde jemand Neues die Beschlüsse des gleichen Gremiums öffentlich machen.

Eine These taucht in vielen Gesprächen, die nach Herr-
hausens Tod in der Bank geführt werden, wiederholt auf:
Die Verantwortung für das Attentat liegt beim Opfer selbst.
Ein ehemaliges Vorstandsmitglied: »Es war etwas an der
Art und Weise, wie er sein Leben angelegt hat – diese

Entschiedenheit, einen realistischen Kompromiss nicht zu früh zu suchen, um die Eleganz einer Lösung nicht preiszugeben. Das lässt sein Leben und sein Ende durchaus aus einem Guss erscheinen. Da war nichts mediöker. Das hatte schon was von Schicksal suchen und Schicksal finden.« Andere gehen noch einen Schritt weiter: »Hätte er sich nicht so exponiert, würde er vielleicht noch leben.«

Dass manche Mitarbeiter mit einem latenten Schuldgefühl zu kämpfen haben, Alfred Herrhausen die Gefolgschaft versagt zu haben, drückt ein ehemaliges Vorstandsmitglied so aus: »Der Geist von Herrhausen ist noch in der Bank.« Einige, die mit ihm gearbeitet haben, kommen davon offenbar nicht los.

Der Druck, mit dem Alfred Herrhausen die Bank in kurzer Zeit radikal reformieren wollte, ist durch seinen jähen Tod mit einem Mal weg. Hilmar Kopper kündigt mit seiner Amtsübernahme einen Kurswechsel mit einem maßvolleren Tempo für die anstehenden Veränderungen an. Ein Vorstandsmitglied spricht aus, was manche anderen denken: »Viele sahen deshalb den Tod von Herrhausen als einen Segen für die Bank.« Dass es bei diesem Aufatmen nicht nur um das Wohl der Bank, sondern vorwiegend um die eigene Position geht, betont ein ehemaliger Mitarbeiter der Bank: »Ich schließe nicht aus, dass bei dem einen oder anderen auch Erleichterung spürbar wurde. So nach dem Motto, ›okay‹, Alfred Herrhausen ist nicht mehr, jetzt scheint mein Licht vielleicht wieder etwas heller‹.«

Ein Personenschützer begleitet am 30.11. unmittelbar nach dem Attentat ein Vorstandsmitglied. Der Bewacher geht mit ihm in sein Büro, wo das Vorstandsmitglied sich sofort einen dreifachen Cognac genehmigt. Im Nachhinein glaubt der Personenschützer, dass es nicht nur der Schock war, der das Vorstandsmitglied zur Bar hat gehen lassen: »Vielleicht auch, weil es geklappt hat«, so der Bewacher.

Ein Freund von Herrhausen beobachtet bei der Trauerfeier die zahlreich versammelten hochrangigen Mitarbeiter der Bank. Ihn hätte es nicht gewundert, so erinnert er sich, wenn der eine oder andere aufgestanden, zum Sarg gegangen wäre, den Deckel hochgehoben hätte, um nachzuschauen, ob der Sprecher auch wirklich tot drinliege. Die offenbar größte Angst sei gewesen, dass Herrhausen noch am Leben sei.

Bereits am Tag nach dem Attentat erhält Almut Pinckert im Vorzimmer Anrufe auf einem hausinternen Apparat. Die Nummer steht in keinem Verzeichnis und ist nur wenigen Mitarbeitern im Hause bekannt. Der Anschluss ist eine »Ausweichnummer« für den Fall, dass die Leitungen extern belegt sind. Almut Pinckert spricht von »hässlichen Anrufen«: »Nun ist der Räuberhauptmann abberufen worden, das hat ja geklappt.« Beim nächsten Anruf heißt es: »Das hat er nun davon.« Ein anderer Anrufer meldet sich: »Damit sind meine Jungs erwachsen geworden.« Pinckert lässt sich nicht in ein Gespräch verwickeln. Sie legt auf. »Ich hatte Angst, weil mir die ganze Sache so unheimlich und so schrecklich war … weil – das ging einfach zu tief.« Sie wagt nicht mehr, den Hörer dieses Apparats abzunehmen, und schließt einen Anrufbeantworter an. Nach einer Woche gibt sie das Band an die Abteilung Sicherheit. Ob und in welcher Form die Bänder ausgewertet wurden, weiß Almut Pinckert nicht. Die Abteilung Sicherheit meldet sich bei ihr nicht mehr.

Almut Pinckert übernimmt die Aufgabe, das Büro aufzulösen. Sie erbittet sich dafür beim Leiter des Generalsekretariats entsprechende Verfahrenshilfe und Zeit. Sie erhält in diesen Wochen so gut wie keinen Besuch: Kaum einer fragt, wie es ihr geht. Kurzfristig wird ihr von einem Vorstandsmitglied telefonisch mitgeteilt, dass der Raum nun für ein anderes Vorstandsmitglied benötigt wird und sie binnen eines Tages das Büro räumen muss. Sie zieht mit den verbleibenden Akten und Materialien von Alfred Herrhausen in einen Raum, in dem nicht benutzte »Vorstands-möbel« gelagert werden.

Ein paar Wochen später wird der Fahrer Jakob Nix in den Ruhestand verabschiedet. Ein amtierendes und ein ehemaliges Vorstandsmitglied drücken ihm die Hand. Jakob Nix: »Ich hab bei denen keine Trauer gespürt. Ich will niemandem zu nahe treten, aber ich glaube, dass das Attentat denen nicht ungelegen kam.«

Der Tod von Alfred Herrhausen wird nicht nur in Teilen der Deutschen Bank anscheinend schnell überwunden. Auch öffentlich verschwindet das Attentat sehr bald aus den Schlagzeilen. Mit dafür verantwortlich ist die rasante Entwicklung in der DDR und die sich abzeichnende Wiedervereinigung. Das Attentat und seine Folgen geraten in den Windschatten der großen politischen Veränderungen dieser Monate.

Alfred Herrhausen stirbt im Zenit seiner beruflichen Möglichkeiten und zugleich kurz vor dem Absturz seiner Karriere in der Deutschen Bank. Es bleibt viel Raum für Mutmaßungen. Wie hätte ein Alfred Herrhausen weitergelebt, ohne dieses Maß an Einfluss und Verantwortung? Wäre es ihm gelungen, sich in das Ferienhaus im Bregenzer Wald zurückzuziehen, um sich endlich seiner Passion, der Philosophie, hinzugeben? Oder selbst Bücher zu verfassen und »mit Blick auf den Bodensee dem Wechsel der Jahreszeiten zu folgen«, wie er es sich selbst einmal ausgemalt hatte? Oder hätte er doch noch eine Professur angenommen und versucht, junge Menschen mit seinen Ideen und seinem Gedankenreichtum zu begeistern – das, was er immer gerne getan hatte? Oder hätte ihn gar Helmut Kohl nach der Wiedervereinigung zum Chef der Treuhand gemacht? Wäre er der Präsident der Europäischen Zentralbank geworden? Hätte er als Chef des IWF dessen längst fällige Reformierung vorangetrieben?

18 Der Fall auf die Gleise

Mehr als sieben Jahre haben die Eltern von Wolfgang Grams nichts mehr von ihrem Sohn gehört. Manchmal fragen sie sich, ob er überhaupt noch lebt. Völlig überraschend erhalten sie Anfang 1991 ein Lebenszeichen. Ein Kurier überbringt einen Brief von ihm. Darin spricht ihr Sohn vage über ein mögliches Treffen.

Etwa ein Jahr später, im Frühsommer 1992, empfangen die Eltern eine neue Nachricht. Wolfgang Grams bittet sie, sich an einem bestimmten Tag bereitzuhalten. Sie träfen eine Kontaktperson, die ihnen dann die weiteren Schritte mitteile. Ruth und Werner Grams sehen in diesem Unternehmen ein großes Risiko. Sie ahnen, dass sie von Zielfahndern beobachtet werden. Nach dem Tod ihres Sohnes werden sie erfahren, dass sie mit ihrer Vermutung Recht hatten. Das BKA lässt die Eltern stichprobenartig überwachen, an Geburtstagen und anderen Familienanlässen werden sie permanent observiert. Doch Ruth Grams will trotz dieser Bedrohung unbedingt ihren Sohn treffen. »Ich habe keine Sekunde überlegt, das nicht zu machen«, sagt sie.

An einem Tag im Sommer 1992 steigen sie in einen VW-Bus. Dort müssen sie sich auf den Boden legen. Die Fenster sind verhängt. Der Fahrer ist der später als Spitzel des Verfassungsschutzes enttarnte Klaus Steinmetz.

In einer Kleinstadt lässt er die Eltern aus dem VW-Bus steigen. Sie fahren mit einem Bus zu einem Bahnhof in der Nähe, nehmen dort einen Zug und werden an einer verabredeten Station von ihrem Sohn und von Birgit Hogefeld auf dem Bahnsteig empfangen. Werner Grams erkennt seinen Sohn zunächst nicht, weil er sich äußerlich sehr verändert hat. Die Mutter weiß sofort, wem sie gegenüber steht: »Ich dachte, ich träume. Wir haben uns in den Armen gelegen, wir drei. Und Wolfgang hat nur gelacht. Und sich gefreut.«

Birgit Hogefeld und Wolfgang Grams haben ein Ferienhaus gemietet. Die Eltern sind dort Gäste ihres Sohnes und ihrer Schwiegertochter, wie sie Birgit Hogefeld nennen. Sie werden mit einer von Wolfgang gekochten Gemüsesuppe empfangen. »Das war bei uns immer so üblich, wenn jemand von einer Reise kommt«, erinnert sich die Mutter. Sie entdeckt auf ihrem Platz am Esstisch ein besonderes Besteck, das Wolfgang vor dem Abtauchen aus der elterlichen Wohnung als Erinnerungsstück mitgenommen hat. Offenbar hat er es die ganze Zeit im Untergrund aufbewahrt. »Für solche Überraschungen war Wolfgang immer gut«, sagt die Mutter.

Jede alltägliche Verrichtung außerhalb des Hauses ist für die Eltern mit großer Angst verbunden. Zunächst traut sich die Mutter nicht, Wolfgang Grams zum Einkaufen in den Supermarkt zu begleiten. Dann überwindet sie sich. Beim Verlassen des Hauses treffen sie auf die Bewohner des benachbarten Ferienhauses. Die Mutter wundert sich, wie souverän Wolfgang mit ihnen ins Gespräch kommt. »Er war vollkommen angstfrei.« Die Selbstverständlichkeit, mit der er die Situation meistert, scheint sie ein wenig beruhigen zu können.

Einmal fragt Werner Grams, wie man sich das Leben im Untergrund vorstellen muss. Wolfgang Grams zeigt auf das Interieur des bieder eingerichteten Ferienhauses: »Genau so, wie es hier aussieht.«

Ob Grams und Hogefeld in die Attentate der zurückliegenden Jahre verwickelt waren, ist in den Gesprächen mit den Eltern kein Thema: »Wir konnten nicht in Erfahrung bringen, wo sie die Zeit über waren und was sie getan haben.«

Mehr als ein Jahr zuvor, am 1. April 1991, hatte die RAF Detlef Karsten Rohwedder, den Chef der Treuhand, in sei-

ner Düsseldorfer Wohnung erschossen. Das wird der letzte
Mord sein, der der RAF zur Last gelegt wird. Ein Jahr später, im April 1992, gab die RAF bekannt, »Angriffe auf führende Repräsentanten aus Wirtschaft und Staat … einzu-
stellen«. Wolfgang Grams spricht mit den Eltern ansatz-
weise über die Neupositionierung der Mittel und Ziele der
RAF. Die Eltern verbinden damit die Hoffnung, dass ihr
Sohn aussteigen würde. Das stellt sich als Wunschdenken
heraus. Die Mutter wirft sich vor, viel zu wenig gefragt zu
haben. »Wenn ich gewusst hätte, dass es das letzte Mal ist,
hätte ich sicher mehr nachgehakt.«

Nach zwei Tagen bringt Wolfgang Grams die Eltern zur
Bushaltestelle. »Der Abschied war schwer. Ich seh ihn noch
winken, bis der Bus um die Ecke verschwindet.«

Im August 1992 veröffentlicht die RAF eine Erklärung.
Kernpunkt ist der Wunsch, eine offene Diskussion »unter
allen, die hier um Veränderung kämpfen«, zu führen. Zum
ersten Mal wird in einem Text massiv Selbstkritik geübt.
Der RAF ist deutlich geworden, dass sie durch ihre »Politik
der Zuspitzung« mit zu ihrer Isolierung beigetragen hat.
Den Verzicht auf weitere Anschläge sehen die Verfasser als
Chance, in eine in ihren Augen längst fällige Auseinandersetzung zu treten, die die Attentate bislang verbaut haben.
Das bedeutet allerdings nicht, dass sie die früheren Anschläge moralisch in Frage stellen:

»Dazu sagen wir noch mal was zu unseren letzten Aktionen, wobei uns bewusst ist, dass es nicht das Problem war,
dass wir mit ihnen emotional von vielen Menschen entfernt
gewesen wären. Typen wie Herrhausen und Rohwedder
sind von vielen Menschen als Verantwortliche für das Elend
hier und Millionen Tote weltweit identifiziert. Viele haben
sich über diese Aktionen gefreut.«

Wolfgang Grams und Birgit Hogefeld suchen in den folgenden Monaten intensiv den Kontakt zu Menschen, die

nicht dem Umkreis der RAF angehören. Sie wollen sich jenseits ihres eigenen Weltbildes mit ihnen auseinander setzen. Ihnen ist klar, dass diese Begegnungen nicht ohne Risiko sind. Matthias Dittmer ist nicht der Einzige, den Wolfgang Grams und Birgit Hogefeld treffen, aber vielleicht der wichtigste. Die erste Wiederbegegnung mit dem Freund aus alten Tagen findet im Theater in Rostock statt. Jemand tippt Dittmer auf die Schulter. Als er sich umdreht, erkennt er auf den zweiten Blick Freund Wolfgang Grams – den er nur noch von den Fahndungsplakaten kennt. Dittmer schleust ihn am Pförtner vorbei auf einen nahe gelegenen Parkplatz. Der Schauspieler spricht ihn sofort auf die Attentate der letzten Jahre an, nicht ohne moralische Empörung. Mit welchem Recht fällt die RAF diese Todesurteile? Viel Zeit zum Diskutieren bleibt nicht. Matthias Dittmer muss zur Vorstellung, und Wolfgang Grams kündigt an, das Stück anzuschauen. Sie verabreden sich für den nächsten Tag.

In der Maske fragt sich Matthias Dittmer, wer und wie viele Mitglieder der RAF denn im Theater säßen. Vom Pförtner hat er erfahren, dass die Vorstellung, im Gegensatz zu den letzten, sehr gut besucht sein würde. Er überlegt, ob es sich auch das BKA und die GSG 9 im Zuschauerbereich bequem gemacht haben. Matthias Dittmer sagt, dass er noch nie so viel Lampenfieber gehabt habe wie bei dieser Aufführung.

Er stellt für die Begegnung am nächsten Tag Bedingungen. Er will nichts wissen über das »Woher« und »Wohin« von Birgit Hogefeld und Wolfgang Grams, ebenso will er nicht zum Mitwisser früherer oder geplanter Aktionen der RAF werden. Falls das Gespräch mit ihm zur Vorbereitung eines Attentats dienen solle, warne er Grams und Hogefeld. Er habe einen klaren pazifistischen Standpunkt und würde zur Verhinderung eines Anschlags auch zur Polizei gehen. Zu seiner Überraschung respektiert Wolfgang Grams diese Offenheit. Das mache ihn glaubwürdig. Sie lassen sich auf seine Bedingungen ein. Umgekehrt verlangen sie, dass er niemandem von dem Treffen erzählt.

Die drei verbringen den ganzen Tag miteinander. Sie machen einen langen Spaziergang an einem Ostseestrand. Dittmer erfährt vom Zweifel der beiden RAF-Mitglieder an der Fortsetzung des bewaffneten Kampfs. Grund dafür ist das zunehmende Bewusstsein um ihre nun völlige Isolation.

Für Matthias Dittmer ist es moralisch anmaßend, sich als Herr über Leben und Tod aufzuspielen. Er fragt die beiden, was die Anschläge der RAF in ihren Augen Positives bewirkt hätten. »Was hat sich mit dem Tod von Herrhausen bewegt? Gab es einen Millimeter Veränderung in der Struktur und der globalen Macht der Deutschen Bank? Das Gegenteil ist der Fall.« Matthias Dittmer glaubt, dass er die beiden mit seinen Argumenten erreicht hat: »Sie zeigten eine gewisse Nachdenklichkeit«, so Matthias Dittmer. Nur sein Engagement für die Grünen wird von Grams und Hogefeld milde belächelt und mit spöttischen Bemerkungen quittiert.

Er spürt in diesem Gespräch, dass beiden bewusst ist, am Ende einer Sackgasse angekommen zu sein. Birgit Hogefeld habe über andere Lebensentwürfe nachgedacht: Kinder zu bekommen, ein normales Leben zu führen. Ihr sei klar, dass »das eher unwahrscheinlich ist, dass sich so was umsetzen lässt, allein schon wegen der Vorgeschichte«, so Dittmer. Bei einer späteren Begegnung bemerkt er, dass Birgit Hogefeld kurz davor ist, sich von ihrer Waffe zu trennen. Sie will nicht mehr weiter gehetzt und gejagt im Untergrund leben. Die beiden sitzen am Ufer eines Flusses auf einer Parkbank. Er schlägt ihr vor, die Pistole einfach ins Wasser zu werfen. Er spürt, wie sie mit sich ringt. Er ist sicher: Hätte er einfach nach der Waffe gegriffen und sie im Wasser versenkt – hätte sie nichts dagegen unternommen. Dann trennen sie sich.

Von den von Birgit Hogefeld 1993 geäußerten Ausstiegs-
vorstellungen weiß auch Klaus Steinmetz – und damit
der Verfassungsschutz. In Konkurrenz zum BKA entwickel
er aus diesen Informationen eine längerfristige Strategie.
Klaus Steinmetz teilt dem Amt mit, dass Wolfgang Grams
ihn mit der Lieferung eines Laptops beauftragt habe. Die
Planung sieht vor, dass Klaus Steinmetz Wolfgang Grams
diesen Computer ausliefern soll, nachdem zuvor Techniker
eine Wanze eingebaut haben. Alle Gespräche zwischen
Birgit Hogefeld, Wolfgang Grams und anderen RAF-Mitgliedern hätten auf diese Weise mitgeschnitten werden
können. Die Sicherheitsbehörden haben bislang nur Ver-
mutungen, wer außer den beiden überhaupt zur Dritten
Generation der RAF gehört. Und einen weiteren Auftrag
erhält Klaus Steinmetz: Birgit Hogefeld bittet ihn, eine größere Wohnung zu mieten. Offenbar wollen sie und Wolfgang Grams sich für längere Zeit niederlassen.

Diese Wohnung biete die Möglichkeit, letztlich die gesamte Dritte Generation auf einmal festzunehmen, so die
Erwartung des Verfassungsschutzes. Doch das BKA will von
dieser Analyse nichts wissen. Es teilt zwar die Einschätzung, dass sich die RAF in einem akuten Zerfallsstadium
befindet. Gerade deshalb solle aber jetzt gehandelt werden
– aus einer Position der Stärke heraus. Nach Jahren des
Misserfolgs steht das Amt unter einem enormen Legitima-
tionsdruck. Es gilt, bald einen Coup zu landen – also eine
Festnahme von RAF-Mitgliedern durchzuführen, wann immer
sich die Gelegenheit bietet.

Das BKA setzt sich durch, der Verfassungsschutz koope-
riert. Die Schlüsselrolle bei der Festnahme soll Klaus Steinmetz spielen. Seit Mitte der achtziger Jahre arbeitet er für
das rheinland-pfälzische Landesamt für Verfassungsschutz.
Den Einstieg in seine Karriere als Spitzel datiert die Unterstützerszene auf das Jahr 1986. Damals war Klaus Steinmetz
nach einem Einbruch gefasst worden und später auf Be-

währung freigekommen. Eine der üblichen Methoden des Verfassungsschutzes ist, mit der Aussicht auf eine geringere Strafe Leute zur Mitarbeit zu bewegen.

Klaus Steinmetz war eher in der autonomen Szene beheimatet, von Hause aus war er kein RAF-Sympathisant. Freunde von ihm beschreiben ihn als »im Kern geltungssüchtig und ein bisschen größenwahnsinnig«. Er habe gedacht, mit allen spielen zu können.

Birgit Hogefeld und Wolfgang Grams begegnen Klaus Steinmetz Anfang der neunziger Jahre mehrfach. Wie weit das Vertrauen geht, zeigt die Tatsache, dass Steinmetz auch die Eltern Grams zum Treffen mit ihrem Sohn fährt. Am 26. Juni 1993 begegnen sich Birgit Hogefeld und Klaus Steinmetz in Wismar. Die Fahnder von BKA und LKA liegen bereits auf der Lauer. Sie wollen noch auf eine dritte Person warten: Wolfgang Grams. Um 14 Uhr, so haben sie aus den mitgehörten Gesprächen mit Klaus Steinmetz erfahren, wird der Freund von Birgit Hogefeld am nächsten Tag in Bad Kleinen eintreffen.

Am 27. Juni steht Birgit Hogefeld am Bahnsteig, als Grams aussteigt und winkend auf sie zuläuft. Sie umarmen sich, dann gehen sie in die nahe gelegene Bahnhofskneipe. Gegen 15 Uhr verlassen Hogefeld, Grams und Steinmetz die Gaststätte und gehen gemeinsam in Richtung Unterführung. Sie wollen einen Zug in Richtung Wismar nehmen. Sowohl das Verlassen der Kneipe als auch das Betreten des Treppenabgangs zur Unterführung wird von den Observationskräften des BKA über Funk an alle Einsatzkräfte gemeldet. Birgit Hogefeld bleibt nach einigen Metern an einem Fahrplan stehen. Grams und Steinmetz gehen weiter und warten vor dem Podest zu den Treppenaufgängen.

Aufgrund eines zerstückelten Funkspruches glaubt ein GSG-9-Beamter, dass der Zugriff schon erfolgt sei, und begibt sich vom Bahnsteig in die Unterführung. Als er von einem Kollegen den Zuruf hört: »Jetzt!«, zieht er die Pistole.

Zusammen mit Kollegen stürmt er mit lautem Gebrüll auf Birgit Hogefeld zu. Sie lässt sich widerstandslos festnehmen. Neben ihr steht Klaus Steinmetz. Auch er leistet keinen Widerstand.

Wolfgang Grams rennt die Treppe zum Bahnsteig hoch. Mehrere Beamte der GSG 9 folgen ihm. Die Aussagen, ob der Schusswechsel von den GSG-9-Beamten oder Wolfgang Grams begonnen wird, sind widersprüchlich. Fakt ist, dass der Polizeibeamte Michael Newrzella aus der GSG 9 durch mehrere Schüsse tödlich verletzt zusammenbricht; zwei weitere Kollegen werden angeschossen. Wolfgang Grams wird von vier Kugeln getroffen. Er stürzt rückwärts auf das Gleis. Seine Verletzungen sind noch nicht tödlich. Wolfgang Grams stirbt durch einen aufgesetzten Nahschuss an der Schläfe. Ob Grams selbst oder einer der GSG-9-Beamten diesen tödlichen Schuss abgegeben hat, ist bis heute umstritten.

Hogefeld wird in Handschellen auf den Bahnhofsvorplatz geführt. Dann wird sie nach Wismar zum LKA gefahren. Intuitiv ahnt sie, dass ihr Freund nicht mehr lebt. Auf Nachfragen erhält sie von einem Polizeibeamten die Antwort, dass »das mit Ihrem Kollegen [er meint Wolfgang Grams] scheiße gelaufen ist: Der sieht ganz schlecht aus.« Abends eröffnet ihr ein Bundesanwalt, dass Wolfgang Grams in Lübeck in der Uniklinik gestorben sei.

Am nächsten Tag wird Birgit Hogefeld zu einem Helikopter des Bundesgrenzschutzes gebracht. Er startet von Wismar in Richtung Karlsruhe. Sie fliegen über eine Landschaft mit Äckern und Birkenwäldchen. »In der Ferne konnte ich Lübeck erkennen und habe mir vorgestellt, wie er da jetzt im Kühlfach liegt. Ich sehe ihn ganz deutlich vor mir: sein Gesicht in allen Einzelheiten, seinen Körper, seinen Geruch, seine Stimme beim Reden und beim Singen.«

Nachspann

Im November 1994 beginnt am Oberlandesgericht Frankfurt der Prozess gegen Birgit Hogefeld. Sie nimmt in mehreren Erklärungen ausführlich zur Geschichte der RAF Stellung und zu ihren Motiven, sich ihr anzuschließen. Sie spricht von Irrwegen, die zum Teil zu grauenhaften und unmenschlichen Aktionen geführt haben. Hogefeld fordert eine grundsätzliche Auseinandersetzung über die RAF, bei der die Geschichte des Dritten Reiches und die Rolle des Staates in den siebziger und achtziger Jahren einbezogen werden müssten. »Unsere Bereitschaft zur Eskalation und die Verselbständigung des Militärischen haben eine sehr viel engere Verbindung zur Geschichte dieses Landes, als uns oder zumindest mir das lange bewusst war.«

Durch ihre kritische Reflektion der RAF-Geschichte verliert Birgit Hogefeld die Unterstützung der früheren Sympathisantenszene und der anderen RAF-Mitglieder. Ihr wird vorgeworfen, die Ziele der RAF verraten zu haben und sich dem Gericht beziehungsweise dem Staat anbiedern zu wollen.

Birgit Hogefelds Prozesstaktik, die Geschichte der RAF kritisch zu überdenken, hat ihr in einem großen Teil der Medien Sympathie eingetragen. Paradoxerweise hat die positive öffentliche Resonanz die Bundesanwaltschaft provoziert, mit immer neuen Vorwürfen das Bild der skrupellosen, mörderischen Terroristin zu festigen. Verstärkt wurde diese Haltung durch die Weigerung von Birgit Hogefeld, mit den Behörden zusammenzuarbeiten. Bereits am Abend nach der Verhaftung hatte der Bundesanwalt ihr mitgeteilt, dass es für sie keine Perspektive auf ein Leben in Freiheit gebe, wenn sie nicht mit der Bundesanwaltschaft kooperiere. Mehrfach wird sie in der Folgezeit vom Verfassungsschutz über die Anwälte und später auch direkt vom Gericht auf die Kronzeugenregelung hingewiesen. Hogefeld verweigert

sich, denn »Verrat wäre für mich, zu einzelnen Anklage-
komplexen Angaben zu machen, die mich als Person entlasten würden, denn diese Angaben würden sofort mit anderen Ermittlungsergebnissen zusammengewürfelt und dann
gegen andere benutzt werden«. In ihrem Schlusswort kritisiert Birgit Hogefeld die Verfahrensführung des Gerichts.
Sie wirft ihm manipulative und tendenziöse Zeugenbefra-
gungen vor, ferner hält sie dem Gericht vor, Zeugenaussagen und Indizien zusammengedreht und Widersprüche
ausgeklammert zu haben. Sie ist sicher, dass ihre Verurtei-
lung zu lebenslänglich von Anfang an feststeht.

Birgit Hogefeld wird im November 1996 zu lebensläng-
licher Haft verurteilt. Ihr wird die Beteiligung an der Ermordung des US-Soldaten Edward Pimental, am Anschlag
auf die Airbase Frankfurt mit zwei Toten und mehreren
Schwerverletzten, am versuchten Mord an Finanzstaats-
sekretär Tietmeyer und am Sprengstoffanschlag auf den
Gefängnisneubau von Weiterstadt vorgeworfen. Das Gericht
erkennt auf eine besondere Schwere der Schuld.

In der Haft beginnt Birgit Hogefeld ein Studium der
Sozialpsychologie und der Literaturwissenschaften.

Nach Ende des Prozesses trifft sich Birgit Hogefeld mehrfach mit den Brüdern und einem Sohn des von der RAF
ermordeten Gerold von Braunmühl. Die Gespräche sind
von Anfang an problematisch. Für Birgit Hogefeld liegt der
Sinn dieser Begegnung darin, die Opfer in ihrem Leid ernst
zu nehmen. Carlchristian von Braunmühl erwartet von dem
Gespräch mit Birgit Hogefeld nicht, den Namen des Mör-
ders seines Bruders zu erfahren. Aber er will mehr als eine
Bekundung des Bedauerns. Es geht ihm nicht um Rache
oder Sühne. Er will, dass die »geistigen Mordwerkzeuge«
der RAF auf den Tisch gelegt werden. Dazu gehören
Antworten auf die Frage seiner Familie, was die RAF untersucht hat, bevor sie einen Menschen zum Tode verurteilt

hat. War die Legitimität eines Mordes für die RAF noch
etwas anderes als die am Beifall ihrer Freunde gemessene
Nützlichkeit für ihre Zwecke?

Birgit Hogefeld weigert sich, auf diese Fragen zu antworten. Jede weitere Einlassung würde »sofort zu neuen Ermittlungen in die verschiedensten Richtungen führen«.
Dafür möchte sie nicht der Anlass sein.

An diesem Punkt sind die Gespräche zwischen Birgit
Hogefeld und den Angehörigen des Ermordeten festgefah-
ren. Ob sie fortgesetzt werden, ist offen.

Neben den Brüdern von Gerold von Braunmühl befasst
sich auch Bettina Herrhausen mit Birgit Hogefeld. »Nach
dem, was ich von Birgit Hogefeld weiß, hat sie sich vom
Terrorismus wegentwickelt hin zu der Überzeugung, dass
dieser Weg für sie selbst und generell ein falscher war. Ich
habe von ihrem Studium erfahren und davon, dass ihr das
alles nicht viel nützen wird, wenn sie noch etliche Jahre im
Gefängnis verbringen muss. Und das macht mich wütend.
Was auch immer sie getan hat, sie wird selbst mit dem
Wissen darum und der Schuld leben müssen. – Ich selbst
habe im Gegensatz zu Birgit Hogefeld Hass-, Schuld- und
Unzulänglichkeitsgefühle ausschließlich gegen mich gerichtet, was mein Leben genauso in Sackgassen geführt, aber
mich davor bewahrt hat, an anderen Menschen schuldig
zu werden. Auch meine Entwicklungen haben viel Zeit
gebraucht und brauchen sie noch, doch ich kann jeden
Schritt vorwärts gehen, ohne über Vergangenes definiert
und durch längst hinfällig gewordene Strafe gehindert zu
werden. Diese Zeit und diesen Raum, den eigenen Weg zu
finden, wünsche ich zutiefst jedem Menschen. Man sollte
niemanden an einem Punkt festhalten, an dem er längst
nicht mehr ist. Auch Birgit Hogefeld nicht, mit welcher
Schuld auch immer sie lebt.«

Birgit Hogefeld ist im Juli 2002 seit neun Jahren in Haft.

Die Eltern von Wolfgang Grams haben in mehreren zivil- und strafrechtlichen Verfahren vergeblich versucht, Licht ins Dunkel der Ereignisse von Bad Kleinen zu bringen. Eine Klage beim Landgericht Bonn zur Erstattung der Beerdigungskosten ihres Sohnes wird 1998 abgewiesen. Das Gericht kommt zu der Ansicht, dass »weder Selbsttäterschaft bewiesen noch Fremdtäterschaft ausgeschlossen werden könne«. Aufgrund von Spurenvernichtung und widersprüchlichen Zeugenaussagen hätten die Kläger nicht nachweisen können, dass Grams durch die Mitglieder der GSG 9 getötet worden sei. Da die Beweislast bei den Klägern liege, müsse das Gericht die Klage abweisen. Die Richter widersprechen damit den Ergebnissen des Abschlussberichtes der Bundesregierung, in dem ausschließlich von einem Selbstmord von Grams die Rede gewesen ist.

Ob und in welcher Form Wolfgang Grams an den Anschlägen der RAF beteiligt war, ist ungeklärt. Mit seinem Tod sind alle Ermittlungen gegen ihn eingestellt worden.

Am 17. Mai 2001, fünf Tage vor dem Filmstart von »Black Box BRD«, gibt das BKA bekannt, es habe in den letzten Monaten mit einem neuen Verfahren Spuren an Tatorten untersucht – unter anderem eine Haarprobe, die in einem Handtuch in unmittelbarer Nähe des Anschlages auf Karsten Rohwedder gefunden worden sei. Dieses Haar sei mit an Sicherheit grenzender Wahrscheinlichkeit Wolfgang Grams zuzuordnen. Auf Nachfrage räumt des BKA ein, dass es sich um ein wichtiges Indiz, jedoch nicht um einen Täternachweis handele.

Auch nach dieser Haaranalyse gelten die neun Anschläge der RAF aus den Jahren 1984 bis 1993, darunter das Attentat auf Alfred Herrhausen, als nicht aufgeklärt.

Dank

Ich danke den Menschen, ohne die dieses Buch niemals entstanden wäre:

meiner Frau Constanze Lawrenz für ihre Unterstützung und ihre Geduld sowie meinem Sohn Tulu Lukas für die Erdung;

den Angehörigen und Freunden von Alfred Herrhausen und Wolfgang Grams: Traudl und Anna Herrhausen, Bettina Herrhausen, Ruth und Werner Grams, Rainer und Christiane Grams, Birgit Hogefeld;

Gerd Böh, Roswitha Bleith, Anne Koch, Paul Brand, Kurt Rehberg, Albert und Irene Eisenach, Jakob Nix und allen Personenschützern, Almut Pinckert, Herrn Augustinus, Jürgen Schneider, Matthias Dittmer, Jürgen Herber, Klaus Volz, Michael Wilk, Isabella Eklöf;

und Edzard Reuter, Martin Thiel, Matthias Mosler, Tilo Berlin, Daniela Elvers, Ulrich Cartellieri, Friedrich Wilhelm Christians, Karl-Dieter Zöller, Eckart van Hooven, Manfred Grashof, Wolfgang Grundmann, Herrn Rätzer, Andreas Groß, Friedrich Sprengorum, Richard Hacker, Hugo Lang, Helmut Bub, Heinz Brock, Konrad Winkler und vielen anderen;

sowie denjenigen in der Deutschen Bank und im Umfeld der RAF, die mit mir gesprochen haben, die aber nicht genannt werden wollen –

und: Thomas Kufus, Volker Heise, Esther Schapira, Carl-Christian von Braunmühl, Horst Eberhard Richter und Pavel Schnabel für Ermutigung und freundschaftliche Begleitung;

den Korrekturlesern Jürgen Böhmer, Ingeborg Pritsching, Sabine Sauer, Annette Trost, Erik Winker für Kritik und Anregungen;

Alexander Behrens für die schnelle und akkurate Recherche, Christiane Naumann für prompte und zuverlässige Hilfe. Stefan Ulrich Meyer für sein genaues Lektorat sowie dem Lektor Michael Neher für seine beseelte Begeisterung für das Projekt und dessen fachkundige Begleitung von Anfang an.

Bildnachweis